JN044896

持続可能な暮らし×自然系ゲストハウス

脱消費、スロー、ミニマル、ローカル

Sayoko Matsubara
松原小夜子 著

風媒社

持続可能な暮らし×自然系ゲストハウス
—脱消費、スロー、ミニマル、ローカル—

[目次]

序章　本書のねらいと構成

今日のわたしたちは、工業的に大量に生産されたモノを消費する消費社会に暮らしている。しかし、地球環境の悪化や人の心の疲弊などが問題となる中、消費から脱消費へといった持続可能な暮らしへのパラダイムの転換が求められており、その基本的な方向は、昔の日本の暮らしを見つめ直し、再評価し、今日的な形で再生していくことであるといえる。暮らしのパラダイム転換と今日的再生について考える機会は、さまざまな形で設けられているが、近年、全国各地で生み出されている「自然系ゲストハウス」は、そこで展開される暮らし方関連のイベントや体験プログラムの多彩さという点で特筆すべき存在であり、暮らし再生に寄与する意義深い存在であると考えられる。

本書は、この二つの点——暮らし再生の必要性と自然系ゲストハウスの存在意義を論じようとしたものである。

自然系の暮らし再生の必要性

今日のわたしたちの暮らしは、大量に生産されたさまざまなモノ（衣食住等にかかわる「生活財」一般を指す）を商品として購入し、消費することによって成り立っている。いわゆる「消費社会」の中での暮らしである。消費社会では、多くのモノが大量に生産され、購入され、やがて廃棄されるが、まだ使えるモノが捨てられたり、使われないままに放置されるといったことがあたりまえのように生起している。

かつてのあたりまえであった自給自足の暮らしは、生産と消費が分かれておらず、自然の循環の中で営まれてきた。これに対して、消費社会の暮らしは、衣食住のあらゆる財の生産と消費を高度に分化する。自然の恵みをいただき、自分たちの手で暮らしの財を生み出してきた営みから離れ（あるいは切り離され）、作る人と買う人が分かれ、作る人も、工程の細分化や機械化・自動化によって全体が見えにくくなり、買う人にとっても、モノは、生命感のない物体と認識されるようになる。これによって、暮らしの財が、自然の恵みであることを実感できなくなり、物化する。財だけでなく人間すらも、命あるかけがえのない存在であることが、時として忘れさられる社会といえるのではないだろうか。「単なる物」と化したモノは、簡単に廃棄され、適切な処理もされない場合が多い。しかし、「自然の循環から外れた単なる物体」というようなものは、実際には存在しないのである。

消費社会での暮らしは、一面では、これまで人類が経験したことがないような便利で快適で物質的に豊かな暮らしをもたらしてくれる。この暮らしの多くは、太古の昔に貯えられた石油などの化石燃料とさまざまな地下資源に依拠するものである。これらの資源が、ほぼ永久的に存在し、それらを使った後の廃棄物も適切に処理することができ、地球という閉じられた惑星の自然の循環を乱すこともなく、あらゆる生きものと共存でき、地球上のすべての人びとが豊かな暮らしを享受し続けることができるのであれば、便利さや快適さはありがたいことかもしれないが、残念ながらそうはいかないのが現実である。地下資源は遠くない将来に枯渇するであろうと予測され、CO_2をはじめとする廃棄物は、あらゆる技術的手段を講じたとしても回復不可能なレベルにまで地球環境を汚染しつつあり、消費をとるか環境をとるかといった選択を迫られる状況に至っている。しかし、「環境」は、人間とは別個に存在する対象物ではなく、人間も、海や森などの自然環境も、あらゆるものは、宇宙の中の一体的な不可分の存在であり、環境の破壊は人間の破壊や破滅と同義である。

地球環境以外の面でも、モノの消費は、暮らしの個人化を可能にし、自由な生き方を可能にする面もあるが、一方で、人と人との生のつながりが失われ、孤立化や孤独を招く面もある。また、自分自身の存在価値を、モノをとおして確認あるいは表現しようとする指向も生まれ、モノの消費に呪縛されることにもなりかねない。

こういった現状から考えると、今日の暮らしを方向転換すべき時が来ているといわざるを得ないだろう。20 世紀初頭、世界に先駆けて物質的豊かさを実現したアメリカは、1920 年代にはすでに高度な消費社会を生み出し、第二次世界大戦後の 1950 年代には、世界一の豊かさを謳歌していたが、早くも 1960 年代には、消費社会の問題点を指摘し、かつての人間らしい暮らしを取り戻そうとする動きがはじまった。さらに1970年代には、アメリカやヨーロッパ諸国で、これらの問題点と今後のあり方を論じた書物が刊行され、実践活動も展開されていく。

その動きをひと言でいえば、永続性（持続可能性）の追求である。やがては地球上の生命が滅びざるを得ないような社会や経済のしくみ、暮らしのスタイルではなく、子々孫々にわたってあらゆる生命が存続し得るような文明・文化と生活様式を追求しようとする方向へのパラダイムの転換であり、「もっと大きく、多く、早く・速く、遠くへ」から「より小さく、少なく、ゆっくり・遅く、近くへ」の転換である。本書では、後者を指向した生活様式を「自然系の暮らし」と称している。

今日の文明・文化、生活様式を見直し、自然系の暮らしを指向する動きは、日本でも1980年代から起こり、1990年以降、各種の理論や実践活動として具体的に展開されていくことになる。それらは、簡単にいえば、「スロー」（自然あるいは生命に即した速さ）、「ミニマル」（必要最小限）、「ローカル」（地域的特色、地域性）の動きということができる。これらの見直し論の中で参照すべきものとして言及されているのが、昔の日本の暮らしである。江戸時代に完成され、昭和30年代（1955年～1964年）頃まで保たれてきた暮らしであり、その真髄は、太陽エネルギーと植物をとことん生かして暮らすことである。日本そして地域というローカルな視点から、昔の暮らしを見つめ直し、再評価し、再生していく（今日的な形で生かす）ことによって、21世紀の新たな暮らしや考え方（価値観）を創出していくことが求められている。

かつての日本では、世界的にも注目されるような暮らしが営まれていた。それは、四季折々の自然豊かなこの国で、人間も自然の一部、自然と一体であると認識しながら、人智を超えた存在である自然を敬い、時に畏れ、その恵みに感謝し、大切にしながら、人と人、人と自然とが力を合わせて営んできた暮らしである。自然界（宇宙）のあらゆるものはつながり合って存在しており不可分である、という考えにもとづいて営まれてきた暮らしだといえる。日本の人びとにとってモノは単なる物体ではなく、命ある、魂ある存在だったのである。こういったかつての暮らしを、いまこそ再認識し、再評価して、モノの命を生かし、できるだけ自然に、シンプルに、ありがたくいただいて、人の技をつくして暮らすことが重要であるといえる。

昔の暮らしを今日的な形で再生し、自然系の暮らしを創出していくためには、① 自然界（宇宙）のあらゆるものはつながり合って存在しており、多くのモノは、自然界の命から生み出されているのだということを再認識する、② 昔の暮らしに触れる、体験する、③ 今日的な再生の事例を知る、体験する、④ 暮らしの創出について考える、などが重要であるといえる。

消費社会の特質および暮らし再生を考えるための主要文献紹介と考察

以上のようなパラダイム転換および暮らし再生という視点から、本書第Ⅰ部第1章から第3章では、まずは消費社会の特質をとらえたうえで、世界各国および日本の主要な言説や実践活動、昔の日本の暮らしなどに関する主要文献を取り上げ、その要点を紹介し、考察をおこなっている。これらの章は、これからの暮らしのあり方を考えるにあたって基底となるような古典的、代表的な文献案内ともなっている。いずれも、重要かつ魅力的な文献であるので、未読の方は、ぜひ原本をお読みいただきたいと思う。

第1章では、消費社会の形成と限界、これからのゆくえについて述べている。20世紀初頭のアメリカにおいて大量生産・大量消費による「大衆消費社会」が生み出され、やがて、デザインや広告・宣伝を駆使した記号的差異によって際限なくモノが消費される「高度消費社会」へと移っていく様をとらえている。そして、こういった消費社会が抱えるさまざまな限界と問題点、これからのゆくえに関する主な言説を紹介し、考察をおこなっている。

第2章では、脱成長・脱消費といった「自然系の暮らし」をめぐる欧米の実践活動や言説を取り上げている。まずは、消費社会化が進行するアメリカで、早くも1960年代には、消費社会から脱しようとする「カウンターカルチャー」と呼ばれるさまざまな動きがあったことを、各種文献を参照しながら紹介している。次いで、1970年代に刊行あるいは発表された『成長の限界』『スモール・イズ・ビューティフル』「ディープ・エコロジー」の思想を紹介し、これらが、永続性（持続可能性）の追求という根本的な価値観の転換の必要性を提起したことを述べ、具体的な方向は、「ホリスティック」な世界観を根底にした「スロー」「ミニマル」「ローカル」な「脱消費」の暮らしにあることを考察している。

第3章では、日本における「自然系の暮らし」をめぐる動きと言説について述べている。まずは、1990年代以降に展開されたスローな暮らしの復権、最小限のモノで暮らす幸せ、半農半Xの生き方、地元学による地域再生、高い生活の質を有する里山暮らしなどを紹介している。次いで、自然系の暮らしの大きなヒントは、近代化以前の日本にあったとの考えから、江戸時代の暮らしと昭和の暮らしに関する文献の要点を紹介したうえで、かつての日本で培われてきた、モノの消費に依存しない「スロー」「ミニマル」「ローカル」な暮らしを知り、見直し、今日的な形で再生することが必要であることを考察している。

自然系ゲストハウスの特徴と「暮らし方」への着目

これまで述べてきたような「自然系の暮らし」に触れる機会は、例えば、農家民宿での宿泊体験・農業体験や、さまざまなモノ作りのワークショップなどがあり、それらへの参加は大変有意義なことであるといえる。これらに加えて、近年、全国各地で生み出されている「ゲストハウス」の中にも、古民家を利用した宿や、暮らしのパラダイム転換の必要性に気づかせてくれるようなイベントや体験プログラム（以下ではイベント等と略記する）を提供している宿がある。こういった宿を、本書では、「自然系ゲストハウス」と称している。

自然系ゲストハウスでおこなわれているイベント等を俯瞰してみてわかることは、イベント等の種類が、実に多彩なことである。命を感じ、暮らしを知り、体験し、参加者とともに考える多彩な機会（衣食住の暮らし方に関する各種講習や映画上映、モノ作り体験、生産・収穫体験、ヨガなどの健康関連等）を与えてくれる。また、古民家を利用している宿に泊まれば、昔ながらの住まい方を体験することもでき、古民家の今日的な生かし方について考えることができる。

先に述べたように、20世紀初頭以降の消費社会化といった時代背景のもとで、それらに疑問を呈するさまざまな動きが国内外で生み出されてきたのであるが、近年の、日本における自然系ゲストハウスの開業と、そこでの多彩なイベント等の実施は、1960年代からの動きを底流とした、脱消費の持続可能な暮らしを探ろうとするムーブメントの中に位置づけることができると本書では考えている。自然系ゲストハウスは、自然系の暮らしに接する機会を与えてくれる貴重な場となっており、今日的な存在意義は大きいと考えられる。

ところで、本書では、自然系ゲストハウスを含む「ゲストハウス」を、旅館業法上、簡易宿所に分類される宿で、①素泊まりを基本とし、②ドミトリーと呼ばれる相部屋があり、③台所や居間など何らかの共用空間がある宿と定義している。ゲストハウスの主な特徴は、①寝具の準備や食事の支度、片づけなどを、宿のサービスではなく自らおこなう「暮らすように泊まる」宿である、②旅館や民宿では、部屋単位の料金を基本としているため、家族連れやグループでの利用が主であるが、相部屋形式を含むゲストハウスでは、一人あたりの料金となっていることから、一人旅でも気軽に利用することができる、③台所や居間などの共用空間利用時や、近所の銭湯等の利用時などに、宿泊者同士あるいは地域の人との交流が生まれやすいこと、などである。

こういった特徴を持つゲストハウスは、近年、観光学、地理学、心理学、都市計画学、建築学などさまざまな分野において、人びとの交流面、地域おこし面、空間面についての研究がおこなわれてきている。しかし、本書で着目している「暮らすように泊まる」「暮らしの転換に寄与する存在」といった視点からの研究は、筆者の知る限りおこなわれていない。こういった点を踏まえ、本書では、これまでほとんど取り上げられてこなかった「暮らし」あるいは「暮らし方」に着目して、ゲストハウスの特質を論じようとしている。

自然系ゲストハウスにおける多彩なプログラム展開と今日的存在意義の考察

上記のような視点から、本書第Ⅱ部の第4章から第7章では、まずは「ゲストハウス」に関する各種文献を紹介したうえで、「自然系ゲストハウス」に焦点をあて、さまざまなイベント等の展開と参加者の意識や価値観をとらえることによって、その今日的存在意義を論じようとしている。

第4章では、自然系ゲストハウスを論じる前段階として、「ゲストハウス」全般の定義をおこない、その開業実態をとらえている。次いで、ゲストハウスに関する文献を可能な限り把握し、それらが、着眼点によって「開業実態や概要」「宿泊者等の交流面」「地域おこし等の地域面」「宿泊室等の空間面」の四つに大別できることを述べ、この分類ごとに、既往論文や雑誌記事、書物などの概要を紹介している。

第５章では、自然系ゲストハウスを取り上げ、まずは、その定義と開業軒数をとらえている。次いで、各宿のホームページやフェイスブックをもとに、宿で実施されている「暮らし方」関連の多彩なイベント等を抽出し、それらを、「衣生活」「食生活」「住生活」「モノ作り」「生産・収穫」「暮らし総合」「地域おこし」「健康・癒し」の八つに分類して特徴を記している。そして最後に、こういったイベント等は、永続性（持続可能性）の追求というパラダイム転換の希求を基底とした「スロー、ミニマル、ローカルな脱消費の暮らし」の模索であることを考察している。

第６章では、自然系ゲストハウスのうち、暮らし方関連のイベント等を実施している宿の名称と、それらで実施されているイベント等の内容を一覧している。そして、イベント等を活発に実施している宿あるいはイベント等の実施において特徴的な宿を50事例取り上げ、宿のコンセプトおよび暮らし方に関する主なイベント等の紹介をおこない、これらの宿が、先の第５章の説明で述べたような暮らしのパラダイム転換等を指向する存在であることを考察している。

第７章では、古民家を利用した自然系ゲストハウス宿泊者や、イベント等参加者を対象に調査をおこない、それらをとおしてどのような意識あるいは価値観を持つに至るのかという点をとらえている。結果として、田舎暮らしの再認識や再評価、食や自然のありがたさへの気づきといった何らかの価値観変化があった人が多いことを示し、古民家での宿泊体験や、自然系のイベント等への参加などが、「スロー」「ミニマル」「ローカル」な昔ながらの暮らし方や生き方の再認識・再評価をうながす可能性があることを考察している。

終章では、第１章から第７章で得られた知見をまとめている。

こんな方に読んでいただきたい

暮らし再生の必要性と自然系ゲストハウスの存在意義を論じた本書が、これからの暮らしのあり方を考える何らかのヒントになればと思う。

「消費生活論（暮らし再生）」を受講する学生のみなさん、暮らしや暮らし方に関心のある方、現代の消費生活を享受しつつも何となく違和感のある方、現代の消費社会に疑問を持っている方、昔の日本の暮らしに関心のある方、消費生活や消費社会のあり方を学んでいる方、ゲストハウスに関心のある方、ゲストハウスのオーナーやスタッフの方々、ゲストハウスの宿泊者や利用者の方々、ゲストハウスが立地している地域の方々、ゲストハウスに関心を持つ研究者の方々、ゲストハウスを研究テーマとしたい学生や大学院生の方々、等々に本書を手にとっていただければ幸いである。

第Ⅰ部

「自然系の暮らし」をめぐる動きと言説

消費から脱消費へ

第1章　消費社会の形成・限界・ゆくえ

今日のわたしたちの暮らしは、大量に生産されたモノ（モノとは衣食住等にかかわる「生活財」一般を指す）を、大量に消費することで成り立っており、これが最大の特徴であると本書では考えている。わたしたちは、消費社会の中で暮らしているのである。そこで本章では、さまざまな文献を参照しながら、消費社会の成り立ちを振り返るとともに、その限界と問題点をみつめ、今後のゆくえを探ってみることとしたい。

1-1　大衆消費社会の形成

「消費者」と大衆消費社会の誕生

大量生産と大量消費を世界に先駆けて実現したのは、20世紀初頭のアメリカ合衆国（以下、アメリカと略記）である。その経緯を、いくつかの文献を参照しながら振り返ってみたい。

まずは、常松洋『大衆消費社会の登場』（1997）第①章「大量生産の時代」と、佐伯啓思『「欲望」と資本主義――終わりなき拡張の論理』（1993）第5章「「内」へ向かう資本主義」をもとにその発端をとらえてみると、以下のようにまとめることができる。

20世紀初頭のアメリカには、イタリアや東欧、ロシアを中心に、中国や日本などのアジアからも大量の移民が流入しており、価値観も教育程度も言葉も異なる人びとを、いかにしてモノの生産にかかわらせるかが経済発展の重要な課題であった。そこで考え出された方式が、製造するモノを標準化・規格化したうえで、モノの製造過程をできるだけ細分化し個々の作業を単純化する分業システムの導入であった。徹底した分業システムでは、もはや作り手の熟練や技能は必要とされず、誰でも作業に携わることができたのである。この方式をいち早く本格的に導入したのが、フォード社の自動車生産であった。フォード社では、標準化された黒一色のT型モデルを単一生産することとし、製造過程においては、車のフレームを移動させながら、働き手が「ナット付け」「ナット締め」などに細分化された作業をひたすらこなすといった組立ラインを1913年に導入した。分業システムと組立ライン導入により、同じ労働者数で製造台数を倍加でき、自動車の価格を安価に抑えることができたのである。しかし、働く人の側からみると、個人の技能や裁量を利かせる余地はなくなり、人間が機械の一部のようになることを意味した。

ところで、分業によるモノづくりと大量生産の萌芽は、20世紀以前にもすでにみられる。例えば、アドリアン・フォーティ『欲望のオブジェ――デザインと社会 1750-1980』(1986, 1992) 第二章「最初のインダストリアル・デザイナー」では、18世紀のウェッジウッドの陶磁器作り（イギリス）において、ウェッジウッドは、陶磁器を見本やカタログで注文を取る方式をいち早く導入し、見本等と寸分違わない商品を作るために、職人たちの裁量が入り込まないように「人間を機械にする」ことをめざして分業化をはかっていることが述べられている。また、加藤晃一「トーネット物語――その長い軌跡をたどる」『ウィーンの曲線――トーネットの椅子』(1994) では、19世紀中頃のトーネットの曲木椅子作り（オーストリア）においても、椅子の材料となるブナの森の近くに住む人びとを低賃金で雇い入れ、職人技がなくても椅子作りの労働ができるように、治具の開発と製造過程の分業化をはかったことが述べられている。

しかし、これらと20世紀初頭のアメリカの量産方式との大きな違いは、想定している購入層の違いであるということができる。再び先の文献を参照してみると、欧州の例では、購入者を、中流・上流階級としていたのに対し、アメリカの自動車生産の例では、大衆である働き手を、モノの買い手すなわち「消費者」として想定した点である。モノの大量生産が成り立つためには、モノを購入してくれる多数の消費者がいなければならないが、フォード車は、生産性の向上により得られるコストの低下を、当時としては破格の日給5ドルといった労働者の賃金上昇として還元することによって、自動車の「消費者」を生み出したのである。こうして、ヨーロッパの上流階級の奢侈品であった自動車は、大衆の日常の乗り物へと変貌した。自動車は、「高価でない贅沢品」として、そして、一人前のアメリカ人として評価されたいという地位達成願望をも満たしてくれるモノとして爆発的に売れたのである。アメリカでは、1920年代前半に自動車普及率が50%近くに達していたという。

こういった分業による生産システムは、他企業、他産業へと広がり、大量の製品が、全米に張り巡らされた鉄道網により各地へ輸送された。大量に生産されたモノを大衆がこぞって消費することができる「大衆消費社会」が生み出されたのである。皆が同じようなものを持つことができる自由を有しているという意味で、大衆消費社会は、民主主義の理念とも結びついていたといえる。

自給自足から「消費する暮らし」へ

自動車生産を例に、大量生産・大量消費の様相をみてきたが、大量消費が浸透する以前の多くの人びとは、自然と深くかかわりながら自給自足的な暮らしを営んでいた。農業や手工業に従事し、家庭は、暮らしにかかわるモノの生産の場として重要な役割を果たしており、家族や地域社会の人びとは強い絆で結ばれていた。しかし、産業発展とともに、自給自足の暮らしが縮小し、生活に必要なモノを商品として購入し消費する暮らしへと変化していったのである。

アメリカおけるこういった経緯を、スチュアート・ユーウェン、エリザベス・ユーウェン『欲望と消費――トレンドはいかに形づくられるか』(1982,1988) 第二章「消費という生活様式」をもとに、以下でまとめてみたい。

アメリカ大陸への移住者たちは、賃金労働で得た資金によって、昔ながらの暮らしを充実させたいと考えていた。土地と結びついた自給自足的生活を是とする価値観を捨てておらず、必ずしも消費する生活を肯定してはいなかった。自然の恵みとともに生産し暮らしてきた人びとにとって、大量消費は、再生不可能なまでに自然を痛めつけることにつながりかねず、生きる基盤を失う自殺行為を意味したといえる。消費という言葉の定義をみても、もともとは、「破壊し、使い切り、浪費し、枯渇させる」というような芳しくない意味を持っていたのである。

しかし、20世紀初頭のアメリカは、産業化の急速な進展の中で、移民の思いをよそに、数百万の移民を、大量生産されるモノの「消費者」としてとらえていた。社会の中枢にいる人びとからは、これらの移民を、商品を消費する存在として「アメリカ化」しようとの呼びかけが繰り返しなされた。移民たちが有していた伝統的な自然観や、自然を生かしたモノづくりの技、家族や地域社会との絆などを消し去り、自然と決別し、人と人との絆を断ち切り、モノを購入して消費する以外に方法がない暮らし方へと人びとを誘導するプロセスであった。アメリカ化の訴えは、移民のみならず、国内の田舎で暮らす人びとにも向けられたのである。一人前のアメリカ人になるということは、こういった考えを受け入れ、アメリカ製品を消費して暮らしているということを、衣服や食品、家具、車などによって目に見える形で示すことを意味した。

アメリカの農村で、モノの消費がどのように広まっていったのかをみてみると、当初は行商によって、そして19世紀半ばには、主に地域の雑貨屋によって、さまざまなモノ――釘、ブリキ製品、シャベル、ボタン、布地、眼鏡、楽器、時計等々がもたらされた。これらのモノによって、これまでとは異なる暮らしの魅惑が提供されたのである。例えば、これまで家庭で手作りされていた石鹸は、工場で生産された棒状のものを、購入しやすいように一個ずつの形とし、品質を保証する包装にくるむなどして、魅力的な商品へと変貌した。販売の仕方という点でも、行商に入る前に「予告ビラ」を配り、ポスターを張り、事前にイメージを浸透させるという広告・宣伝を活用する方法も成功をおさめた。さらに19世紀後半になると、鉄道網が整備され、大量生産された商品を運ぶ大動脈となる。また、鉄道による大量流通システムを活用して、遠方からでも注文できる「カタログ販売」方式も考案された。

1873年に発行された「ウィッシュ・ブック」は、絵と文面によって、商品の魅力と暮らしのイメージを伝える媒体となり、消費への欲求を喚起した。品物を購入した人びとは、カタログに描かれた魅惑的な暮らしの主人公のような気分になったに違いない。カタログは、「商品を消費することによる暮らし」がどういったものかを教えてくれるお手本のような役割を担ったのである。1873年当初は1ページのみであったものが、1874年には24ページの小冊子になり、1893年には544ページへと大幅に増えた。さらに、1900年には物質文明のモダンな教科書として地方の学校で使われるまでになったのである。

一方、都市部において、カタログに匹敵する役割を果たした存在が百貨店であった。工業生産された日用品は、美しく魅力的にディスプレイされて、人びとの眼前にあらわれ、人びとは、家庭での手作り品ではなく、工業生産された商品による暮らしがどのようなものかを、目のあたりにすることができたのである。またそれらは、広告や宣伝によって広く伝えられた。百貨店の建物には、当時（19 世紀後半）の流行であった新古典的主義様式が取り入れられ、大聖堂や宮殿のような建物の中で、そこにある商品が、宗教的荘厳さや、上流階級の優雅な暮らしにつながるようなイメージを醸し出すよう工夫されていた。また、買い物客がゆったりと過ごせるラウンジ、休憩室、油絵を飾ったギャラリーなどのスペースも併設されており、利用者が油絵を鑑賞するなどして憧れの上流階級になった気分を味わえるように演出されていた。

こうしてアメリカ全土に広く浸透した消費化の動きを、消費主義の信奉者であるサイモン・パッテンは、「“欠乏”から“豊かさ”への飛躍は過去との訣別を要求し、自然の世界は人工の世界に超えられ、なじみのある古い世界は退散し、新しい世界が台頭するだろう」「イメージは、商品の大量生産を生み出す原動力となり（中略）消費と浪費は、継続的な欲求不満のサイクルに支えられ、社会的な善に高められる」そして「生活水準を決定する要素は、人間が何を楽しむかではなく、その楽しみにいかに早く飽きるかにある。高い生活水準とは、ある楽しみを深く味わい、すぐに飽きることを意味する。」というパッテンの論理が紹介されている。これらの言説から、消費する暮らしとは、新しいものへの欲求と欲望が商業イメージによって喚起され、新しいものを求めて浪費と使い捨てを繰り返す過程であることが読み取れる。

以上でみてきたように、消費社会の登場は、自然と向きあい、手仕事によりモノを作り、永く大切に使い切る暮らしから、機械の一部のように働き、得られた賃金で次から次へとモノを買い、モノによって自己の存在位置を顕示すべく、物理的寿命よりも短い期間でモノを使い捨てる暮らしへの転換であったということができる。こういった消費社会の進行は、人と自然、人と人との絆の崩壊を招いていくことになったのである。

1-2　大衆消費社会から高度消費社会へ

消費社会とデザイン、広告・宣伝

話を自動車に戻すと、フォード社の基本戦略は、品質がよくて安価であれば、製品は放っておいても売れるのだから市場開拓や宣伝は不要であるという考え方であった。しかし、同じ車種を大量に生産して販売する方式はやがて行き詰まりをみせる。性能がよく故障もせず長期間乗り続けられる車では、購入できる人が一通り購入すれば、買い替え需要を待つほかなく、販売は頭打ちとならざるを得ないからである。

こういった中、フォード社とは対照的な生産と販売の方式を生み出したのがGM社であった。この点について、見田宗介『現代社会の理論――情報化・消費化社会の現在と未来』(1996) 第一章「情報化／消費化社会の展開――自立システムの形成」から概略を紹介しておきたい。GM社では、デザイナーを副社長に抜擢し、「美術と色彩の部門」に大きな権限を与えるなどして、デザインと広告とクレジットを柱とする「消費者の感情と動機と欲望に敏感な」新たな戦略を採用した。フォード社のような単一車種ではなく、購買者の資金力に応じたさまざまな車種を用意し、それぞれの車種について「モデルチェンジ」をおこない、車を、その寿命に依拠しない、イメージによる年次性の消費財へと転換したのである。消費社会における大変革であったといってよいであろう。1921年には市場の55%を占めていたフォード社であったが、1927年には25%に急落し、GM社に追い抜かれてしまう。自動車としての機能性や合理性を重視したフォードであったが、やがてGMと同じ戦略をとらざるを得なくなるのであった。

「モデルチェンジ」の意味するところは、衣服のモデル・チェンジとしての「モード」を例に、ロラン・バルト『モードの体系――その言語表現による記号学的分析』(1967, 1972) では、次のように定式化されていることが紹介されている。衣服（モノ一般と置き換えることができる）が物的消耗によって買い替えられる時間を「u」とし、同じ役割を果たす衣服を購入する時間を「a」とすると、a=uであれば、消耗に応じて買い替えられるのであるからモードは存在せず、モデルチェンジの影響もないといえるが、a＞uであれば、消耗よりも購買が早いことになり、モードが存在し、aが大きければ大きいほど、モードとモデルチェンジの影響力は大きいことになるのである。

また、スチュアート・ユーウェン『浪費の政治学――商品としてのスタイル』(1988, 1990) 第3章「芸術と商業の結婚」には、GMの戦略が生み出された背景として、「消費者工学」という言葉で包括されるような考え方があったことが示されている。それは、「デザイン」あるいはデザインによって生み出される「スタイル」がもたらす商品イメージが、「新しいビジネス手段」であるという考え方である。当時の工業デザインの大物たちは、デザイナーの役割は、「目にアピールする表現で商品の便利さを表現することであり、商品にフォルムと色彩の美しさをあたえることであり、とりわけ消費者に所有欲をおこさせることだ」「消費者を所有の欲望で染めるにあたって、商品の外観がその試みの失敗か成功かを決定する主要因子になった」「日常生活を心のなかの市場として形づくること」などと論じており、人びとの日常の暮らしを、モノを所有する欲望につなげようとしていたことが読み取れる。

また、「スタイルの陳腐化が、生産がうまくいくための“必要条件”である」「スタイルを、モノそのものよりも早くすたれさせよ」「耐久消費財もあたかも耐久性がないかのようにデザインしなおして売る」「いまわたしたちが単に使っているものを、使い“果たさせる”こと、それが消費者工学の責任である。商品や習慣をどう変化させればひとびとはより速く消費するだろうか。より新しい型にとって代わることは可能か、恣意的にスタイルを陳腐化させることは可能だろうか。消費者工学は、製造するものをすべて使い果たさせる時まで、終わらない」といった主張には、モデルチェンジによって、次々に新しいモノを生み出しては消費をうながしていくことの重要性が明瞭に述べられている。

こういった状況について、ユーウェンは、「“何か新しいもの”をたえず提供するという挑戦を続けることがビジネスプランの根幹になった。」「エコロジカルな視点から考えると、この論理がたどる道は悲惨なものかもしれないが、商品販売の立場だけからみると、これは今、“わたしたちが呼吸している空気そのもの”である。」と指摘している。

常松洋前掲書の第②章「大量販売・大量消費」によれば、デザインに加えて、広告・宣伝も重要な役割を果たしたことが、以下のように述べられている。自動車の宣伝についてみると、1920年以前には、快適性や馬力、信頼性、安全性といった車の性能に関するアピールが主であったが、やがて、「満足ゆく生活」を強調するものに変わっていく。利用者の社会的地位の高さをイメージさせる「虚栄心への訴え（スノッブ・アピール）」も本格化する。洗練され成功した上流・中流階級の白人男性が、田園地帯を車で走行する姿によって、贅沢さと地位を想起させるなどして、購入者の虚栄心や自尊心に訴えかけたのである。しかし、地位をイメージさせる贅沢品である車は、手が届かないほど高価ではなく、クレジットを利用すれば購入可能な商品として、消費者の購買欲をそそったとのことである。

以上のようなアメリカの自動車産業にみられる動きは、消費社会の特質を典型的に示している。T型フォードに代表されるような、モノの物的機能性を重視し、多くの人が同じようなものを買い求める消費とその社会は「大衆消費社会」と呼ばれるが、GMの戦略のような、モノの差異とイメージを重視して、それぞれの好みや経済力に応じて次々と買い求め買い替える消費とその社会は「高度消費社会」と呼ぶことができる。大衆消費社会は、他者と肩を並べて同じようなものを買い求めるという点で、平等の理念と関連深いが、高度消費社会では、他者よりもちょっと新しいモノや上位のモノを指向するという点で、自由な「競争」の論理へと力点が移ったと考えることができるだろう。

消費社会とモノの記号性

高度な消費社会では、モノの実際の効用よりも、イメージの方が重要性を増すが、ここで少し、拙著『住まいとステータス――住宅近代化の日本的逆説』(2001) 第1章「ステータスシンボルとしての住宅近代化」より、モノの記号性あるいは記号価値について整理しておきたい。

消費社会の特質を先駆的に論じたのは、アメリカの経済学者ソースティン・ヴェブレンであった。ヴェブレンは、その著『有閑階級の理論』(1899, 1998) において、有閑階級のおこなう消費は自らの富や地位を証すため、あるいは誇示するための「誇示的消費」であることを示した。ヴェブレンの考えを受け継ぎ、ソシュール言語学や構造主義理論も取り込んで、モノの記号性という視点から消費社会を包括的に論じたのがジャン・ボードリヤールである。ボードリヤールは、その著『記号の経済学批判』(1972, 1982) の冒頭において、「物を欲求の観点からみる素朴な見方や使用価値優先の仮説をのりこえておかねばならない」と述べ、モノの消費とは物的価値を求める効用――欲求の関係ではなく、記号価値を求める意味――欲望の関係であると指摘する。記号の論理とは差異の論理であり、差異とは、階層や地位の上下を表示する「地位表示的な差異」であるとしている。同じく『消費社会の神話と構造』(1970, 1979)においても、「人びとはけっしてモノ自体を消費することはない。理想的な準拠としてとらえられた自己の集団への所属を示すために、あるいはより高い地位の集団をめざして自己の集団から抜け出すために、人びとは自分を他者と区別する記号としてモノを常に操作している」と述べている。

モノは、社会の中での、その人の立ち位置をあらわす社会的存在なのである。また、モノは、それを持つあるいは使う人の趣味趣向や教養といった文化的側面を物語る文化的存在でもある。ピエール・ブルデューによる『ディスタンクシオン――社会的判断力批判』(1979, 1990)の概念を用いれば、有力な「文化資本」なのである。

このように、高度消費社会のキーワードとなるのは「記号性」という概念であるが、この点についても述べておきたい。わたしたちが日常使っているさまざまなモノは、実用性を有していると同時に、実用性とは無関係なイメージや意味合いを持ち、それらを伝達する言語のような性質を有しており、この性質が「記号性」と呼ばれるものである。例を挙げると、「社長の椅子」は、社長が座る道具である同時に、社長という地位を想起させる存在でもあり、言葉としても、道具としての「椅子」と、地位としての「椅子」とを同時に意味している。先の 1-1 節で述べた例でいえば、大聖堂や宮殿のような百貨店が上流階級の優雅な暮らしをイメージさせ、成功した白人男性が自動車で走る姿がヨーロッパ上流階級の贅沢な暮らしを想起させるなどである。このように、何らかの具体的な背景があって、モノがそれらの象徴(シンボル)として認識される場合ももちろんあるが、高度な消費社会では、むしろ、モノの差異性そのものに力点が置かれ、「他のモノとは違う」あるいは「これまでになかった」新しさやかっこよさ、かわいさといったイメージが、デザインや広告等によって、次々に生み出されていくのである。これらは恣意的な差異であるから、際限なく生み出すことができる。

こういったモノの記号性によって生み出される価値が記号価値である。モノには実用性や機能性といった物的価値と同時に、イメージや意味による記号価値が存在しており、物的価値は、必要性にもとづく「欲求」を生み出すが、記号価値は、差異性を求める「欲望」を喚起するといえる。高度な消費社会とは、「物的欲求」よりも「記号的欲望」に力点が移った社会であり、産業発展による巨大な生産力にみあう需要が「記号的欲望」によって際限なく生み出され、消費される社会であるといえる。

大衆消費社会にみられるような同質のモノの大量生産は、やがて市場の飽和を招き、経済の停滞を招かざるを得ないといえ、実際に、アメリカを含む世界的な規模で、19世紀後半から20世紀前半にかけて、ほぼ10年周期で恐慌が繰り返され、1929年には、世界大恐慌も生起した。しかし、第二次世界大戦後には、経済成長が持続し、大規模な恐慌は起こって来なかった。これは、モノのイメージを重視し、デザインと広告・宣伝によって消費者の欲望を喚起し続けるという「高度消費社会」への移行が、経済停滞の回避に大きく寄与してきたためといえる。

第二次世界大戦後の消費社会

第二次世界大戦後の動向をみてみると、戦勝国アメリカは、1950年代から60年代に、世界に先駆けて高度な消費社会を実現し、物質的豊かさを追求する道をひた走ってきた。しかし、1970年代には、石油の供給停止や価格高騰によるオイルショックを契機として、安い石油を使って工業製品を大量に生産し利益を上げるという方式が困難になり、経済と消費が低迷することになるが、これを解決すべく、1980年代から90年代には、市場原理を優先させる新自由主義が導入され、再び市場は活性化し、消費が拡大した。

アメリカに倣い、欧米諸国以外でいち早く高度な消費社会を実現した国が日本である。まず、明治後期から昭和初期にかけて消費社会の萌芽があらわれた。そして第二次世界大戦後の1950年代から60年代の高度成長期には、都市化や核家族化の進行とともに、これまで家庭にはなかった洗濯機、冷蔵庫、テレビ、自動車などの日常のモノを、多くの人がこぞって買い求める大衆消費社会が生み出され、1970年頃には、家電製品など日常に必要なモノはおおむね普及するに至る。1973年と79年のオイルショックは日本の経済にも打撃であったが、省エネルギー技術の駆使によって危機を乗り越えることができた。また、新たなコンピュータ技術の発展は、同じようなモノではなく他とはちょっと違うあるいは目新しいスタイルのモノを次々に生み出す「多品種少量生産」を可能とし、情報化の進展は、いち早く消費者の動向や好みをつかみ、新たなモノのイメージを消費者に伝えることも可能とした。加えて、消費の単位が、家族から個人へと変化し、家電製品などが、一家に一台から一部屋に一台へと増加するとともに、晩婚化と単身世帯の増加は、個人ごとのモノの所有をうながした。消費の個人化によって、モノは、それを持つ人あるいは使う人の趣味趣向や教養といった文化的側面をあらわす存在として、一層重要性を増した。これらが相まって、モノのイメージによる差異化が人びとの欲望を生み出す高度な消費社会へと転換し、1980年代には、日本経済はかつてない活況を呈するに至る。

国民の中流意識が最も高まったのもこの時期である。拙著前掲書第1章でも述べているが、生活程度を5段階に分けて問う総理府の「国民生活に関する世論調査」の結果からは、1964年以降、国民の約9割が自らの生活を中程度と認識していることがわかる。また、1955年から10年ごとにおこなわれている「社会階層と社会移動全国調査」(SSM調査) では、上、中の上、中の下、下の上、下の下のうちどの層に属すると思うかを問うており、これによると、中の上、中の下の二区分である「中」の割合は、1955年には41.9%であったが、1965年には54.8%、1975年には76.4%と最も多くなり、1985年は71.3%、1995年は72.3%へと若干減少しつつも、7割以上が中程度であると認識していることがわかる。

消費社会の世界的拡大

こういった経済成長と物質的豊かさの追求、そして、デザインと広告・宣伝を重視し、モノの差異化によって欲望を喚起し消費をうながし続ける方式は、日本のみならず、地球規模に押し広げられてゆく。これは、手作りのモノを使い、自給自足的な暮らしをしてきた人びとを工業製品等の「消費者」と変え、モノの消費を世界規模に広げていこうとする戦略であるということができる。こうして、消費社会化は、アジア、中東、南アメリカ、東欧諸国等へと拡大を続け、最後のフロンティアがアフリカ諸国であるといわれている。

旧来の自然や文化や社会を大きくつくり変えていく消費社会化あるいは経済の動きを、「経済発展」イデオロギーという視点から明快に論じているのが、

C・ダグラス・ラミス『経済成長がなければ私たちは豊かになれないのだろうか』(2000) の第三章「自然が残っていれば、まだ発展できる？」である。以下では、「経済発展」に関する記述の要点を紹介しておきたい。

「経済発展」は、主義主張にかかわらず、みんなが共有してきた20世紀の一番深いところまで根をおろした「イデオロギー」であるととらえることができるが、一般には、イデオロギーではなくて客観的な事実あるいは必然性というふうに考えられており、それくらいに成功した、覇権を握っていた思想である。

では、「経済発展」論がいつ提唱されたのかであるが、これは、トルーマン大統領が、1949年の就任演説で、欧米諸国以外の「未開発の国々」に対して技術的、経済的援助をおこない、投資をして発展させるという新しい政策を提示したことが発端である。「経済発展」は、この演説で、世界規模のイデオロギーとして登場し、アメリカの国策となり、やがて国連の政策にもなったことが多くの学者によって指摘されている。ここでキーワードとなるのは「未開発」であるが、これは、西洋の経済制度に入っていない、あらゆる文化、民族、社会、経済制度を指す言葉である。世界各国にはそれぞれに異なる文化や社会があるけれども、それらが持っている特色ではなく、アメリカやヨーロッパの経済制度を「持っていない」ことを意味しており、以前には「野蛮」と呼ばれていたものが置き換わった言葉である。

1949年という第二次世界大戦後の時期は、アメリカが世界で最も力のある国となり、イギリスやフランス等の植民地だった南の国の覇権を引き継いだ時期であった。この時期には、国連憲章によって植民地を持つことができず、南の国に対する別の方法が必要であったことや、第二次大戦によってアメリカ経済が活性化しており、新たな投資先を必要としていたことなどから、南の「未開発」な国を、投資すれば利益が返ってくるような経済制度につくり直すことが有効であった。こういった状況の中から、地球上の自然、文化、社会、経済、人の生き方、働き方など、あらゆることを抜本的につくり直すという人類史に先例がないほどの大規模な「経済発展」政策が生み出された。この政策は、「経済発展」に関する新しい学問分野を開くことになり、関連研究にさまざまな研究基金や奨学金などが設けられ、経済学をはじめとして、社会学、政治学などへと影響を与えていき、また、南の国から若い有能な人をアメリカの大学に受け入れ、「経済発展エリート」を育て、自国へ帰すという政策もとられた。

学術論文を調べてみても、1949年以前には、「未開発の国々」「近代化」という項目は存在していないが、1949年以降に増えていき、学術用語として定着していった。そもそも「発展」という言葉は、「自発的に発展する」という自動詞として使われてきたもので、何かに包まれたようなものがだんだん出てくるような変化、例えば、蕾が花になる、種が成長して植木になる、子どもが成長して大人になるなど、主に命あるものの成長を意味していたが、トルーマン演説を境に、未開発な国々を「発展させる」というような他動詞としても使われるようになったものである。従来の植民地主義も、帝国主義もグローバリゼーションであるが、これらの時代には南の国を搾取していることをヨーロッパの人も現地の人も了解していたけれども、「経済発展」イデオロギーが主流となって以降は、外から資本が入って、自然を壊し、伝統的な文化を壊し、搾取することを「発展」と呼べば、それぞれの文化や社会のなかに隠されていた可能性が解放されるかのようなイメージとなり、その社会の、自然であたりまえな、決定された過程であるようにイメージされるようになったのである。

学問においても、こういった大きなパラダイム転換があったのであるが、これを比較するために、アメリカで出版された『社会科学事典』の1933年版と1968年版をみてみると、30数年しか経っていないとは信じられないほどの違いがある。違いの一つは、33年版には、「未開発」「近代化」という言葉は存在しておらず、それらに該当する言葉は、「遅れた国」だけだということである。この言葉を解説した学者は、「遅れているとは人々や地域に対する相対的な用語であるが、その比較の基準が自分たち、すなわち現在小さいながら優勢な西欧諸国であること、その他はすべてそこから派生したもの、あるいは自分たちを模倣するものであることを、初めから暗に想定している。」という皮肉っぽい、アイロニーを含んだ文章を書いており、遅れた国とは、税金制度や労働倫理も持っておらず、根本的にその社会を変えなければ利益的に搾取不可能な国をヨーロッパ人は「遅れた国」と呼んでいるとしている。一方、68年版では、もちろん「遅れた国」という言葉は消えているのである。

もう一つの大きな違いは、33年版には「強制労働」の項目があることである。この項目は、国際連盟で強制労働廃止をめざす人が書いたもので、植民地時代の「強制労働」に関する解説では、「未開の人々の物質的な需要は小さく、貨幣経済にも慣れておらず、骨のおれる長時間労働をする習慣もなかったため、ヨーロッパから来た事業家のために働こうとはしないのが普通だった。」と記されている。そして、ヨーロッパ人が植民地をつくった最初の段階では、現地の人は働いて得た賃金で買いたいものなどあまりなく、働こうとはしなかったので、最初の建物、道路、鉄道、港などは、すべてが強制労働でつくられた。強制労働にはいくつかの種類があり、一つ目は、直接的強制労働、つまり奴隷制であり、自分の村から強制的に連れて行かれ労働させられ、多くの人が命を落とした。二つ目は、間接的強制労働、例えば、税金制度を設けて、払わなければ逮捕されるので、税金を支払うために工場で働かざるを得ないようにするという方法である。三つ目は、同じく間接的強制労働の一つの方法として、森林に住んで、食べ物も薬も建築材料もすべて森林の中にあるような自給自足の暮らしをしている場合には、森林を完全に伐採して、コーヒーかゴムか、何かのプランテーションをつくり、人びとがそこで働くしかないように仕向けた。しかし、68年版では「強制労働」の項目はなくなっており、事典の索引からは、ヨーロッパ中世の例、ナチ・ドイツの例、ソ連（当時）の例があることがわかるが、ヨーロッパ人による植民地での強制労働についての記述はなくなっているのである。

こうして、1960年代から70年代の経済発展イデオロギーが最も強かった時代には、南の国の人たちは、ヨーロッパの経済をみてそれに惚れ、自分の文化を捨ててつくり変えようとしたとの認識が一般的になるのであるが、事実としては、ヨーロッパ人が店を開いても見向きもせず、朝から晩まで働いてまで欲しいものなどなかったという状況であったことが記されている。

1-3　消費社会の限界と問題点

このように高度化し世界へと拡大してきた消費社会であるが、1970年代のオイルショックの頃から限界がみえはじめ、1990年代半ば以降、先進国の経済成長と消費の拡大は、ついに限界に達したとの見方がある。先進国だけでなく、やがては新興国も限界に至ることも指摘されている。そこで以下では、消費社会の限界や問題点を指摘している主な文献を挙げ、その要点を紹介していきたい。

資本主義の限界と問題

まず、水野和夫『資本主義の終焉と歴史の危機』(2014) から、資本主義というシステムが今日、終わりに近づいているという理論の要点を紹介したい。

第一章「資本主義の延命策でかえって苦しむアメリカ」では、経済成長に固執し続けることの危うさについて記されている。近代とは経済的にみれば、成長と同義語であり、資本主義は「成長」を最も効率的におこなうシステムであるが、資本主義が経てきた歴史的なプロセスをつぶさに検証してみると、成長が止まる時期が「目前」といっていいほど迫っていることがわかる。歴史家フェルナン・ブローデルは、中世封建システムから近代資本主義システムへの転換期 (1450 ~ 1640 年) を「長い 16 世紀」と呼んだが、現代は、中世から近代への転換に匹敵するような、500 年に一度、ないしは 13 世紀に利子率がローマ教会によって公認され、資本家が誕生して以来の大転換の時期にある。それを端的にあらわすものが、昨今の先進各国の国債利回りにみられる際立った利子率低下である。利子率の低下が重大事件であることの理由は、金利はすなわち、資本の利潤率とほぼ同じだといえるからであり、資本を投下し、利潤を得て資本を自己増殖させることが資本主義の基本的な性質であるにもかかわらず、利潤率が極端に低いということは、すでに資本主義が資本主義として機能していないという兆候である。

もちろん、製品一個当たりの利潤が低下しても、市場が拡大できれば利益の総額は増やすことができるのであるが、日常に必要なものがいきわたり、新興国も経済成長する中では、市場拡大も難しい状況にある。利潤率の低下は、1973 年と 79 年のオイルショックによる原油価格の高騰によって、資源を安く買って工業製品を高く売ることがもはやできなくなったことが主たる要因である。70 年代の価格高騰は、原油の減産や供給停止という産油国側の諸事情によるものであったので、10 年強続いたが長期化は避けることができた。しかし、1999 年には、再び原油価格が高騰しはじめ、現在に至っている。70 年代とは違い、今回の場合は、数十億人の新興国の近代化が背景にあるので、高騰の長期化や常態化は避けられない状況である。要するに、モノづくりやサービスなどの実物経済では利潤を上げにくくなったのである。

第三章「日本の未来をつくる脱成長モデル」では、日本について記されている。先進国の中で、最も早く資本主義の限界につきあたっているのが日本である。これは、1997年から現在に至るまで、超低金利が続いていることにあらわれている。限界の兆候は、やはりオイルショック後の1970年代半ばであり、利潤率は、1973年をピークとして低下に転じたのである。1970年代のオイルショックは経済の停滞を招いたが、日本では、省エネ技術によって原油価格の高騰を乗り越え、1980年代から1990年代にかけては、技術革新や、モノのイメージを高める情報戦略などによって消費をうながし、世界一の経済大国に上り詰めた。しかし、上り詰めたがゆえに、資本主義の臨界点に達するのも早く、そのあらわれが1980年代後半からのバブルであった。当時の日本は、貯蓄が豊かで、土地は値上がり続けるという通念がある一方で、中間層が7割を占め、日常の消費がほぼ飽和しているという状況があった。これがバブル発生の素地となって、実物経済とはかけ離れた資産価格の高騰、すなわち土地バブルが生起するに至ったのである。1991年にはバブルが崩壊し、日本の経済は長期の停滞に入るとともに、1995年の国際資本の完全自由化による金融グローバリゼーションの流れにも巻き込まれていくことになる。この流れの中で利潤の極大化をめざすための日本の打開策は、総人件費の抑制であり、雇用の流動化であった。1999年には、派遣対象業務の制限が撤廃され、2004年には、製造業への派遣も自由化された。経済の成長と賃金が分離する「雇用なき経済成長」のなかで、7割を占めた中間層の二極分化が進行しているのである。

第二章「新興国の近代化がもたらすパラドックス」では、新興国や途上国について記されている。アジア諸国やBRICS諸国など、56億人を擁する新興国や途上国の経済成長も盛んであるが、これらの国々では、日本のように、それぞれの国で中間層が育ち、消費が飽和に達し、やがて資本主義の限界を迎えるといった流れとは異なるシナリオとならざるを得ない。なぜならば、新興国では、原油価格の高騰という困難な条件下で成長をすすめねばならず、原油獲得競争は一層激化せざるを得ないし、また、先進国を含め70億人の消費化をすすめることができる資源は地球上にはないからである。グローバリゼーションとは、世界規模での「中心」と「周辺」の作り替えである。これまでは、世界の先進国が物質的豊かさを追求する側にいたが、グローバル化がすすむ世界では、先進国、途上国という区分ではなく、世界規模で、それぞれの国で、豊かな層と貧しい層とに二極分化が生じることになるのである。先進国では、1970年代にすでに中間層が減少しはじめ、新興国では、格差を生みながら経済成長と消費化がすすんでいくことになる。

こういった論考の最後に、第五章「資本主義はいかにして終わるのか」では、近代経済学は、供給曲線と需要曲線とが均衡するところが価格だと定義づけたが、それはあくまでも資源を1バレル2～3ドルで買って作った製品であれば、国内市場では需要と供給とが一致するという大いなる仮定にもとづいた話である。これは、資本主義という仕組みの外部に、資源国という「周辺」があってこそ成立する議論でしかないが、もはや地球上に「周辺」はなく、無理やり「周辺」を求めれば、中間層を没落させ、民主主義の土壌を腐敗させることにしかならないとまとめられている。

上記のような資本主義の特質は、消費社会の特質でもあるということができるであろう。

佐伯啓思前掲書も、「欲望のフロンティアの拡張運動」としての資本主義と、消費社会の限界について述べている。

第7章「消費資本主義の病理」では、「ケインズが述べたように、資本主義の将来の問題が、「ゆたかになるため」のものではなく「ゆたかになってしまった」がゆえのものだとしたら、日本こそがそのような問題にいち早く直面するはずであろう。「ゆたかさの果て」にいったい何があるのか、われわれはそのことに直面しようとしている。」と述べ、大衆消費社会を生み出し、オイルショック後の行き詰まりも、製品の多様化とFMS（一つの生産ラインでも製品の変更や多品種の製造に柔軟に対応できる製造システム）による消費拡大によって乗り越えてきたことなどを述べたうえで、「欲望のフロンティアは、少なくともこの方向では限界に達しつつあるようだ」と指摘している。また、シュンペーターの「資本主義は成功する。だが成功するがゆえに没落する」というテーゼを紹介し、資本主義は、生産力という点ではかつてない高い水準を実現でき、成功するが、この成功によって、それ自身を支えてきたさまざまな要因を自ら崩すことになること、現代でいえば、グローバルな世界が実現し、どこでも同じものが手に入るようになると、人びとの欲望を拡張してきた異質な文明や異文化に対する憧れにも似た感情が薄れ、「よりよいものをより安く」作る産業技術は「標準的な消費財」をほぼ行き渡らせ、あるものをモデル（例えば上流階級、隣人、理想的アメリカ人など）としてきた欲望が、どんどん衰弱していくことを意味していると述べ、シュンペーターのテーゼはあたっているようにみえると指摘している。

さらに、近代人は、知識や技術などのフロンティアを拡張することに並々ならぬ関心を抱き、この拡張が即、進歩であり発展であると考え、「目的なき発展」「終わりなき発展」を信奉してきたことに対応して、資本主義は、人びとの欲望を開拓し、商品化し、利潤機会をつくり、投資し、新たな技術やマーケットを開拓してきた。こうして「科学」と「技術」が「産業」という舞台で一体化し、そのフロンティアが「資本主義」のフロンティアとなって20世紀の産業資本主義を形成してきたのであるが、今日では、最先端の科学や技術のフロンティアと人びとの欲望のフロンティアとが乖離しはじめていると述べている。確かに、現代においても、遺伝子操作、ヴァーチャル・リアリティ、人工知能、宇宙開発など、高度な科学・技術のフロンティアの開発が盛んにおこなわれているのであるが、これらの成果は、人びとの暮らしに直結しにくく、多くの人びとの欲望を喚起するような商品開発やマーケット開拓にそのまま結びつくものではなく、容易には大衆化できない性質のものであり、ここに現代資本主義の危機があると指摘している。

高度消費社会の矛盾

三浦展『第四の消費——つながりを生み出す社会へ』（2012）は、第一章「消費社会の四段階」と第二章「第二の消費社会から第三の消費社会への変化」において、日本における明治以降の消費社会の変遷を論じたうえで、高度消費社会の矛盾を三つ挙げている。以下では、この要点を紹介したい。

矛盾の第一は、感性による個性化が人びとを分断する傾向にあったことである。1980年代に入ると、「本当の自分らしさ」への希求が強まり、単なる消費ブームを超えて、「自分探し」ブームが拡大していった。上野千鶴子「商品——差別化の悪夢」（初出1982）『〈私〉探しゲーム』（1987）と題する論考から、「人なみ化」がおおむね達成されて以降の高度な消費社会であっても「人なみ化」が終わったわけではなく、「差別化」と「人なみ化」が同時並行し、「人とちがう」ことと「人なみ」であることとの狭間で、人びとは無限に自分を写す合わせ鏡の中にはまり込んでしまい、もう誰も自分の欲望がわからなくなる「悪夢の選択」と称された事態が1980年代に生起したといった指摘を紹介している。

第二は、個性化の背景には階層化があったので、人びとをさらに分断し、孤立化させる傾向があったことである。階層化の傾向については、博報堂生活総合研究所『「分衆」の誕生』(1985)をもとに、1955年から75年までは階層意識の中流化がすすんだが、85年にはもはやすすまず、階層差の拡大の予兆がみられるようになったこと、中流層の内部が二極化してきたのではないかという考えから、博報堂は「分割された大衆」という意味で「分衆」という概念を提案していることを紹介している。また、小沢雅子『新階層消費の時代』(1985)から、高度成長期が終わると、産業別、企業規模別、男女別、職種別のいずれでも賃金の格差は拡大しており、75年以降、格差拡大の速度が上昇していること、資産格差も拡大し、農家とサラリーマンの純金融資産格差は、68年頃まではほぼ同じであるが、79年には前者が後者の2倍になり、首都圏ではさらに顕著で、同じく1.8倍から4倍と拡大していることなどを紹介している。しかし、こういった格差論は、1986年からのバブル経済の中でかき消されるのであるが、1999年以降の雇用なき景気回復と、非正規雇用者の問題が顕在化する中で、ニュープア論は、三浦展『下流社会』(2005)などで再び論じられるようになったと述べている。

第三は、高度消費社会は、過剰な物質主義を蔓延させ、1970年代にみられたエコロジー意識、省エネ意識などを忘れさせたことである。この点については、詳述はされていない。

情報化・消費化社会の「限界」問題

見田宗介前掲書は、「情報化・消費化社会の現在と未来」との副題に示されるように、情報化・消費化社会のシステムの原理を論じたうえで、それが必然的に生成する「限界」問題を論じている。その要点を紹介しておきたい。

まず第一章「情報化／消費化社会の展開——自立システムの形成」では、情報化・消費化社会の原理が、以下のように記されている。現代の〈情報化／消費化社会〉の原理とは、古典的な資本制システムにおける需要の有限性と拡大する供給能力との矛盾、そのあらわれとしての恐慌が、情報の駆使をとおして、「必要」に制約されない無限定な欲望の創出によって克服されていくという原理である。そして、無限に生み出される「新しい欲望」は、その時代の消費者に魅力的であると感覚される商品によってしか触発されず、「魅力的」であることをめぐる熾烈な闘いがある。必要を根拠とすることのできないものはより美しくなければならず、効用を根拠とすることのできないものはより魅惑的でなければならないのである。

こうした〈情報化／消費化社会〉のシステムの原理は、それ自体が必然的に生成し直面するほかない「限界」問題を内包している。第一は、自然との臨界面に生成する「環境」「公害」「資源」「エネルギー問題」として語られる問題系であり、第二は、外部社会との臨界面において生成する「南北」問題、あるいは先進産業国の域内に「内部化」されている貧困等の問題系である。さらに、システム内部の人間のリアリティやアイデンティティの変容をめぐる問題もあるが、この点については稿をあらためたいとしている。

第二章「環境の臨界／資源の臨界――現代社会の「限界問題」Ⅰ」では、環境等に関する問題系について記されている。レイチェル・カーソン『沈黙の春』(1962, 1974) をもとに、アメリカが、第二次世界大戦後の消費社会を謳歌していた「繁栄の50年代」に生起した害虫駆除のための農薬の空中大量散布が、昆虫をはじめとして、鳥や小動物などにも多大な被害をもたらした惨状が示される。そして農薬は、人間を殺すための化学戦の研究において、昆虫が広く実験台に使われたことから生まれた化学薬品であったとのカーソンの指摘や、虫害は過大に宣伝され、より安全で効果のある自然的あるいは伝統的方法が存在したにもかかわらず大量の農薬が散布されたこと、天敵を活用する自然の方法は、時とともに効果が高まり永続性があるが、農薬はその都度撒かなくてはならず、常に新たな需要あるいは消費を生み続ける消費財であること、農薬の大量散布は、消費のための消費であり、まさに、次から次へと消費を繰り返す消費社会の産物であったことなどが述べられている。

資源・エネルギーの有限性についても、ドネラ・H・メドウズほか『成長の限界――ローマ・クラブ「人類の危機」レポート』(1972, 1972) などをもとに、現代社会を特色づける大量生産、大量消費という図式は、一つの「無限幻想」であり、実際には、「大量採取→（大量生産→大量消費）→大量廃棄」という、生産の始点と消費の末端で、この惑星とその気圏との、「自然」の資源と環境の与件に依存し、その許容する範囲に限定されてしか存立し得ない限界づけられたシステムであることが述べられている。

第三章「南の貧困／北の貧困――現代社会の「限界問題」II」では、「南北」問題あるいは先進産業国内に「内部化」されている貧困等の問題系について記されている。大量消費社会では、生産の始点において鉱物資源のほとんどを外部地域に依存し、消費の末端についても、生産と消費の大量化それ自体によって、「無限」と考えられてきた海洋や大気を汚染し、大量消費の外部の諸地域をも「無理心中的」に巻き込んでおり、その一層露骨な形態は、汚染を発生する工程や産業自体を外部に移転していることであると述べられている。

次に、南北問題の「格差」についても、戦後の歴史の中で、最も長い経済成長の時期であった1980年代は、同時に格差が広がった時期でもあり、細かな数値は省略するが、栄養失調の子どもの数が増加、世界で十分に食料を手にすることができない人も増加、約50の途上国では、一人当たりの主食消費量が低下、上位と下位の所得格差は、1960年の30倍から1991年の61倍へと拡大したなどである。食料の格差についても、「豊かな社会」がつくりだす「世界の半分の飢え」のメカニズムの一つは、必須食料品である穀物の、家畜飼料化、嗜好品の素材化であり、穀物が肉食用家畜の飼料等にされずに平等に分配されれば、世界には十分な食料があること、そしてもう一つは、基本食料の生産にあてられていた土地の収奪（輸出商品への作物転換）であることが述べられている。

さらに、「南の貧困」と「北の貧困」の定義が再考されている。まず、「南の貧困」であるが、貧困層の定義として世界銀行で使われるのは、一日当たり生活費１ドルという水準である。しかし、貧困は、金銭を持たないことにあるのではなく、金銭を必要とする生活の形式の中で、金銭を持たないことにある。貨幣を媒介としてしか豊かさを手に入れることのできない生活の形式の中に投げ込まれる時、自然から切り離され、共同体を解体された時に、貨幣が人びとと自然の果実や他者の仕事の成果とを媒介する唯一の方法となり、「所得」が人びとの豊かさと貧困、幸福と不幸の尺度として立ちあらわれること、「北の貧困」

すなわち豊かな国の貧困についても、豊かな社会の「正常な」成員の条件として、ますます高度の商品化された物資とサービスに依存することを強い、そして常に新しく更新され、吊り上げられていく「必要」の水準を設定することをとおして、新しい、切実な貧困の形が生成されていることが述べられている。

C・ダグラス・ラミス前掲書第三章「自然が残っていれば、まだ発展できる？」でも、経済発展の問題点について、見田氏と類似した指摘がなされている。以下でその要点を紹介したい。

先の1-2節で述べたように、「経済発展」は、20世紀に深く根をおろした思想であるが、21世紀も同じ迫力で覇権を握り続けるならば、とても大きな災難になるのは間違いないとラミス氏は指摘している。経済発展イデオロギーがこれほど浸透したのは、貧しい国が豊かな国に追いつき、やがて世界中の人びとが豊かになるという大義名分、あるいは大前提があったからであるが、半世紀以上経ってもそうはなっておらず、貧富の差は存在したままである。貧富の差こそ経済発展の基本であり、原動力である。経済発展は、南北問題を解決するのではなく、その原因の一つなのである。

そもそも世界中の人が同じように豊かになることは不可能である。理由の一つは、地球がもたないためで、例えば、すべての人がロサンゼルスの人と同じエネルギー消費をした場合、地球が5個必要となるとの試算があり、世界中の家族が車を1台持ったとすると石油は数か月で枯渇するという試算もある。もう一つの理由は、「豊かさ」とは「貧しさ」を前提とした概念であることである。豊かさにはさまざまな種類があるけれども、経済発展思想の豊かさのイメージとは「金持ち（rich）」である。「rich」とはラテン語の「rex」、つまり国王、国王が持っているような力が元の意味であったが、数百年経って経済的な意味になったものである。お金があればお金のない人を支配できる、その労働力を支配できることがrichの本質である。自分がrichになろうとすれば、自分がお金を集めるか、周りの人たちを貧乏にするかのどちらかであるが、いずれにせよ、一種の社会的な関係、人と人との関係を指す言葉である。すべての人が以前よりお金を持つようになっても社会は豊かになるわけではなく、インフレーションになるだけである。したがって、経済発展思想がイメージするところの豊かさは、相対的な豊かさであり、どこかに低賃金労働者がいる、お金がほしい人がたくさんいるという前提に立った豊かさである。

貧困にもいくつかの種類があるが、この書物では、貧富の差を考えるにあたって参考となる四つの種類に分けて説明している。一つ目は、伝統的な貧困である。自給自足の社会で、人びとは物をあまり持たず、それで満足しており、そこで暮らしている人は貧乏だとは思っていない「外からみた貧困」である。二つ目は、世界銀行の定義による「絶対貧困」である。食べ物や衣服や薬が不足し、栄養失調状態、飢えなどがある貧困である。三つ目は、先にみたような、rich の前提になっている poor、金持ち／貧乏という社会関係のなかでの貧困である。経済力を持つ人がいれば、必ず経済的に無力な人がいるという貧困であり、経済的に貧しいことで侮辱を受けても反抗できない無力さが特徴である。四つ目は、技術発展によって新しいニーズがつくられたことによる貧困である。家電製品、車、パソコンなど、当初は贅沢品であったものが、やがて社会生活上の必需品となってゆき、これを持てない人が貧困に陥るのである。この貧困は、経済発展と技術発展によって再生産されるところが特徴である。ロサンゼルスの車の例は、アメリカでは広く知られている。1920 年代までロサンゼルスは世界有数の通勤電車のある街だったが、それを自動車会社が買収し、次第に電車を減らし不便にして、やがて廃止するに至ったのである。自動車産業は、同じようにアメリカ中の鉄道や路面電車の会社を買収して車文化をつくっていった。自由市場で車文化になったのではない。1950 年代、政府は、政策としてアメリカ全土の高速道路をつくり直すという史上空前の公共事業をおこない、自動車産業を援助したが、これがいまのアメリカ文化の基本になっている。

このように、20 世紀の経済発展とは、大雑把にいうと、四つの貧困のうち、一つ目を、三つ目と四つ目につくり直すという過程である。百年前には自給自足の生活をしていた人たちは、先にも述べたように現状で満足しているから、搾取することが難しいのであるが、この人たちを労働者にし（三つ目）、消費者にして（四つ目）、搾取しやすい形につくり直したのが、経済発展の正体である。みんなが労働者と消費者になるというのが経済発展である。二つ目の絶対貧困の数も 20 世紀の間に増えているのではないだろうか。このように、経済発展は、貧富の差をなくすことではなくて、貧困を利益がとれる形につくり直す、「貧困の近代化」（イヴァン・イリイチの言葉）あるいは「貧困の合理化」

なのである。このように述べられている。

消費社会と地球の限界

アラン・ダーニング『どれだけ消費すれば満足なのか――消費社会と地球の未来』(1992, 1996)は、消費社会の現状をとらえ、主として地球環境とのかかわりからその問題点を具体的データにもとづいて述べたうえで、脱消費的な暮らしの方向性を示そうとしたもので、消費社会と暮らしのあり方を考えるにあたって欠かせない書物である。ぜひ原本をお読みいただきたいが、以下では、その要点を紹介しておくこととしたい。

まず、「日本語版によせて」と第1章「地球はどこまで耐えられるか」では、この書物のねらいが、以下のように記されている。消費社会は膨大な量のエネルギーや化学物質、プラスチック、金属を果てしなく注ぎ込まなければ維持できず、それらの生産は他の何よりも地球を傷つけるが、アメリカ人は毎日、自分の体重とほとんど等しい自然資源を消費している。他方、過剰消費の対極にある貧困も、貧しい農民に森を薪に変えさせ、急峻な斜面に鍬を入れさせることで、環境を傷つけている。このように、人が多く持ち過ぎても持たなさ過ぎても地球が傷つくのだとすれば、「どれだけ消費すれば十分なのか」という疑問がわく。地球という星の生態系と融和するには、わたしたちはこの問いを避けて通ることはできず、わたしたち一人ひとりにとって、この問いかけは極めて大切である。「モアーが必ずしもベターではないということに気がつかなければ、環境の悪化を食い止めようとする努力は、欲望に飲み込まれてしまうからである。」と述べ、問いかけることの重要性を指摘している。こういった問いにもとづき、まずは、現状と問題点が論じられていく。

第2章「世界に広がる消費社会」では、消費階層の特徴が以下のように記されている。環境に与える影響度という観点からみると、世界には大きく、消費階層、中間所得階層、貧困階層の三つの階層がある。1992年の統計では、消費階層は11億人、主に北アメリカ、西ヨーロッパ、日本、オーストラリアなどの人びと、中間所得階層は33億人、主に中南米、中東、中国、東アジアの人びと、貧困階層は11億人、主にアフリカ、インドなどの南アジア諸国の村人である。消費階層の人びと(わたしたち)は、肉や加工食品、空調された住まい、電化製品、ふんだんな湯、自動車や飛行機、あふれる物等々に囲まれたライフスタイルを享受している。エコロジカルな影響度という点では、消費階層と中間所得階層との差が最も大きい。消費階層のライフスタイル、すなわち消費主義とは、イギリスの経済学者ポール・エイキンズによれば、「所有し利用する財およびサービスの数と種類を増やすことを、何よりも大事な文化的欲求とし、個人の幸福、社会的地位の向上、国家としての成功に到達するもっとも確実な道だと認識する」といった文化的傾向であると指摘している。

第3章「豊かさゆえの貧困」では、消費と幸福、人のつながり、生活ペースとのかかわりについて以下のように記されている。1950年代以降に、世界の人びとが消費した財とサービスは、それ以前のすべての世代が消費したものの総計に匹敵し、1940年代以降のアメリカ人だけでも、それまでに全世界で使ったのと同じだけの鉱物資源を使っているが、シカゴ大学の全米世論調査センターが定期的におこなっている調査によれば、「たいへん幸福」との回答は、1950年代半ばも、1990年頃も、3分の1前後と変化しておらず、1950年代以降の、史上まれなる巨大消費の時代は、消費階層の幸福度を少しも高めなかったのである。また、1974年の世界各国の人びとを対象とした調査では、裕福な国と、極めて貧しい国との間にみられる幸福度の差は、ほとんどないことが示されている。幸福についての研究からは、幸福度を定める主要因は、家庭生活、特に結婚生活であり、次いで仕事、能力を伸ばすことにつながる余暇、そして友だちとのつき合いなどで、消費あるいは物質的豊かさは主要な要因ではないことが明らかになっている。

つながりという面からみると、消費階層ではない人びとの生活にみられる「日々生きていくための助け合い」は、強く人を結びつけるが、暮らしが大量消費市場に取り込まれる過程で、このような緊密さは分断されてしまった。また、家庭の役割が生産から消費に変わったことも、助け合いを衰退させた。消費社会の典型的な家庭では、暮らしに既存の商品を使うことが主となり、必要とされる資源の量が増え、多大な自然の犠牲をもたらしている。ショッピングモール、高速道路、大商店街は、地元の商店やレストランなどを駆逐し、地域経済やコミュニティを衰退させた。余暇という面からみると、社会が工業化し商業化するほど、生活のテンポが速くなっており（心理学者ロバート・レービンによる1990年の調査)、人びとが時間に価値を認めれば認めるほど、ゆっくりくつろいで余暇を楽しむことができなくなっている。余暇自体も、例えばレジャー用品の購入のように、消費の形をとるようになった。

このように、消費社会は、物質的快適さによって人びとに充足感を与えようとして失敗し、所得を押し上げることによって、わたしたちを貧しくしてしまったようだと指摘している。

第4章「消費の環境コスト」では、地球環境への負荷について以下のように記されている。人びとに必ずしも幸福をもたらさない消費社会は、地球環境へも大きな負荷を与えており、負荷の予防や低減、回復には、膨大な環境コストを必要とする。消費階層は、世界の二酸化炭素の3分の2を排出し、世界人口の4分の1である工業国が、世界の自然資源の40～86%を消費し、酸性雨の原因であるイオウ酸化物や窒素酸化物の4分の3および有害化学物質の大部分を発生していることなど、ここでの言及は避けるが、さまざまな負荷の例が挙げられている。そして、生態系システムに経済が与える負荷の総量は、「人口×平均消費量×科学技術の体系」という三つの変数の関数として示すことができ、40年後の状況を試算した研究から、地球の汚染等をいま以上に進行させないためには、仮に、工業国が一人当たり資源消費量をただちに停止して途上国に振り分け、世界人口を現在の2倍までとしたとしても、環境面での技術水準を20倍も改善しなくてはならないとの指摘を紹介している。

このように、「地球の温暖化から種の絶滅にいたる地球の病に、わたしたち消費者はきわめて重大な責任を負って」おり、人口の安定化が急速に進行し、クリーンで効率の高い技術が進展したとしても、「人間が望むものが物質から非物質にシフトしない限り、人間の欲望は生命圏を蹂躙することになろう。何十億という人類を支える地球の能力は、消費しなければ充足できないという考えを、わたしたちが捨てられるかどうかにかかっている。」と述べている。そして、この点についての具体例として、第5章から第9章では、食べ物や飲み物、移動手段、浪費の蔓延、消費者の欲望をかき立てるような商業メッセージ（広告、商業テレビ放送、ショッピングモール)、「消費しなければ経済が停滞し衰退する」という考えの浸透などが取り上げられており、その現状と転換の方向が論じられている。

消費社会の限界と問題点の整理

これまでみてきたように、消費社会は、物質的な豊かさを生み出しはするが、さまざまな限界と問題点を抱えていることがわかる。これらを踏まえて、ここでは、消費社会の問題点を五つに分けて整理しておきたい。

第1は、人の孤立化、孤独化である。産業社会の進展による「自給自足」の暮らしから「モノを消費する暮らし」への移行によって、人びとは、地域の共同体から切り離され、助け合いや協力といった人と人とのつながりが薄れ、個人化がすすみ、孤立化がうながされることとなった。

第2は、地域の自然の荒廃と文化の喪失である。地域の自然環境と共存して営まれてきた自給自足の暮らしが失われるということは、人と人とのつながりだけではなく、人と自然とのつながりも薄れ、人びとが守り育ててきた地域の自然が荒廃し、人と自然とのかかわりによって育まれてきた文化も失われていくことを意味する。

第3は、人の心の疲弊である。消費社会の進行によって、モノの価値の力点が有用性から記号性へと移行し、モノは、それを持つ人の地位や、趣味趣向といった文化的センスをあらわす記号的性質を強める。人の価値が、その人の持っているモノによって測られるようになり、「人なみ」であること、あるいは「人より上」であることを示すために、人びとは、次々に生み出される新たなモノを消費する競争に狂奔することになる。

第4は、世界規模での格差を生むことである。資本主義は常に「周辺」を必要とするシステムであり、すべての国、すべての人びとを豊かにできるわけではなく、貧しい国、貧しい層を生み出し続ける。産業社会、消費社会の進行とグローバル化のなかで、資源提供国とモノの生産国、豊かな国と貧しい国という国単位の格差、そして、一国の中での豊かな層と貧しい層の格差というように、世界規模で階層の再編と二極分化が起こる。

第5は、地球環境の破壊である。次々に新しいモノに買い替えるという消費行動によって、モノは無限に作り出され消費され、経済の成長が保障されるわけだが、実際には、これは無限幻想である。大量生産の前には必ず資源の大量採取があり、大量消費の後には大量廃棄がある。大量の消費は、環境破壊と不可分であり、地球規模の環境破壊を生む。

こういった地球環境の問題は、豪華客船タイタニック号に例えられている。鈴木孝夫『人にはどれだけのものが必要か』(1994) 第一章「私の生き方」には、「私の目には、欧米先進国や日本の指導者たちが、地球の目をおおう惨状をよそに、更なる技術革新、経済成長、そして消費の拡大を叫んでいる姿は、刻々と迫りくる大氷山との激突というカタストロフィーに気づかず、歓楽に時を忘れ、束の間の虚像の幸福に酔い痴れていた、かの巨大な豪華客船タイタニック号の悲劇が重なって見える」と記されている。その10年後に刊行されたC・ダグラス・ラミス前掲書第一章「タイタニック現実主義」では、この地球という「タイタニック」に乗っているわたしたちは、「氷山にぶつかる」ことをすでに「知っている」けれども、氷山はまだ見えないし、現実的な話とは理解しにくく、タイタニックを前へすすめることが「現実主義」となっている。われわれの経済システムに例えれば、現実主義的な経済学者等のエキスパートが、「スピードを落とすな」と命令しているけれども、災難はすでにはじまっていて、次から次へと氷山にぶつかりはじめていると記されている。

では、本書の原稿を書いている2019年時点ではどうかと考えてみると、わたしたちの目にもすでに氷山が見えはじめ、氷山にぶつかりはじめていることを知っており、「スピードを落とすな」という「現実主義」の声を聞きつつも、多くの人が、船を止めなければならない、あるいはすすむ方向を変えなければならないと思いはじめており、幾ばくかの人は、そのように行動をはじめているといった状況ではないだろうか。次節では、こういった点について言及していきたい。

1-4 消費社会のゆくえ――脱成長・脱消費へ

前節でみてきたような、消費社会の限界と問題点は、どのようにすれば乗り越えられるのであろうか。それは、どのような道であるのだろうか。答えは簡単ではないが、これまでに参照してきた書物などでは、今後の方向性についても論じられているので、本章の最後に、この点に関する各書の要点を整理しながら、考察することとしたい。

脱成長という成長

まず、水野和夫前掲書は「おわりに」において、資本主義が終焉期に入っているという「歴史の危機」を直視して、資本主義からのソフト・ランディングを求めるのか、それとも資本主義をさらに純化させて成長にしがみつくのかという問題を投げかけている。後者の先にあるのは、破局的なバブル崩壊というハード・ランディングであるにもかかわらず、先進諸国はいまなお成長の病にとり憑かれてしまっており、その代償は、遠くない将来、経済危機のみならず、国民国家の危機、民主主義の危機、地球持続可能性の危機という形で顕在化してくるだろうと指摘している。

そして第五章「資本主義はいかにして終わるのか」においても、こういった危機が顕在化する前に、新しいシステムである定常社会、ゼロ成長社会への準備をはじめねばならないと述べている。定常社会、ゼロ成長社会とは、貧困社会とは異なるもので、拡大再生産のために「禁欲」し、余剰をストックし続けることに固執しない社会、資本の蓄積と増殖のための「強欲」な資本主義を手放すことによって、人びとの豊かさを取り戻す社会であり、定常社会の豊かさとは、ゼロインフレの中、いま必要でないものは、値上がりがないのだから購入する必要がなく、ミヒャエル・エンデがいうような「必要なものが必要なときに、必要な場所で手に入る」豊かさである。こういった豊かさを実現するためには、「より速く、より遠くへ、より合理的に」という近代資本主義を駆動させてきた理念を逆回転させ、「よりゆっくり、より近くへ、より曖昧に」と転じることが必要である。いままさに「脱成長という成長」を本気で考えなければならない時期を迎えていると述べている。

佐伯啓思前掲書は、第7章「消費資本主義の病理」において、最先端の科学や技術と人びとの欲望とが乖離しはじめていることを踏まえたうえで、「新しいもの」をめぐる常軌を逸した競争という近代の脅迫観念から解放される可能性に近づいているのではないだろうかと述べている。

人間は、たえず未知のものや新奇なものを探究し、想像力によってシンボルを操作し、芸術や神話、科学、建築といった「文化」を生み出してきた存在であるが、古いものが古いというだけで破壊され、新しいものが新しいというだけで商品価値を持つという資本主義が限界に達しているということは、こういった「文化」をわれわれの方に取り返す絶好のチャンスではないか、欲望が常に産業技術によって開拓され、「新しいもの」が産業技術によって提供されてきた「産業資本主義」と決別し、人間の想像力を産業技術が独占していた「近代」を脱して、それをもう一度、文化や知識の領域に取り戻す可能性も開かれてきたと指摘している。

そして最後は、モノはほんらい、技術だけではなく文化の産物でもあり、経済活動自体が、広い意味で文化と不可分なのであるが、20世紀の産業資本主義は、それを技術の次元に還元し、文化から切り離そうとしてきたが、その限界地点で、ようやく、「欲望を産業技術のフロンティアの奴隷にすることから解放されようとしているのではないだろうか。欲望を文化的なイマジネーションの世界へ取り戻すことができるようになってきたのではないだろうかと思う。私はといえば、やはりこの可能性にかけてみたいのである。」という言葉で締めくくられている。

脱物質主義・真物質主義

間々田孝夫『第三の消費文化論――モダンでもポストモダンでもなく』(2007) は、ボードリヤールをはじめとするポストモダン消費論をさまざまな角度から検討し、ポストモダン消費論では消費文化の動態をとらえることができないとの認識のもとに、第五章「脱物質主義の消費文化」において「脱物質主義」の視点から消費文化をとらえようとしている。以下では、その要点を紹介しておきたい。

脱物質主義とは、人間の幸福にとって過剰な物質消費が無意味なことに気づき、別な形で幸福を追求しようとする考え方・生き方である。こういった脱物質主義化がすすみつつあることを、いくつかのデータで示したうえで、これからの消費社会においても、脱物質主義化は次第に進行していくだろうと間々田氏は予測している。現在の先進国では、便利で快適な消費財が広くいきわたっているが、人びとはそのような機能的価値を持った消費財を求めるよりは、いかにして楽しく、美しく、充実した人生を送るかということに関心をシフトしているように思われ、「機能的価値から文化的価値への価値の再設定」が生じている。このような価値観の変化により、消費者は消費の文化的価値を重視するようになり、物的消費の安定化（増加の鈍化）が生じる方向へとシフトしていくとみることができる。こういった文化的価値を求める脱物質主義的価値観の高まりと、機能的価値の面での脱物質化が同時進行するのが、現代消費社会の脱物質化のプロセスであると指摘している。

脱物質主義は、モノをこれ以上求めないという方向にすすむだけでなく、別の意味でモノにこだわり、人間がモノ消費の本質をより深く理解する方向に発展する可能性を持っていると考えられ、現代消費社会では、DIY、地産地消、スローフード、スローライフ、もったいない思想、自発的簡素化、減速生活、ロハス、古着の流通、田舎暮らし、和風生活の見直しといった現代的・都市的消費生活を見直そうとするさまざまな動きが生じているが、このような新しい価値観とライフスタイルを、「真物質主義」と呼びたいとしている。真物質主義とは、モノと自然と人間とが良好な関係にある限り、モノ消費を歓迎するという考え方である。真物質主義によって、人とモノと自然との間に成熟した関係をつくり、物質文化の質的な水準を高めることをとおして、資源・環境問題に対する細やかで、柔軟で、ゆるぎない対応を実現することができると述べている。

社会、シェア、シンプル・カジュアル、日本、地方、サービスへの志向、人重視

三浦展前掲書は、第三章「第三の消費社会から第四の消費社会への変化」において、高度消費社会の矛盾が顕在化した2005年頃以降を「第四の消費社会」と称して、第四の消費社会は、高度消費社会がもたらした矛盾を解決する方向、すなわち、あまりに個人化、孤立化した社会よりも、個人間のつながりが自然に生まれる社会をめざす方向に動くと指摘している。以下では、その要点を紹介しておきたい。

第四の消費社会の特徴は、①個人志向から社会志向へ、利己主義から利他主義へ、②私有主義からシェア志向へ、③ブランド志向からシンプル・カジュアル志向へ、④欧米志向、都会志向から日本志向、地方志向へ（集中から分散へ）、⑤「物からサービスへ」の本格化あるいは人の重視の五つであるが、これらのうち、②のシェア志向の価値観と行動こそが、第四の消費社会における消費の基礎となっていくものである。戦後の日本では、モノを私有する方向へと急速に変化してきたが、こういった私有主義的ライフスタイルが飽和したのが第四の消費社会であり、特に、生まれた時から私有財産に囲まれて育った若い世代は、別にすべてを私有しなくてもいいじゃないかと思いはじめ、どうしても自分専用に持ちたい物以外は買わない、不要不急の物は買わない、レンタルや共有で済むものはそれで済ませる態度をとる。これは、私有や私生活では満たされない願望があることに気づき、その不満をシェア型の行動によって解消しようとする人びとが増えてきたことのあらわれであろうと述べている。

①の社会志向、利他主義は、自分だけでなく他者の満足も考慮する、あるいは他者や社会に対して何らかの貢献をしようとする意識であるが、これもシェア志向の一つのあらわれである。シェア志向は情報社会とも関連が深く、情報は物質と違い、それを他者と共有しないと情報を持っているよろこびを味わえず、情報を交換すること自体によろこびを見出す性質のものであるから、情報社会の進展が、他者とのつながりをつくりだすこと自体によろこびを見出すシェア志向の価値観の拡大をうながすことになる。

上記のような価値観の変化は、物を私有することが幸せなのではなく、人との「つながり」あるいはコミュニケーション、コミュニティに幸せを感じるという幸福感の変質を意味している。物を買うことによって人とのコミュニケーションが促進される、コミュニティが生まれる、そういう消費をしたいという心理が拡大してきたのである。非正規雇用者あるいは単身者にとっては、人と人とのつながりを生み出すシェア型のライフスタイルは大きな意味を持ち、いわば人生全体のセーフティーネットとしての役割を果たすことになるであろうと述べている。

そして最後に、第四の消費社会においては、「物自体を物神化するブランド信仰のような態度は次第に退潮していき、物はあくまで手段と考え、その手段によってどんな人とどんなつながりを生むことができるかという目的こそがもっと重視されるようになるであろう」と述べている。

足るを知る哲学

アラン・ダーニング前掲書は、第10章「永続の文化をめざして」において、持続可能な社会の根本的な価値観、生態学的な黄金律とは、将来の世代がニーズを満たす可能性を損なうことなく、各世代がそれぞれのニーズを満たさなくてはならないことであると指摘し、わたしたち消費者には消費を抑制する倫理的義務があるという観点からさまざまな方向性を示している。以下で要点を紹介しておきたい。

改革の第一ステップは、自分の生活が原因で起きている悪影響を消費者に知らせ、回避の方法を示すことである。消費階層に情報を提供することは遠大な仕事であるが、環境保護組織、作家や出版者等が地球のために個人がなすべきことを示してきており、情報が消費の変化をうながすことも立証されている。

生活全般の簡素化を追求する人びともあらわれている。1,000 万人のアメリカ人が、自発的に簡素な暮らしを本気で試みているという推定もあり、他の多くの国でもこういった人びとは存在している。簡素な暮らしをしている人たちは、収入を得ることにあくせくしなくなり、自分の能力を伸ばすことに専念し、大切だと思うことのために努力するようになり、お金を稼ぐために割く時間を減らし、日常生活に捧げる時間を増やして、以前よりも落ち着いて暮らしている。歴史的にみれば、節制ではなく消費主義的生活様式こそ、人類の文化が発達させてきた節約志向からのはなはだしい逸脱なのである。いずれにしても消費主義は、短命な価値体系に終わるだろう。

これとは対照的に、足るを知る哲学は、人類の深い歴史に根ざしており、どの世界宗教も、物質主義を非難しているし、歴史家アーノルド・トインビーによれば、「物質的な富を人生の究極の目的にすれば破滅につながると異口同音に語っている」のである。倹約よりも消費が受け入れられたのは、20 世紀だけである。

このように消費主義の根は浅いかもしれないし、それゆえ脆弱かもしれないが、あらゆる種類の製品の消費を抑制することは簡単ではなく、個人の行動や自発的簡素さだけでは、根絶できそうにはない。前例がないほど大きい組織的な変革の圧力をつくり、その圧力を最も効果の上がる標的に向けなくてはならない。消費を過剰にうながし、環境への影響の大きい商品、供給システム、広告、メディア等（自家用車、使い捨て商品、遠方からの輸入食品、テレビコマーシャル等々）に働きかけるような法律や政策が必要であろう。しかし一方で、1990 年代には新たな兆候もあらわれている。消費社会の中核となる国々でおこなわれた調査によれば、環境の質と経済成長のどちらかを選ばないといけないとすれば、過半数の人びとが環境を選ぶと答えている。

そして、この章の最後の部分は、地上の生命の未来は、物質的な欲求を十分に満たされているわたしたちが、非物質的な源泉で満足を得る方向に向かうかどうか、簡素でありながら深い満足を得られる新しい生き方をつくれるかどうかにかかっていると指摘し、「過剰な消費ではなく、足るを知る哲学を受け入れ、それにしたがって生きるとき、わたしたちは、文化的な意味において、人間の家に帰ることができる（中略）手の技や創意工夫、そして創造を敬う心へ。夕陽を眺め、水辺を散歩できる、ゆっくりとした毎日の生活リズムへ。人生を過ごすに値する共同体へ。自分に連なる何世代もの人びとの思い出に充ちたふるさとへ、わたしたちは帰ることができる。」と述べたうえで、ウォールデン湖のほとりで自給自足生活をしたヘンリー・D・ソローの言葉「人は、なくてもすませることができるものの多さに比例して豊かである」で締めくくられている。

人間の生きることの歓びへの着地

見田宗介前掲書は第四章「情報化／消費化社会の転回——自立システムの透徹」において、情報化／消費化社会は、環境と資源の限界、南の貧困と北の貧困といった不幸と限界を有してはいるが、少なくとも相対的に、またさまざまな条件付きでは、世界で最も魅力的なシステムであり、これは人間の自由を理念として肯定しているシステムの魅力性であると述べたうえで、〈自由な社会〉という理念をシステムの原理として手放すことなく、みてきたような不幸と限界を、どのように乗り超えることができるのだろうかと問いかけ、この点について考察している。

現代社会の「消費化」という側面については、バタイユとボードリヤールの消費概念を対比しながら論じており、バタイユの消費概念は、〈充溢し燃焼しきる消尽〉を指し、消費社会とは、効用に回収されることのない生命の充溢と燃焼を解き放つ社会を指すとしている（ジョルジュ・バタイユ『呪われた部分』〔1949, 1973〕）。バタイユは、効用に回収されることのない消尽（燃焼）が、一つの社会のダイナミズムを駆動する中心的なモチーフとなりうることを、アメリカ原住民のいくつかの社会の考察をとおして論じた後に、現代を振り返って、

「現代では、ほんとうの奢侈はかえって貧しいものの手に、地面をねぐらとして何物にも目をくれないような人間の手に帰している。ほんとうの奢侈は、富への完全な侮辱を要求する。」「現代の社会は、巨大な偽造体である。そこでは豊かさのこうした真理がひそかに貧しさの手に移し変えられている。」と述べていることを紹介している。これに対して、ボードリヤール以降の消費概念は、「商品の購買による消費」であり、消費社会とは、「商品の大量の消費を前提とする社会」である。

バタイユの概念とボードリヤール以降の概念を区別するために、前者を〈消費〉〈消費社会〉、後者を「消費」「消費社会」と表記すると、ボードリヤール以降の「消費」概念では、バタイユの〈消費〉概念をもとにしつつも、「生産に対する消費の本原性」という元来の意味が、大量の生産によって要請された「消費」へと置き換えられているが、思想として、理論として肝要なことは、バタイユが一貫して追求している「根本的な要素——有用性の彼方の〈消費〉」というコンセプトを精錬してつかみ出し、「生産に対する消費の本原性」という核心の命題の根拠となる〈消費〉概念を析出し、どんな効用にも先立つような「生の充溢と歓喜の直接的な享受」の位相としてとらえることである。

こういった〈消費〉や〈消費社会〉が、今日の「限界問題」にどのような出口を見出し得るのかが重要となるのであるが、〈消費〉の一層積極的な表現としてバタイユが採用した〈至高なもの〉の諸形式——〈聖なもの〉、エロティシズム、芸術の諸形態を例に挙げるならば、これらは、生産主義的な諸産物よりも一層力強く直接的な歓びを人に与えるけれども、大量の資源の採取や自然の解体や他者の収奪を必要とすることはなく、他者や自然との直接の交歓や享受の諸々のエクスタシーは、〈他の何ものの手段でもなく、それ自体として生の歓び〉であるけれども、資源採取や自然解体、他者収奪を必要とすることはないのである。

一方、「消費」「消費社会」についても、現在あるような形ではなく、原義としての〈消費〉を軸足にして転回し、「方法としての消費社会」というものが構想されるなら、「限界問題」を乗り超えることができるだろう。その構想とは、必要の地平を離陸した現代の消費の仕組みを、もう一度、必要にすら先立つ〈人間の生きることの歓び〉という原義的なものの方に着地させるというものである。必要は、功利あるいは手段のカテゴリーであるが、何のための必要かといえば、生きるための必要であり、必要に先立ち、生きることの歓び——ただ友だちと一緒に笑うこと、子どもたちの顔をみること、陽光や風に身体をさらすこと等々があるからこそ必要が生み出されるのである。これらは「必要」よりも本原的なもの、「必要」にさえも先立つものでありながら、どのような「必要」の限度をも超えて、限りなく自由な形態をとることができる。

以上のように論じたうえで、「われわれの情報と消費の社会は、ほんとうに生産の彼方にあるもの、マテリアルな消費に依存する幸福の彼方にあるものを、どんな観念にも拘束されることのない仕方で追及するなら、これほどに多くの外部を（自然と他者とを）収奪し解体することを必要としていないのだということを見出すはずである。ほんとうは、このような自然と他者との、存在だけを不可欠のものとして必要としていることを、他者が他者であり、自然が自然であるという仕方で存在することだけを必要としているのだということを見出すはずである。」との言葉が記されている。

対抗発展

C・ダグラス・ラミス前掲書第四章「ゼロ成長を歓迎する」は、いまの日本のゼロ成長を、有意義なチャンスであると考えて、経済成長を続けて豊かな社会を求めるのではなく、経済成長なしでどのようにして豊かな社会をつくるか、物質的な意味での豊かさではなく、本当の意味での豊かさを求める社会をどうやってつくるかという問題設定に変えるならば、経済成長とはまったく別の、ずっとおもしろい歴史的なプロジェクトを推進することになるといった視点から、その方向性についての提案を試みている。以下で要点を紹介しておきたい。

ゼロ成長を歓迎するということは、いまの競争社会を、相互扶助的な、人びとが互いに協力し合える社会に変えるということである。競争社会を支えている基本的な感情は、働き続けなければ貧しくなるかもしれない、仕事を失ったら家族はどうなるだろうかといった恐怖であるが、お互いに面倒をみ合えるような共生社会であれば、こういった恐怖は減るはずで、恐怖が減れば健全なゼロ成長社会は可能になるのではないか。物の豊かさよりも心の豊かさを重視したい、給料を減らしてでも労働時間を減らし自由時間を増やしたいとの意見が、世論調査でも増えているし、そういうライフスタイルを実現している若者もいる。

こういった社会を求める過程を「対抗発展」と呼びたい。「発展」という言葉は、本来自動詞であったものが他国を発展させるという他動詞として使われるようになったが（第2章2-2節参照）、対抗発展の「発展」は、人と人、国と国とが一緒に活動する「対話的動詞」あるいは「共動詞」というようなものであると考えたい。そして、対抗発展は、経済を発展させるのではなく、エネルギー消費を減らす、経済活動に使っている時間を減らす、値段のついたものを減らすというような「減らす発展」であり、経済以外の価値、経済活動以外の人間の活動、市場以外のあらゆる楽しみ、行動、文化を発展させるという意味である。変わらねばならない地域も違う。これまでの経済発展では、変えねばならない国は「南の国」であったけれども、対抗発展では、過剰発展、過剰生産、過剰消費をしている「北の国」である。「減らす発展」は、新たな禁欲主義なのかと考える人もあると思うが、そうではない。過剰発展の国を冷静にみると、いろいろな社会問題を抱えており、それらは経済成長によって改善されるはずのないものばかりであることからも、更なる経済成長は、本当の意味での豊かさ、快楽、幸福、幸せの量とは関係がないことがわかる。楽しいことや楽なことをあきらめるというよりも、一番深刻な社会問題の解決を求めることになるのではないか。

経済発展は、わたしたちの考え方に二つの大きな影響を与えた。一つは、人間を「人材」とみること、換言すれば人間を生産の手段とみなすこと、もう一つは、「消費者」、消費をすすめる手段とみなすことである。こうしてわたしたちは、仕事中毒と消費中毒になったが、対抗発展とは、「人材」「消費者」から普通の「人間」に戻ることである。いまの経済構造では、あってもなくてもいい物、世の中を悪くする物であっても、ともかく生産して広告などで売り込んでいかないと成長は続かないが、対抗発展では、成長しなくてもいい代わりに、世界を悪くするような仕事などを減らして、意味のある仕事だけを求め、仕事自体の楽しさを再発見することを目的としている。消費の面では、物を少しずつ減らして、物がなくても平気な人間になることをめざす。いまのわたしたちは、いろいろな機械に頼って暮らしているが（例えば、炊飯器がなければご飯が炊けない、車がなければ買い物できないなど)、暮らしから機械を減らして人間の能力を高めるような道具を増やし、大工仕事、庭の手入れ、裁縫、食べ物生産といった能力や技術を復活させ、文化の面でも、テレビで文化を見る、機械で音楽を聴くのではなく、自分で芝居を作る、踊る、演奏するというような文化を創る能力、生きていることを楽しむ能力を身につけるというように、消費に頼らず機械に頼らない快楽主義を中心にしていけば、人間本来の快楽や幸せを感じる能力を発展させ、いまでは想像できないような新しい能力、技術、文化が生まれてくるはずである。

時間の概念についても、ベンジャミン・フランクリンの「時間は金なり」という諺が示すように、人間の時間を生産と労働に使えばお金に替えることができるという考え方がある。対抗発展では、逆に、お金の交換とは関係のない時間(儲けている時間でもないし、買い物の時間でもない)、自由時間、本当にやりたいことをやる時間、人間が「生きている」時間を、少しずつ求めたり増やしたりすることも大きな目的と考えていいと思う。

わたしたちはいま(本書が書かれた2004年時点)、来るべきパラダイム転換の直前の段階にいる。エコロジー思想や対抗発展のような思想は、まだ「表の常識」にはなっていないけれども、例えば、食料自給率の向上、原子力発電再考、エネルギー消費削減など、すでに常識になってきているところもある。こういった方向を指向する動きをこれからも継続していくことが大切である。このように指摘している。

そして最後の第六章「変えるものとしての現実」においては、世界では、例えば、20世紀の百年間で戦争や紛争によって2億人が命を落とし、毎日ジャンボジェット300機の乗客と同じ数の人が餓死し、生物学者がまだ記録していない種が次々に絶滅しつつあり、5100ほどある言語とそれにともなう文化が二世代先には100くらいに減るだろうと予測されること等々、厳しい現実があるが、このように途中まで破壊された人間の文化や自然環境であっても、何とか間に合って破壊を止めることができれば希望は残っている。文化と自然には大きな回復力があるからであるからだと、ラミス氏は述べている。

消費社会のゆくえ——真の幸福を求めて

本節では、消費社会の限界と問題点をどのように乗り超えるかにという点について、七つの文献をもとに、その方向性をとらえてきたが、最後に、これらの文献に共通する指摘を五つの点に整理してまとめとしたい。

①物質消費は、人びとの幸福あるいは生きる歓びをもたらさないという点である。これまでの記述から抜粋すると、「人間の幸福にとって過剰な物質消費が無意味なことに気づき、別な形で幸福を追求しようとする考え方・生き方が「脱物質主義」である」（間々田氏）、「更なる経済成長は、本当の意味での豊かさ、快楽、幸福、幸せの量とは関係がない」（ラミス氏）、「マテリアルな消費に依存する幸福の彼方にあるものを追求する」（見田氏）、「足るを知る哲学は、人類の深い歴史に根ざしており、どの世界宗教も、物質主義を非難しているし、物質的な富を人生の究極の目的にすれば破滅につながると異口同音に語っている」（ダーニング氏）などの指摘である。

②人とモノと自然との良好な関係、人と人とのつながりを重視するようになるという点である。「人とモノと自然との間に成熟した関係をつくり、物質文化の質的な水準を高めることをとおして、資源・環境問題に対する細やかで、柔軟で、ゆるぎない対応を実現することができる」（間々田氏）、「物自体を物神化するブランド信仰のような態度は次第に退潮していき、物はあくまで手段と考え、その手段によってどんな人とどんなつながりを生むことができるかという目的こそがもっと重視されるようになる」（三浦氏）などの指摘である。

③モノよりも、文化や文化的価値を重視するようになるという点である。「モノはほんらい、技術だけではなく文化の産物でもあるが、20世紀の産業資本主義は、それを技術の次元に還元し、文化から切り離そうとしてきた。その限界地点で、ようやく、欲望を産業技術のフロンティアの奴隷にすることから解放されようとしているのではないだろうか。欲望を文化的なイマジネーションの世界へ取り戻すことができるようになってきたのではないだろうか」（佐伯氏）、「人々は、いかにして楽しく、美しく、充実した人生を送るかということに関心をシフトしているように思われ、「機能的価値から文化的価値への価値の再設定」が生じている」（間々田氏）、「対抗発展では、経済以外の価値、経済活動以外の人間の活動、市場以外のあらゆる楽しみ、行動、文化を発展さ

せる。テレビで文化を見る、機械で音楽を聴くのではなく、自分で芝居を作る、踊る、演奏するというような文化を創る能力、生きていることを楽しむ能力を身につける」（ラミス氏）などの指摘である。

④簡素でありながら深い満足を得る暮らし、人の技を生かす暮らしを重視するようになるという点である。「経済発展の中で、人間は、生産の手段である「人材」、消費をすすめる手段である「消費者」とみなされてきたが、こういう見方から普通の「人間」に戻ること、即ち、仕事自体の楽しさを再発見すること、物を少しずつ減らして、物がなくても平気な人間になることをめざす」（ラミス氏）、「いまのわたしたちは、いろいろな機械に頼って暮らしているが、暮らしから機械を減らして人間の能力を高めるような道具を増やし、大工仕事、裁縫、食べ物生産といった能力や技術を復活させれば、人間本来の快楽や幸せを感じる能力を発展させ、いまでは想像できないような新しい能力、技術、文化が生まれてくるはずである」（ラミス氏）、「過剰な消費ではなく、足るを知る哲学を受け入れて生きるとき、私たちは、文化的な意味において、人間の家に帰ることができる。手の技や創意工夫、創造を敬う心へ、ゆっくりとした毎日の生活リズムへ、人生を過ごすに値する共同体へ、何世代もの人びとの思い出に充ちたふるさとへ、帰ることができる」（ダーニング氏）などの指摘である。

⑤ゆっくりとした時間、生きていること自体の歓びを享受するようになるという点である。「定常社会の豊かさを実現するためには、「よりゆっくり、より近くへ、より曖昧に」と転じることが必要である。いままさに「脱成長という成長」を本気で考えなければならない時期を迎えている」（水野氏）、「自由時間、本当にやりたいことをやる時間、人間が「生きている」時間を、少しずつ求めたり増やしたりする」（ラミス氏）、「他者や自然との直接の交歓や享受の諸々のエクスタシーは、他の何ものの手段でもなく、それ自体として生の歓びであるけれども、資源採取や自然解体、他者収奪を必要とすることはない。マテリアルな消費に依存する幸福の彼方にあるものを追求するならば、他者が他者であり、自然が自然であるという仕方で存在することだけを必要としていることを見出すはずである」（見田氏）などの指摘である。

大量生産と大量消費により、物質的豊かさをひたすら追い求めてきた20世紀であったが、消費社会は多くの限界と問題点——人の孤立化・孤独化・心の疲弊、地域の自然の荒廃と文化の喪失、世界規模での格差、地球環境の破壊等々を生み出してきた。そしていま、人びとは、モノの消費が幸福あるいは生きる歓びをもたらさないことに気づきはじめ、モノを消費することよりも、人とモノと自然とのかかわり、人と人とのつながり、文化や文化的価値、簡素でありながら深い満足を得られる暮らし、人の技を生かす暮らし、ゆっくりとした時間と生きていること自体の歓びの享受などを重視する方向へと変わりつつあるということができるだろう。

文献

アドリアン・フォーティ『欲望のオブジェ——デザインと社会 1750-1980』高島平吾訳 , 鹿島出版会 , 1992（Adrian Forty , *Objects of Desire: Design and Society since 1750-1980*, 1986）.

アラン・ダーニング『どれだけ消費すれば満足なのか——消費社会と地球の未来』山藤泰訳 , 1996（Durning, Alan Thein, *How Much is Enough? : The Consumer Society and the Future of the Earth*, 1992）.

上野千鶴子「商品——差別化の悪夢」（初出 1982）『〈私〉探しゲーム——欲望私民社会論』筑摩書房 , 1987.

小沢雅子『新「階層消費」の時代——消費市場をとらえるニューコンセプト』日本経済新聞社 , 1985.

加藤晃一「トーネット物語——その長い軌跡をたどる」『トーネットの椅子——ウィーンの曲線』INAX, 1983.

佐伯啓思『「欲望」と資本主義——終わりなき拡張の論理』講談社現代新書 , 1993.

ジャン・ボードリヤール『記号の経済学批判』今村仁司 , 宇波彰 , 桜井哲夫訳 , 法政大学出版局 , 1982（Jean Baudrillard, *Pour une Critique de l'économie Politique du Signe*, 1972）.

ジャン・ボードリヤール『消費社会の神話と構造』今村仁司 , 塚原史訳 , 紀伊國屋書店 , 1979（Jean Baudrillard, *La Société de Consommation : Ses Mythes, ses Structures*, 1970）.

ジョルジュ・バタイユ『呪われた部分』生田耕作訳 , 二見書房 , 1973（Georges Bataille, *La Part Maudite*, 1949）.

鈴木孝夫『人にはどれだけのものが必要か』飛鳥新社 , 1994.

スチュアート・ユーウェン『浪費の政治学——商品としてのスタイル』平野秀

秋 , 中江桂子訳 , 晶文社 , 1990（Stuart Ewen, *All Consuming Images : The Politics of Style in Contemporary Culture*, 1988）.

スチュアート・ユーウェン , エリザベス・ユーウェン『欲望と消費——トレンドはいかに形づくられるか』小沢瑞穂訳 , 晶文社 , 1988（Stuart Ewen, Elizabeth Ewen, *Channels of Desire*, 1982）.

ソースティン・ヴェブレン『有閑階級の理論——制度の進化に関する経済学的研究』高哲男訳 , ちくま学芸文庫 , 1998（Thorstein B.Veblen, *The Theory of the Leisure Class: on Economic Study in the Evolution of Institutions,* 1899）.

C・ダグラス・ラミス『経済成長がなければ私たちは豊かになれないのだろうか』平凡社 , 2000.

常松洋『大衆消費社会の登場』山川出版社 , 1997.

ドネラ・H・メドウズ , デニス・L・メドウズ , ジャーガン・ラーンダズ , ウィリアム・W・ベアランズ三世『成長の限界——ローマ・クラブ「人類の危機」レポート』大来佐武郎監訳 , ダイヤモンド社 , 1972（Donella H Meadows, Dennis L Meadows, Jørgen Randers, William W Behrens Ⅲ , *The Limits to Growth : A Report for the CLUB OF ROME'S Project on the Predicament of Mankind*, 1972）.

博報堂生活総合研究所『「分衆」の誕生——ニューピープルをつかむ市場戦略とは』日本経済新聞社 , 1985.

ピエール・ブルデュー『ディスタンクシオン——社会的判断力批判』石井洋二郎訳 , 藤原書店 , 1990（Pierre Bourdieu, *La Distinction : Critique Sociale du Jugement* , 1979）.

松原小夜子『住まいとステータス——住宅近代化の日本的逆説』海青社 , 2001.

間々田孝夫『第三の消費文化論——モダンでもポストモダンでもなく』ミネルヴァ書房 , 2007.

三浦展『下流社会——新たな階層集団の出現』光文社 , 2005.

三浦展『第四の消費——つながりを生み出す社会へ』朝日新書 , 2012.

水野和夫『資本主義の終焉と歴史の危機』集英社新書 , 2014.

見田宗介『現代社会の理論——情報化・消費化社会の現在と未来』岩波新書 , 1996.

レイチェル・カーソン『沈黙の春』青樹簗一訳 , 新潮文庫 , 1974（Rachel Carson, *Silent Spring,* 1962）.

ロラン・バルト『モードの体系——その言語表現による記号学的分析』佐藤信夫訳 , みすず書房 , 1972（Roland Barthes , *Le Systéme de la Mode*, 1967）.

第２章　脱消費の「自然系の暮らし」をめぐる動きと言説

第１章で述べたような大量生産・大量消費、高度化する消費社会の限界と問題点を指摘し、自然と一体化した持続可能な暮らしを指向する実践活動や言説が、早くも1960年代からさまざまに展開されてきた。本章では、これらを「自然系の暮らし」を指向する活動や言説ととらえて、その主な動きと主な文献を紹介していくこととしたい。

2-1 カウンターカルチャー

カウンターカルチャーとは

脱消費的な自然系の暮らし創出の原点となった動きが、1960年代にアメリカの若者を中心に生み出されたカウンターカルチャーである。本書ではカウンターカルチャーを、消費文化から脱却した暮らし方を模索する動きであったと定義しておきたいが、60年代以降も、大きな影響を与え続けていることから、本書では特に重要な動きであると考え、以下で少し詳しく論じることとしたい。

第１章で述べたように、第二次世界大戦後のアメリカは、大量生産・大量消費による高度な消費社会を謳歌していた。アラン・ダーニング『どれだけ消費すれば満足なのか――消費社会と地球の未来』(1992, 1996) 第２章「世界に広がる消費社会」には、1953年のアイゼンハワー大統領の経済諮問委員会委員長が、アメリカ経済の「究極の目的は、より多くの消費財をつくることである」と宣言して、新しい経済の聖典を定めたことが記されている。そして、人びとが理想としたのは、郊外の一戸建て住宅に住み、家電製品や車を持ち、豊富な衣類や食物などに囲まれる物質的に豊かな暮らしであった。

こういった社会風潮と豊かさの中で育った中流家庭の若者を中心に、物質主義的な暮らしや生き方（価値観）に疑問を持ち、これらとは異なる「オルタナティブ」なそれらを探ろうとした動きが生まれた。「カウンターカルチャー」

である。1962年に刊行されたレイチェル・カーソン『沈黙の春』（1962, 1974）は、本書第1章でも述べたように、農産物の量産に寄与する農薬が、生態系に深刻な影響を与えていることを明らかにした。また、1965年のベトナム戦争への参戦によって徴兵制が施行され、現地ではナパーム弾や枯葉剤によって多くの命が奪われ自然が破壊される惨状が報道された。これらが消費文化や近代社会への疑問を増幅したといえる。20世紀は科学による「進歩」が、富、人類の幸福、平和を生み出すと信じられた時代であり、発明・発見、経済発展、物質的豊かさ、機械化・工業化、都市化、開発、スピード等々が時代のキーワードであったが、カウンターカルチャーの核心は、近代化あるいは消費化されていない社会の暮らしや生き方を見つめ、それらから新たな指針を得ようとしたことにあるといえるだろう。

こういった若者の意識（新しい生活様式、新しい人間）を、チャールズ・A・ライクは『緑色革命』（1970, 1971）の第1章「アメリカ革命の発現」において、「意識Ⅲ」と名づけ、1967年あるいは1969年を起点として、普通の中流階層の若者において、「意識Ⅲ」への転換現象が起こっていると指摘している。ライクは、1960年代の統合国家（政治や経済や文化のシステムが、国家と大企業体を軸にして統合され、強大な力を持つようになった一大機構体）が自然も人間も支配し、最後には破壊してしまうといった危機を抱えていると述べ、最大の課題は、技術社会にあって、いかにして技術社会とともに生きてゆくか、いいかえれば、どのような精神と生活様式が、人間性や人間存在そのものを保全し得るのかであり、新しい世代が、この問題への解答――生命の再生を基礎としたもの――を見出しかけており、そこには、われわれの根源やわれわれ自身を回復させてくれる希望があるとしている。

そして、同書第9章「意識Ⅲ――新しい世代」には、「意識Ⅲ」の特徴が記されている。主なものを挙げると、①自己を起点とし（利己主義を意味するのではなく、人間的生命とその他の自然を基底とすることを意味する）、自分自身の哲学や価値、ライフスタイルなどを自由につくり出す、②すべての人間存在の絶対的価値を肯定し、優秀性の概念や競争における実力という概念をすべて放棄する、③世界は一つのコミュニティであり、人間はすべて一つの家族である。したがって、他人に対して誠実であり、他人を利用する、操縦する、強制する、権威や隷属という人間関係などを拒否する、④各人の特異性に対する敬意と、「一緒（テュギャザー）」という言葉が表現する理念を基盤にしており、各種の小さなコミュニティを生み出す実験にとりかかっている、⑤人間意識を回復し、防衛し、発展させようと努力する。意識の最も深い源泉は自然にある、⑥合理的思考として認められているもの、論理、合理性、分析、原理などに大きな疑念を抱く、などである。こういった「意識Ⅲ」の特徴は、カウンターカルチャーの特徴でもあるといえる。

さて、カウンターカルチャーの主な担い手は、ヒッピーと呼ばれる若者たちであった。ヒッピーたちは、都市部を脱出して、使われていない農地を借りる、あるいは僻地や山林を開墾するなどして移り住み、数十人単位のコミューンを形成して、家を建て、食べ物を作るといった、消費社会が向かう方向とは逆方向の、消費化の過程で失われていった自給自足による暮らしを、新たな形で創出しようとしていた。また、インド、ネパール、タイなどアジア地域を旅する、東洋的思想を取り入れる、先住民アメリカ・インディアンの文化を再評価するなどして、暮らしのあり方を探り、静かで平和な方法による社会と文化の転換を指向した。

竹林修一『カウンターカルチャーのアメリカ――希望と失望の1960年代』(2014) 第4章「共同体に生きる――コミューンという静かな革命」によれば、コミューンは、1966年にサンフランシスコ北部の農場ではじまり、1970年代はじめ頃まで各地で生み出された。1969年に「ライフ」誌に紹介されたオレゴン州の事例では、メンバーは20人弱で、専門的な知識を持った人が多く、子どももいて、メンバーが教育していた。ネイティブ・アメリカンに倣って住居をつくり、自給自足で菜食主義の食生活をしており、ヒンズー教や仏教、禅などの東洋思想に関心を持つ人が多かった。また、1968年に「ランバーツ」誌に紹介されたペンシルヴァニア州の事例では、メンバーは36人で、衣服をはじめ多くのものを共有し、有機農法を実践していたとのことである。しかし、こういったコミューンを維持し続けることは容易ではなく、70年代前半には閉じられていくことになる。その要因は、構成員が協力しながら組織を運営していくことの難しさや、有機農法による農業で自給自足することの難しさ、何らかの収入を確保することの難しさなどにあった。加えて、地域住民との軋轢もあったとのことである。

しかし、例外的に長続きしたコミューンも存在した。テネシー州の「ザ・ファーム」は、1969年に民族学者のステファン・ガスキンが学生300人とともに形成したもので、菜食主義、食料の90％を自給していたとされているが、害虫が発生しやすい気候条件のもとでも構成員の食糧を確保するために、化学肥料の使用や、毒性の強くない殺虫剤などの使用もおこなっていた。最盛期の1975年には1700人に達したという。その後も、メンバーが各地に新たなコミューンをつくる動きへとつながっていったことが記されている。鶴田静「ベジタリアニズムと『ホール・アース・カタログ』」（「スペクテイター29号」）(2013）によれば、1980年にザ・ファームを訪れた時には、学校から病院、食品会社、出版社まである一つの「町」のようで、生活上のコンセンサスは、非暴力（言語を含めて）、ビーガン（動物性食品と製品、アルコールとタバコの不使用)、すべての物品の共有、真実を語る、貧しく生きるなどの五つであったという。ソーラーシステムを利用し、個人は現金を持たず、自給自足で貧しく暮らしながら、救援支援団体を組織し、世界各国の飢餓を救っている。その手段の一つがビーガンであり、主要な食べ物を大豆から作ることであった。「もし誰もがベジタリアンであれば、世界に食物は十分にゆきわたり、誰も飢えはしないだろう」という考え方であると述べている。

多くのコミューンが短期間で閉じられたにせよ、そこでの実践と思想は、その後も形を変えて受け継がれていくことになる。

森の生活

こういったカウンターカルチャーの形成に影響を与えた書物の一つが、ヘンリー・D・ソロー『森の生活』(1854, 1995）である。ソローは、1845年の7月から2年2か月の間、ウォールデン湖のほとりに自分で建てた小屋に独居し、手を使った労働だけで生活の糧を得る暮らしを実践しており、『森の生活』は、こういった暮らしをおこなうにあたっての考え方と、実際の暮らしを著したものである。同書第1章「経済」から、暮らしについての考え方を記した部分を紹介してみたい。

「ニューイングランド地方と同じ気候のもとに暮らす人間の必需品は、「食物」

「ねぐら」「衣服」「燃料」の数項目に分けられるといえば的はずれではあるまい。」「動物の生命という表現は、動物の熱という表現とほぼおなじ意味をもつと考えてよさそうだ。「食物」は、この人間内部の火を絶やさないでおく「燃料」とみればよいわけであり——しかもこの「燃料」は、外部から補給されることによって、もっぱら「食物」を調理したり、からだをあたためたりするのに役立つ——一方、「ねぐら」と「衣服」は、もっぱらこうして発生し吸収された熱を保持するのに役立つわけである。」「そうした生活必需品についで、二、三の道具、ナイフ、斧、鋤、手押し車などが必要であり、勉強好きのひとには、ランプの明かり、文房具、少数の蔵書も加わるが、どれもわずかな費用で手に入るものばかりである。」「贅沢品とか生活の慰みと呼ばれているものの多くは、単に不必要であるばかりか、かえって人類の向上をさまたげている。贅沢品や慰みという点では、むかしから最高の賢者たちは、貧しい人々以上に質素で乏しい生活を送ってきたものだ。シナ、インド、ペルシャ、ギリシャなどの古代の哲学者たちは、外面的な富においては最も貧しく、内面的な富においては最も豊かな階級に属していた。」「おなじことは、彼らの同族である近代の改革者や恩人たちについてもいえる。われわれの言葉で自発的貧困とでも呼ばれるべき有利な基盤に立脚しなければ、だれひとり人間の生活を公平な賢い目で観察することはできないのである。農業であれ、商業であれ、文学であれ、芸術であれ、贅沢な生活からは贅沢という果実しか生れはしない。」「生活に必要なものをいったん手に入れたうえは、さらに余分なものを手に入れるかわりに、なにかすることがあるはずだ。つまらない労働から解放されて休暇がはじまったいまこそ、人生の冒険に乗り出すときである。」等々である。

ソローのこういった思想と実践は、究極のシンプルライフ、自然とともにある暮らしであるといえる。翻訳者による解説によれば、「作者の死後、しだいにその声価を高め、1930年代から40年代に至って、アメリカ文学の最高傑作のひとつ、との評価が広く定着した。」とのことである。そして、「彼は、ニューイングランドの片田舎に定住し、もっぱらその地方の自然と生活を描きつづけた。しかし、本書で扱われているテーマと、作者の知的関心は、決して一時代、一地方に限られたものではなく、むしろおどろくほど地球的・人類的である。」「とりわけ、環境問題が人類の存続にかかわるといわれるほど深刻化した近年において、ソローは生態学および自然保護運動のアメリカにおける先駆者としても高く評価されるようになった。」と記している。

ホール・アース・カタログ

同じく、カウンターカルチャーの形成に大きく寄与したと考えられる雑誌が「ホール・アース・カタログ」（以下WECと記す）である。WEC（サブタイトル「アクセス・トゥ・ツールズ」）は、物質主義、消費主義とは異なる暮らしや生き方に役立つ本、道具、情報などを「良い人生と暮らしのためのツール」として紹介した雑誌である。その概要が「ホール・アース・カタログ〈前篇〉〈後篇〉」（「スペクテイター29号, 30号」）（2013, 2014）で特集されている。暮らし方に関する具体的指針を示したという点で、重要な役割を果たした雑誌であるので、以下では、スペクテイターの特集記事等を参照しながら、その概要を紹介しておきたい。

赤田祐一「『ホール・アース・カタログ』のできるまで」、ばるぼら「『ホール・アース・カタログ』概論」（「スペクテイター29号」）では、WEC発刊の概要が述べられている。WEC発刊者のスチュアート・ブランドは、バックミンスター・フラーの心酔者であった。フラーは、1963年に『宇宙船地球号 操縦マニュアル』を著し、地球は宇宙を運行する閉じられた宇宙船であり、乗組員が生存可能な環境を持続していかねばならないという地球的思考の重要性を提示した。フラーの地球的な思考が、WEC創刊の決め手となった。表紙を飾る宇宙からみた地球の写真が、地球的思考を端的にあらわしている。この写真は、スチュアート・ブランドがNASAと交渉して掲載にこぎつけたもので、一般の人びとがはじめて目にする地球の姿であった。WECは、コミューンで暮らすヒッピーたちのために、地球的視点からの暮らしや考え方の道案内となるような情報誌として1968年につくられたものであったが、大きな反響があり、新聞や雑誌に紹介されるなどして、発刊から3年間で100万部が販売された。1972年の「最終号」は150万部のベストセラーとなったため最終号とするわけにはいかなくなり、1974年まで発行された。ヒッピーたちは、当時1万人程度存在したとのことであるが、とすれば、WECは、ヒッピーたち以外にも広く読まれたことがわかる。そして、全米のみならずヨーロッパ諸国や日本にも影響を与えたのである。

WECの根底にあった地球規模での情報の共有や生き物のつながりという考え方は、後年、パーソナルコンピュータの創出とコンピュータを介した情報共有を生み出していくことになる。仲俣暁生「ヒッピーたちは、なぜ、パソコンに魅せられたのか？」（「スペクテイター29号」）によれば、WECを生み出したスチュアート・ブランドは、1980年代に、コンピュータ関連雑誌の刊行にもかかわっており、WECとコンピュータに共通するねらいは、人びとの「エンパワーメント」（人間が本来持っている活力や可能性を湧き出させること、それらが可能となるような社会の実現）であったとのことである。池田純一『ウェブ×ソーシャル×アメリカ——〈全球時代〉の構想力』（2011）第2章「スチュアート・ブランドとコンピュータ文化」には、アップル社のスティーブ・ジョブズも、2005年のスタンフォード大学卒業式でおこなったスピーチの中で、WECを愛読していたこと、WECがまるで今日のgoogleのようであったと賛辞とともに紹介したことが記されている。

さて、山林等を切り開くなどして自給自足の生活をするということは、自然界の素材をもとに住まいや日用品、衣類、食べ物を作ることはもとより、自分たちの力で、自然を生かして発電し、健康管理をおこない、病気を治療し、悩みや心の迷いを解消し、出産し、子を育て教育し等々、生きること暮らすことのすべてを自前で準備し営んでいくことを意味する。必然的に、自然の力を生かした必要最小限のシンプルでエコロジカルな暮らしとなる。これらのヒントがWECに盛り込まれていた。食生活についていえば、自給自足の暮らしは、野菜中心のベジタリアンを生み出す。鶴田静前掲論文によれば、ベジタリアンとは、「生命を与える、活気づける」の意味から派生した造語で、動物や人間、植物や自然の森羅万象が「生き生きとして力強く健康であれ」というものであり、その核心は、あらゆる「生命」の尊重、地球的視点、ホリスティック（全体的）な視点であるとのことである。したがって、ベジタリアンは必然的にエコロジストなのである。

前掲の「ホール・アース・カタログ〈後篇〉」では、桜井通開「ホール・アース・カタログを通読する」において、「最終号」のすべての内容が紹介されている。その中から暮らしに関連する項目を一部紹介しておきたい。全体は九つのセクションで構成されており、以下の項目に関する本や雑誌、エッセイ、各種記事、具体的なモノなど各種の情報が掲載されている。

「1. システム全体を理解する」は、システム、宇宙、地球、人間、環境などの大きなテーマに関する書物等の紹介である。バック・ミンスター・フラーの『宇宙船地球号』などフラーの著作計8冊、建築家クリストファー・アレキザンダー『形の合成に関するノート』などの本、環境の問題は、個人が身のまわりから行動する「Think Little」が重要だというエッセイ、「エコロジー」に関する社会運動と科学、地球が人口過剰で食料不足になるとどうなるかを疑似体験するWEC主催「ハンガーショー」の記事など。

「2. 土地の利用」は、農業、植物、動物、家畜、土地などの話題である。井戸から水道への変化を例に、便利になると消費（浪費）が増えるという記事、ニワトリの糞で車を走らせる「バイオガス」、太陰暦にもとづく「農業歴」にしたがっておこなう有機栽培である「バイオミック農法」、井戸を掘る方法、氷を使わない冷蔵・浄水装置・ストーブ・洗濯機といった生活に必要な道具を作る方法など。

「3. シェルター」は、建築、家、ドーム、材料などの話題である。穴居・樹上住居・葦の家・茅葺屋根など土着の家、ステンドグラスの作り方、ドーム建築や構造システム、家のセルフビルド、低予算建設・大工仕事や給排水・薪ストーブ、ティピー（アメリカインディアンの住居）・ゲル（モンゴル遊牧民の住居）・ログハウス・れんが造りの家・石造りの家など。

「4. 産業」は、工業や科学、テクノロジーなどの話題で、太陽熱温水システム、ひもの結び方など。

「5. 工芸」は、木工、陶芸、織りなどの話題で、陶芸の体系的解説、ろくろを使った成形の方法、窯の作り方、ラグの織り方、各種織機など。

「6. コミュニティ」は、コミューン、食、健康、販売などの話題である。イスラエルの集産主義的協同組合「キブツ」、日本の鹿児島県諏訪之瀬島にあるコミューン、各地のコミューンで販売しているもの（ハンモック、手作り人形など）、有機食品や店、各種のレシピ、マクロビオティック（桜沢如一の食養生法）、食品の加工・保存など。

「7. ノマディクス」は、遊牧民的なもの、自動車やキャンプ、アウトドアの話題、「8.コミュニケーション」は、言語、コンピュータ、音楽、映画、絵画などの話題、「9.学習」は、学校、心理、精神などの話題である。

「ホール・アース・カタログ〈前篇〉」の「Dear Readers」で青野利光氏も記しているように、WEC全体をとおして、現在ではスタンダードになっている暮らしのコンセプト――ナチュラル、オーガニック、無添加無農薬、自然エネルギー、低炭素社会、リサイクル、シンプルライフ、ワークショップ、ソーシャルネットワーク、アロマセラピー、癒し等々が、すでに当時の誌面に出現していたことがわかり、その先見性に驚かされる。

禅、インド文化、ニューエイジ

先にも述べたように、60年代のカウンターカルチャーの担い手であるヒッピーたちは、物質主義、科学至上主義といった時代の価値観に疑問を持ち、いったんその外に出て、新たな価値観を探した。この点については、「禅」(「スペクテイター31号」)(2014)の特集記事で詳述されている。

細川廣次「日本のヒッピーたちはZENとどう向き合ったのか?」および、重松宗育氏インタビュー「ZENマインドはアメリカ文学にあり」によれば、価値観探求のヒントとなったのは、物質主義や合理主義、科学主義の立場からすれば、価値のない古い遅れた文化とみなされてきた昔ながらの暮らしや価値観であり、アメリカ・インディアンに象徴される〈忘れられたひとたち〉の世界観やライフスタイル、東洋の宗教(ヒンズー教、仏教等)などを見直していったとのことである。それらの中でも大きな影響を与え、日本ともかかわりの深いものが禅である。

仏教哲学者である鈴木大拙は、第二次大戦前から英文による禅の書物(例えば『禅と日本文化』〔1938, 1940〕など)を多く出版するなどして禅の思想を世界に広めた人であるが、1950年に渡米して、ニューヨークのコロンビア大学客員教授として講義をおこない、アメリカにおける「ZENブーム」のきっかけをつくった。50年代には、すでに社会のあり方に疑問を持っていたビート・ジェネレーションと呼ばれる作家や詩人たちが存在しており、これらの人たちにも大きな影響を与えた。例えばサリンジャーでは、「ライ麦畑でつかまえて」や、冒頭に「隻手の音声」の公案が出てくる短編集「ナイン・ストーリーズ」などに禅の影響が顕在している。音楽家ジョン・ケージ、建築家バック・ミンスター・フラーも聴講していた。詩人で環境保護活動家でもあるゲーリー・スナイダーは、東洋文化に、自然を犠牲にした文明の追求ではなく自然との調和を見出し、日本で本格的に禅の修行をした人である。こういった50年代の文化人たちの動きが、続く60年代にカウンターカルチャーを生み出す素地となったことなどが述べられている。1962年にはサンフランシスコ禅センターが設立され、スティーブ・ジョブズもこの禅センターに通った一人で、1973年に大学の図書館で、当時広く読まれた『禅マインド ビギナーズ・マインド』（1970, 2010）（禅センター所長であった鈴木俊隆著）に出会ったのである。

禅の思想を語ることはとてもできないが、鈴木大拙前掲書の第一章「禅の予備知識」よりその一部を引用しておきたい。

「禅は、仏陀の精神を直接に見ようと欲するのである。この精神は何であるか。この仏教の真髄をなすものは何であるか。これは般若（智慧）（プラジュニヤ）と大悲（カルナー）である。般若は「超越的智慧（トランセンデンタル・ウィズドム）」、大悲は「愛（ラブ）」または「憐情（コンパッション）」と訳すことができよう。般若によって、人は事物の現象的表現を超えてその実在を見得することができる。それゆえに、般若を得れば、われわれは生と世界の根本的の意義を洞徹し得て、たんなる個人的な利益や苦痛に思いわずらうことがなくなる。大悲がその時自在に作用する。それは、「愛」がその利己的な妨げを受けずに、万物に及ぶことができるという意味である。仏教では愛は無生物にまで及ぶ。（中略）禅は、無明（アヴィディヤ）と業（カルマ）の密雲に包まれて、われわれの裡に眠っている般若を目ざまそうとするのである。無明と業は知性に無条件に屈服するところから起こるのだ。禅はこの状態に抗う。知的作用は論理と言葉となって現れるから、禅は自ら論理を蔑視する。自分そのものを表現しなければならぬ場合には無言の状態にいる。知識の価値は事物の真髄が把握せられた後に始めてこれを知ることができる。これは、禅がわれわれの超越的智慧（般若）を目覚ます場合に、認識の普通のコースを逆にした特別な方法で、われわれの精神を鍛えるという意味である。」

筆者の言葉でまとめると、「生育過程で身につけてきた認識方法から、個々人の実践や実体験（瞑想や一日のおこないなどの修行）により、逆方向に向かって脱せよ」ということになるが、鈴木大拙のメッセージは、科学的思考に疑問を抱き、自分を変え、時代を変える道を模索していたヒッピーたちの心性に強く響いたのであろう。

なお、「般若と大悲」あるいは「超越的智慧と愛」という仏教思想の神髄は、2-4節で述べるディープ・エコロジーの哲学（個々の生きものや生態系、地球、さらには宇宙全体との自己同一化により、自己が広がり深まれば、あらゆる存在への「いつくしみ」の姿勢は自然に生じる）や、本節のニューエイジの思想（「われわれはひとつの宇宙のなかで相互につながりあって生きている」「地球規模にアイデンティティを拡大して、より大きな視点から自身の日常や現場を見直し、行動する」）の基底となっているといえるだろう。

禅以外に、インド文化の影響も大きかった。この点については、竹林修一前掲書第5章「禅、ヘッセ、ヨガ――東洋をとおしてアメリカを見たヒッピーたち」に記されているので、以下で紹介しておきたい。1964年にアメリカデビューを果たしたビートルズは、インド音楽の要素を早くから取り入れ、インドの民族弦楽器シタールを使用しており、他のロックバンドにも広がっていった。ビートルズは、インド人のマハリシ・マヘーシュ・ヨギによるヒンズー教に由来する瞑想法にも傾倒していた。ヨギは、1959年に渡米し、瞑想法教室を各地につくり、多くの人を魅了した。ビートルズが東洋的要素を取り入れたことは、ヒッピーたちが東洋文化への関心を高める一つのきっかけとなったといえる。また、同じくインド人のプラブパーダがアメリカで立ち上げたハレ・クリシュナも影響を与えた。ハレ・クリシュナは、インド神話のクリシュナを最高神とする団体であり、ヒンズー教の聖典の教えを基本としており、ヨーガと瞑想による修行をおこなった。

これらの思想は、1970年代には、「ニューエイジ」と呼ばれる多彩な思想と実践活動へと受け継がれていくことになるが、その萌芽として、1962年にサンフランシスコ郊外にエサレン研究所が設立され、心身一元論にもとづく個人の可能性の発見・拡大をねらいとして、ゲシュタルト心理学、トランスパーソナル心理学、マッサージ・セラピー、ヨガ、瞑想など、東洋的な心身調整のワークショップの開催や、各分野の専門家の講演などがおこなわれたことなどが述べられている。

ニューエイジの動きは、日本でも同時期に紹介されており、1980年代以降には関連書が出版されている。C＋Fコミュニケーションズ『ニューエイジ・ブック――新しい時代を読みとる42のニュー・パラダイム』(1987)、同『パラダイム・ブック―新しい世界観―新時代のコンセプトを求めて』(1986)、同『精神世界マップ――精神世界を旅するひとのためのガイド・ブック』(別冊宝島16)(1980)、元山茂樹&宝島編集部『世界の見方が変わるニュー・エイジの600冊――100のキーワードで21世紀を映しだす知のブック・カタログ』(1993) などである。

このうちの『ニューエイジ・ブック』は、42のキーワードを取り上げて解説したものであるが、北川聖美氏による「プレリュード」では、ニューエイジを「西洋近代を乗り越え、地球規模の新時代を模索する潮流」であると定義したうえで、本書のねらいがわかりやすく記されている。それによると、「本書で選択したキーワードや解説量では、ニューエイジと総称される動きの氷山の一角しか伝えることができない。(中略) しかし、これらのワードをとおして、われわれがひとつの宇宙のなかで相互につながりあって生きているのだということを感じとってもらえれば、本書は成功したと、編者のひとりとしては踏んでいる。そして、その感じがつかめれば、自身の日々の日常のなかにある物や出来事、関係性に対する見方や体験のしかたに微妙な変化が訪れるだろう。この微妙な変化を育むことをとおしてしか、おそらくさまざまな脅威を回避して、人類が生き残り、来るべきニューエイジをむかえることなどはできないだろう。」「われわれひとりひとりが、この地球や人類の危機といったことを誇大妄想狂的な発想とうけとり、安穏と弛緩した日常に埋没するのか、地球規模にアイデンティティを拡大して、より大きな視点から自身の日常や現場を見直し、行動することができるかにかかっていると思われる。時代はますます佳境をむかえつつあるようだ。」と述べられている。主なキーワードとしては、先に示した「エサレン研究所」「トランスパーソナル心理学」「瞑想」のほかに、「変性意識」「至高体験」「ヒーリング」「ホリスティック・メディスン」「永遠の心理学」「タオ自然学」「ニューエイジ・サイエンス」「東洋主義」「還元主義を超えて」「グリーン・ポリティクス」「ガイア」などが取り上げられている。

このようにニューエイジは、1960年代を起源とし、1970年代に欧米先進国に知られるようになり、1980年代の消費社会の爛熟を経て、それらに疑問を深めた人びとによって、1990年代に広がりをみせ、今日に至っているという流れであるといえる。

2-2 成長の限界

1970年代に入ると、資源の枯渇や地球の有限性などの視点から、高度な経済成長を続けることの危険性とこれからのあり方を論じた重要な書物が出版され、その後の生産と消費を巡る世界の動きに大きな影響を与えることとなる。この節では、『成長の限界』に関連する4冊の書物を紹介しておきたい。

成長の限界——研究のねらいと方法

まずは、1972年刊のドネラ・H・メドウズほかによる『成長の限界——ローマ・クラブ「人類の危機」レポート』(1972, 1972)である。この書物は、地球という閉じられた存在(地球という惑星の有限性)には限度があり、永続的な成長はありえず、物的生産の増大と経済の成長といった「成長」にはおのずと限界があること、そして、限界に達する前に、それを回避できるよう行動を開始すべきことを世界に示した画期的な書物である。副題に「ローマ・クラブ「人類の危機」レポート」とあるように、ローマクラブの依頼により国際研究チームが研究をおこない、その成果を刊行したものである。

巻末の安川第五郎氏の解説によれば、ローマクラブは、1970年に設立された民間組織で、世界各国の科学者、経済学者、教育者、経営者などから構成され、当時、急速に深刻な問題となりつつあった天然資源の枯渇などによる人類の危機の接近に対し、人類として可能な回避の道を探究することを目的としている。この目的のもとに、「人類の危機プロジェクト」計画が作成され、MITのデニス・メドウズ氏を主査とする国際チームに依頼され、全地球的システムのモデル化の研究がおこなわれることになったとのことである。本書第1章末尾の「消費社会のゆくえ——真の幸福を求めて」で言及したように、消費社会のゆくえをめぐるさまざまな言説の究極のねらいは、人びとの真の幸福とは何かを探究することであるということができるが、「人類の危機プロジェクト」のねらいも、やはり「人類全体の幸福」にあったのである。

まずは、「序論」より、研究の方法を紹介しておきたい。世界モデルの作成にあたっては、世界的関心である五つの大きな傾向――加速度的にすすみつつある工業化、急速な人口増加、広範に広がっている栄養不足、天然資源の枯渇、環境の悪化――に関する動向を、システム・ダイナミクス理論にもとづくコンピュータ分析によって10年または100年単位ではかり、それらの傾向の原因、相互作用、その意味するところを、100年先の将来にわたって理解しようと努めたと記されている。

成長の限界――分析の結果

第Ⅲ章から第Ⅴ章では、研究の結果が示されており、その要点は、以下のようにまとめることができる。

まず、第Ⅲ章「世界システムにおける成長」では、相互に深く関連している上記五つの要素を「世界モデル」として総合的にとらえ、2100年までの間に、「成長」に関してどのようなモデルが成り立つかが示されている。現在のシステムに大きな変革が何もないと仮定した場合には、再生不可能な天然資源の枯渇→資源価格の高騰→資源確保のための投資の増大→産業基盤の崩壊→工業生産に依存するサービスや農業システムへの影響→食料不足・健康維持のためのサービスの不足→人口減少といった事態に陥り、人口と工業の成長は、遅くとも21世紀内に確実に停止し、破局を迎えるであろうことが指摘されている。

こういった破局を回避する道として、第Ⅳ章では、各種の条件を技術によって変化させた想定で六つのモデル（計算結果）が、グラフ化されて提示されている。主なモデルを挙げると、「資源倍増の場合」と「資源が無制限の場合」は、いずれも汚染の増大によって成長は停止し、「資源が無制限で汚染防止を行った場合」では、食料不足によって危機が訪れ、「資源が無制限で汚染防止を行い、農業生産を高め、完全な産児制限を行った場合」であっても成長の期間を延長するにとどまるなどである。すなわち、資源の欠乏や汚染や食料不足といった問題に対して技術を適応しても本質的な解決にはなり得ず、問題の本質は、有限で複雑なシステムにおける幾何級数的成長であることが指摘されている。

そして最後に、第Ⅴ章「均衡状態の世界」では、幾何級数的「成長」を前提とするのではなく、「安定」を前提とするモデル、すなわち、破局を回避し、持続性を持ってすべての人びとの基本的な物質的要求を充足させることができるような非技術的なアプローチによるモデルが提示され、このモデルに必要な七つの政策も示されている。簡略に記すと、出生率と死亡率を等しくする、資源消費量を1970年代の4分の1に減らす、社会の経済的選好を物財からサービスへと向ける、汚染発生量を1970年の4分の1に減らす、すべての人びとに十分な食糧を生産する、土壌の肥沃化と保存を最優先する、工業製品を耐久性や修復性を増し使い捨てが少なくなるように設計するなどである。こういった政策のもとでは、先に述べた五つの要素は安定化するが、政策の導入が、1975年ではなく2000年に導入された場合には、人口および一人当たり工業生産は、1975年導入よりもかなり高い値に達し、汚染は高水準にまで上昇し、資源の枯渇は深刻化することも示されている。

五つの要素が安定化した状態は、「均衡」状態と呼称されており、これは、人口と資本を増加させる力と減少させる力とが注意深く制御されてバランスしており、人口と資本とが本質的に安定的な状態であると定義されている。均衡状態は、衰退状態を意味するものではなく、大量の資源を要せず環境の悪化を生じないような人類の活動、例えば、教育、芸術、宗教、運動競技、社会的交流などは盛んになるであろうし、各種の技術進歩は社会の働きを高めるであろうと述べられている。技術進歩として、①廃棄物回収、汚染防除、不用物再生利用、②資源の再循環、③製品の長寿命化、修復可能な設計、④太陽エネルギー利用、⑤自然な方法による害虫駆除、⑥死亡率を減少させる医療、⑦減少する死亡率に出生率を等しくする避妊法、などが挙げられている。

均衡状態における平等についても、現代社会では、「成長」を続けることで人類の平等が実現されるという神話が浸透しているが、実際には世界的規模で貧富の差が拡大しており、重要なことは、すべての人を生存可能ならしめるのに十分な食糧と物資の生産および分配であると指摘されている。そして、幾何級数的な「成長」がもたらす危機と破局を回避するために必要な要素は、人類を均衡社会に導き得るような、現実的かつ長期的な目標と、その目標を達成しようとする人間の意思であると結ばれている。

こういった結果を受け、巻末の「ローマクラブの見解」では、研究結果を受け止め、直ちに行動を開始すべきであるといったローマクラブの10項目の見解が示されている。

以上のように、『成長の限界』においては、幾何級数的な「成長」の限界性と「均衡」の必要性、そして「均衡」状態における人類の幸福の実現という、人類社会がすすむべき基本的な方向が提示されている。本書第1章でも、消費社会に焦点をあて、その限界と問題点、今後のゆくえなどに関するさまざまな言説――問題点については、地球の有限性、大量採取と大量廃棄、資源の枯渇、環境汚染、技術的解決の限界性、経済成長による格差解消という神話、南北格差の存在、食糧分配の不平等など、今後のゆくえについては、脱成長、脱物質主義、対抗発展、モノよりも文化の重視・人とのつながり重視など――を紹介してきたが、1970年代初頭に刊行された『成長の限界』は、これら言説の原点となる視点を提示していることがあらためて読み取れるのである。

成長の限界続編

『成長の限界』から20年経った1992年には、新版として、ドネラ・H・メドウズほか『限界を超えて――生きるための選択』（1992, 1992）が出版されている。この書物の第1章「オーバーシュート（行き過ぎ）」では、人口と資本の成長は、資源等の供給源でも汚染等の吸収源でも行き過ぎてしまい、限界を超えてしまったことが指摘されている。この点が、20年の時を経た後の大きな違いである。

さらに同じく30年後の2002年には、ドネラ・H・メドウズほか『成長の限界――人類の選択』（2004, 2005）が出版されており、この書物でも成長の「行き過ぎ」が指摘されている。そして、人間の活動が行き過ぎてしまった後は破局に至るしか選択肢はないのだろうかという問いかけに対して、いまからでも軌道修正は可能だとの見解が示されている。同時に、根本的な修正をすぐにおこなわなければ、わたしたちが生きている間に、何らかの崩壊が起こるだろうという考えも示されている（第1章「地球を破滅に導く人類の「行き過ぎ」」、第4章「成長のダイナミクスを知るワールド3の特徴」）。

こういった限界を克服する道として、第6章「技術と市場は行き過ぎに対応できるのか」では、「成長」を前提としながら、技術と市場を生かす方法には一定の効果はあるものの、やがては限界に突き当たらざるをえないことが示されている。

一方、第7章「持続可能なシステムへ思考と行動をどう変えるか」では、幾何級数的な成長ではなく、成長を抑制するなど社会の構造を根本的に変えて、「持続可能性」を目標として採り入れた場合のシミュレーションが提示されている。すなわち、2002年から、平均的な家族の規模を子ども二人にすると決め、避妊の効果は100%で、物質生産には適度な限界を設けるとともに、資源の利用効率を上げ、工業生産単位当たりの汚染排出を減らし、土壌の浸食を抑え、一人当たりの食糧が望ましいレベルに達するまで土地の収穫率を向上させるといった四つの技術を開発し、投資し、採用しはじめる場合では、人口は80億人弱でピークに達し、望ましい物質的生活水準を保つことができ、期待寿命は高い水準にあり、一人当たりのサービスは2000年に比べて50%増大し、すべての人に対して十分な食糧が供給され、汚染は取り返しのつかない害をもたらす前にピークに達し減っていくことが示されている。再生不可能資源の減少は非常にゆっくりなので、2100年になっても、当初の賦存量の50%近くがまだ残っているというように、このシナリオによるモデル世界は、自らをその限界の範囲内に戻し、手のつけられない崩壊を避け、生活水準を維持し、均衡に極めて近い状態で安定しているというような持続可能な社会であること、そして、こういった持続可能な社会は、実際に実現可能であるとの考えが述べられている。

今日のわたしたちの立場からすると、持続可能な社会への転換が遅れた場合にはどうなるのかを知りたいところであるが、この点については、2002年ではなく2022年に採り入れた場合が述べられている。2002年に比べて、人口はずっと早く80億人に達し、工業生産もずっと高い水準となる。工業活動が増えるにもかかわらず汚染除去技術の実施が20年遅れることから「汚染の危機」が生じ、汚染によって土地の収穫率が下がり、一人当たりの食糧が減り、期待寿命が短くなり、人口も減少する。20年遅れることで選択肢は減り、波乱に満ちた道を歩むことになるが、20年遅れると破綻する定めであるわけではなく、持続可能な形で享受できる豊かさの水準が下がることであると述べられている。

なお、『限界を超えて』第7章「持続可能なシステムへの移行」には、これらの導入を2015年まで遅らせた場合の結果――人口、工業生産、汚染ともに増加しすぎ、衰退を食い止めることはできないが、21世紀の終わりには、下降傾向を何とか逆転させることができる――が示されている。2015年といえば、国連において「持続可能な開発目標（SDGs）」が定められた年である。これは、「誰一人取り残さない」持続可能で多様性と包摂性のある社会の実現のため、2030年を年限とする17の国際目標（その下に、169のターゲット、232の指標が決められている）である。めざすべき世界像として、「すべての国の持続可能な経済成長」とあり、ターゲットとして「各国の状況に応じた一人当たり経済成長率の持続」が挙げられていることはまことに残念な点ではあるが、世界的規模で持続可能性が行動目標となったことは、画期的で重要な動きであるといえる。

第7章では、重要な概念である「持続可能性」についても記されている。まず、持続可能な社会とは、1987年の「環境と開発に関する世界委員会（WCED）」の定義によれば、「将来の世代が、そのニーズを満たすための能力を損なうことなく、現世代のニーズを満たす」社会であることが述べられ、次いで、『成長の限界』等のシステム思考の見地からすれば、「人口と資本の幾何級数的成長をもたらす正のフィードバックを抑制する情報や制度などのメカニズムが備わっている社会」であることが述べられている。そして、社会的に持続可能であるためには、すべての人に、適切な物質的生活水準を保障し、公平に分配されるように、人口と資本と技術の組み合わせを考えねばならず、物理的に持続可能であるためには、①再生可能資源の消費速度は、その再生速度を上回ってはならず、②再生不能資源の消費速度は、それに代わり得る再生可能資源の開発速度を上回ってはならず、③汚染の排出量は、環境の吸収能力を上回ってはならないことが指摘されている。

そして、第8章「いま、私たちができること 持続可能性への5つのツール」では、こういった持続可能な社会の形成は、農業革命や産業革命に次ぐ「持続可能性革命」であるということができるだろうし、地球や人間のアイデンティティ、制度や文化の基盤を変えることになるだろうこと、持続可能性革命は、何十億もの人びとのビジョンや洞察、実験や行動から生まれるものであり、誰もが貢献できるものであること、新しい情報やルール、目標の必要性を伝え、試すことによって、システムを変革する変化を起こすことができることなどが述べられている。

2052年グローバル予測

さらに、『成長の限界』から40年経った2012年には、『成長の限界』の著者の一人であるヨルゲン・ランダースによって『2052——今後40年のグローバル予測』(2012, 2013) が出版されている。『成長の限界』で用いられたコンピュータ分析ではなく、入手可能な各種のデータと、各国の専門家から寄せられた未来予測などをもとにして、ランダース氏の考えをまとめたものである。

まず、第11章「他の未来予測との比較」から2052年の「予測」部分を紹介したい。決定的なオーバーシュートが起きる領域として気候変動を挙げ、何世代にもわたって持続可能なレベルを超えて温室効果ガスが増え続けている状態を放置し、対策が遅れたせいで引き起こされたオーバーシュートであることを指摘している。そして、現代の民主主義の政治が、気候変動という危機にどのように対処していくかを検討し、それらの動きは鈍く、問題の解決には間に合わないだろうこと、また、「汚染の危機」という点では、資源の枯渇、汚染、気候変動によるダメージ、生物多様性の喪失および不公平を改善・修復するための投資が増え、そのために、2050年代には一人当たりの消費が減りはじめるであろうこと、21世紀後半には、消費の落ち込みと気候変動による自己増幅とが相まって、「崩壊」(まったくコントロールが利かなくなった大規模な破滅) というにふさわしい状況になり、その前の21世紀前半には、オーバーシュートと「衰退」(比較的繁栄した時期の後に次第に困窮していく過程) を経験することになるであろうことを予測している。そして、オーバーシュートし崩壊するのは「豊かな暮らし」であり、多かれ少なかれ、「豊かな暮らし」は維持できなくなるであろうが、衰退という脅威に直面した時、選択肢の一つとなるのは、「豊かな暮らし」を定義し直し、持続可能な範囲におさめることであろうと指摘している。

次に、第2章「2052年に向けて危惧される五つの問題」から、「持続可能性革命」について触れている部分を紹介しておきたい。農業革命に続いて起こった産業革命は2052年までには完了し、労働者の移行も、農業から製造業へ、さらには製造業からサービスや介護分野へと移行してゆき、工業化への関心は薄れていくであろうこと、この背景には、一人当たりの食糧や製品の消費がいくら増えても、満足感はほとんど高まらないことや、エネルギー使用と物質的消費の果てしない追求は、むしろ悪影響を及ぼすことに人びとは内心気づいており、たいていの人は、より精神的な満足を求めはじめると指摘している。そして、遅かれ早かれ、産業革命の次には持続可能性革命がやってくるであろうし、その社会のめざすものは、「化石燃料による経済成長」ではなく「持続可能な幸福」であることは間違いないと述べている。

この持続可能な社会への移行が、どういうテンポですすむかについても述べられている。持続可能という新しいパラダイムは、1962年のレイチェル・カーソン『沈黙の春』からはじまり広がってきはしたものの、まだ主流と呼ぶにはほど遠い段階にあるが、2009年には、3人の高名なマクロ経済学者が、GDPよりも幸福の増大をめざすべきだと語りはじめたように、持続可能性革命は、はじまってはいるが、揺籃期にあり、2052年までには半分しか成し遂げられず、残りの半世紀で世界は深刻な状況に陥っていくであろうこと、しかし、「持続不可能な状態は持続できない」のであるから、2100年までには、世界はいまよりはるかに持続可能なものになっているだろうと予測している。そして、持続可能な社会を構築するには、「化石燃料から太陽エネルギーへ移行し、永遠に続く物質的成長というパラダイムから、地球の物理的限界に即した安定性のあるパラダイムへと変えていく必要がある。」と指摘している。

2-3　スモール・イズ・ビューティフル

次に、1973年のE・F・シューマッハー『スモール・イズ・ビューティフル――人間中心の経済学』(1973, 1986) を紹介したい。この書物は、化石燃料を動力として成長を続ける現代工業文明の限界と問題点を1970年代という早い時期に見極め、生産と消費の永続性という視点から、今後のあるべき道を提唱したものである。世界各国で翻訳され、今日に至るまで大きな影響を与えてきた。以下では、主な内容を紹介しておきたい。

生産の問題

まず、第一部第一章「生産の問題」は、「現代のいちばん重大な誤りは、「生産の問題」は解決ずみだという思い込みである。」からはじまる。さまざまな物質は無限に生産することができるという思い込みであるが、これは誤りであること、そして、こういった誤りが生じたのは、過去3、4世紀の間に、自然に対する人間の態度が変わってきたことと深く関係しており、自分を自然の一部とはみなさず、自然を支配、征服する存在だと考え、自然との戦いに挑んできたのであるが、その戦いに勝てば、自然の一部である人間が実は敗れることを忘れていると指摘している。

では、誤りの核心とは何であろうか。シューマッハーは、「化石燃料」「自然の許容限度」「人間性」の三つを挙げている。生産には、物的インフラストラクチャーや設備などの各種の資本が必要であるが、しかし、これは資本の一部にすぎない。資本の大部分は、人間がつくり出すのではなくて、自然からもらうものなのであるが、人はそれを資本と認めようとせず、無尽蔵なものとして使い捨ててきたのである。その典型は、保全にまったく留意せず使い捨てられてきた代替不能の「化石燃料」である。また、最も重要なのは、生きた自然がつねに与えてくれていることに気づかずに食いつぶしてきた「許容限度」という恵みである。生きた自然という資本を無駄遣いすると、危険に瀕するのは生命そのものである。さらに、犯罪、麻薬、暴力行為などにあらわれているように、工業社会が「人間性」を蝕んでいることであると述べている。

こういった時代、われわれ一人ひとりがなすべき最も重要なことは、いますすんでいる破局への道を脱出する仕事であり、問題の本質を見極めて、新しい生産方法と消費生活による新しい生活様式をつくり出すよう模索することである。この生活様式の目標は「永続性」であるとシューマッハーは指摘する。まことに含蓄深い、先見性のある指摘である。こういった視点から、さまざまな章が展開されていくが、以下では、主な章を紹介していきたい。

平和と永続性

「平和と永続性」の経済学を論じた第一部第二章は、経済学者のケインズとインドの指導者ガンジーの思想を対比しながら展開されていく。ケインズは、すべての人が十分な富を手に入れるまで際限なく経済成長をすすめることを是とし、この成長は、宗教と伝統的英知が戒めている人間の貪欲、強い利己心や嫉妬心を働かせたときに実現できるという考えである。シューマッハーは、前者については、有限な地球では基本的な資源の制約があり、環境面での自然の許容力にも限度があるという点から「重大な疑問」があるとし、後者については、貪欲と嫉妬心で動かされる人間は、ものごとをありのままに完全な形の全体として眺める力を失い、ますます挫折感、疎外感、不安感などに襲われるようになっているといった点から「文句なく誤り」であるとする。

この解決策として、英知を取り戻すことが重要であると述べている。英知の中心は永続性である。際限のない全面的な成長というものはあり得ず、ガンジーが説いたように、「大地は一人ひとりの必要を満たすだけのものは与えてくれるが、貪欲は満たしてくれない」のである。永続性の経済学は、科学技術の根本的な再編成を意味する。経済力の一層の集中を招いたり、環境をますます破壊するような大型機械は進歩ではなく、英知の否定である。英知にもとづく科学・技術の方法や道具の第一の条件は、安くてほとんど誰でも手に入れられることである。ここでも、「一人ひとりの人間を助ける機械はいいが、少数の人の掌中に力を集中させ、大衆を失職させないまでも、機械の単なる番人にしてしまうような機械はいらない」というガンジーの言葉が引用されている。第二の条件は、小さな規模での応用に適していることである。小規模な事業は、いくら数が多くても、一つひとつが自然の回復力と比して小さいから、大規模な事業と比べて自然環境に害を与えない。小さな地域社会では、大事な自分たちの土地や天然資源の面倒をよくみるにちがいない。第三の条件は、人間の想像力を発揮させる余地がたっぷりあるということであり、この点がいちばん重要である。仕事から人間らしさを奪い、単なる機械的な作業に変えてしまうのではなく、ローマ法王の言葉のように、「肉体労働は、人の身心の善であると神意により布告された」と理解することが必要である。

英知とは何かと洞察することも重要である。英知を求めるには、貪欲と嫉妬心という、自分を支配しているものを捨て、物質的目的を追い求める生き方がいかにむなしく、本当の満足を得られないものであるかを知ることである。貪欲と嫉妬心を捨てるには、①自分自身の貪欲と嫉妬心を弱めること、②ぜいたく品を必需品にしないようにすること、③現在の必需品を見直して、その数を減らしたり、質を簡素化することである。これらが実行できないとしても、自然保護者、エコロジスト、野生動植物の保護論者、有機農業の推進者等々の人たちにささやかな支持と援助をおこなうこともできるだろう。

シューマッハーは、以上のように述べている。

経済学の役割

次に、「経済学の役割」を論じた第一部第三章をまとめてみたい。経済学では、財やサービスを、売り手と買い手とが出会う市場という観点から扱っており、すべての財は、値段がつけられ交換可能な同等なモノとして扱われる。人間は自然界に依存しているということや、モノの背後にある自然・社会の事実には関心が払われない。そして、何が「経済的」（あることを実行する人に利益をもたらすこと）で、何が「不経済」（同じく利益をもたらさないこと）かの判断が下されるのであるが、例えば、ある行為によって環境が台なしになったとしても、経済的であり得るし、一方で、環境を守り長持ちさせる行為にコストがかかれば、不経済だとされる。しかしながら、経済活動が、自然と深くかかわり、自然の制約を受ける以上、人間を環境ぐるみで取り扱う「超経済学」が必要となる。

通常の経済学は、財やサービスの量的差異に着目しているが、例えば、国民総生産が伸びたとしても、不健全な成長ないしは破壊的・破滅的な成長もあり得るというように、質的差異に着目した把握が必要である。そして財には、人間がつくり出す工業製品やサービスといった第二次財と、これらの前提となる自然界の第一次財という基本的で重要な区別と、第一次財には、再生不能財と再生可能財という重大な区別がある。市場では、これらすべてに価格がつけられ、同等のものとして扱われるが、超経済学の視点からすると、これらには、共通の尺度で測れない本質的な質的差異があるのである。もっと大切なことは、いっさいの人間活動の不可欠の前提である「財」、つまり、空気、水、土壌、生きている自然界のすべての存在を認識することであると指摘している。

仏教経済学

さらに、「仏教経済学」を論じた第一部第四章では、西欧の唯物思想の土台をなす経済学ではなく、例えば仏教の教えを取り入れると（キリスト教など、他の偉大な教えでもさしつかえないという一文が添えられている）、経済法則や「経済的」「不経済」という意味がどのように変わるかが考察される。ここでは、現代の唯物主義的な生活様式をもとにした経済学を「現代経済学」、仏教徒の生活様式をもとにした経済学を「仏教経済学」と称して、いくつかの基本的な問題を例に、両者の大きな違いが論じられていく。

まずは、現代経済学について述べられているところを整理してみたい。人間の労働については、雇い主の側からすれば、例えば高度な分業による単純作業の導入などによって、労働コストをできるだけ少なくすることが理想であるし、働く人からすれば、できるだけ働かずに所得を得られることが理想となる。また、現代経済学では、消費が経済活動の唯一の目的であると考えて、土地・労働・資本といった生産要素をその手段とみており、適正規模の生産努力で消費を極大化しようとする。そして、モノが多く消費されればされるほど、生活水準は高く豊かであるとしている。さらに、遠い外国からの輸入や輸出、遠隔地の資源の利用が経済的進歩ととらえられることや、先の「経済学の役割」のところで述べたように、再生可能財と不可能財とを区別せず同一化し、天然資源が「経済的」コストという視点からのみ扱われることも特徴である。

これに対して仏教経済学では、欲望を増長させることではなく人間性を純化させることが文明の核心であり、人間性は主に仕事を通じて培われると考える。仕事は、人間を向上させ、活力を与え、その最高の能力を引き出すようにうながされるべきなのである。仏教徒は、解脱に主たる関心を向け、富への執着から解かれようとしていることが特徴であるから、消費は人間が幸福を得る一手段にすぎず、理想は、最小限の消費で最大限の幸福を得ることである。したがって、仏教経済学では、例えば快適に暮らすといった一定の目的を、いかにして最小の手段で達成するか、適正規模の消費でいかにして人間としての満足を極大化するかを探究することとなる。自分の必要をわずかな資源で満たす人たちにとっては、地域で採れる資源を使って生産をおこなうことが、最も合理的な経済生活となる。資源についても、再生可能財と不可能財の本質的な違いを認識し、後者については、やむを得ない場合に限って使用し、その保全に努めようとすることが特徴なのである。このように論じられている。

正しい土地利用

「正しい土地利用」と農業を論じた第二部第二章では、冒頭で、物的資源の中でいちばん偉大なものは、疑いもなく土地であり、社会の土地利用法を探れば、その社会の行く末を予言できると述べている。そして、かつての文明を振り返ると、文明人はたいてい、天然資源を枯渇させ破壊したりして自然環境を収奪し、生き物の命を奪い、金属などの鉱物を浪費した後に衰亡するか、新しい土地へと移動した。この道をたどって破滅した文明は10から30はあったとのことである。

では、現代文明はどうであろうか。現代では、土地とその上に住む生き物を生産要素に過ぎないとみて、牛やニワトリといった動物も単なる効用として取り扱われている。そして、土地、ひいては農業をはじめとする文明全体へのいちばんの脅威は、農業に工業の原理を適応しようとしていることから生まれている。工場のように経営できる大規模農家をつくり、大規模な機械化をすすめ、農業人口を最小限に減らし、化学肥料や農薬を使用して生産性を上げるとともに、国や地域の気候、土質にあった特定の産物を生産するなどして分業をすすめる。工業が主、農業が従となっている。

これに対して「正しい土地利用」の姿が語られる。まず、何はさておき、土地は手段ではなく目的そのものであり、超経済的価値を持っており、ある意味では聖なるものということができる。人間は、工業なしでも生きていけるが、農業なしでは生きていけず、農業が主、工業が従なのである。この上なく貴重な資産である土地の管理にあたっては、何よりも健康と美と永続性の三つを目標とすべきであり、四つ目が生産性なのである。

機械化し、化学肥料や農薬を使用する農業のもとでは、人間は、生きている自然界と本当に触れ合うことはできない。農業に工業の原理を適用しようとする社会構造は、暴力、疎外、環境破壊といった現代の最も危険な傾向の後押しをしている。文明の存続のためには、地方文化の再建をめざし、多くの人たちがやりがいのある職業として農業に従事できるように土地を開放し、大地の上での人間の営みのすべてが、健康、美、永続性の三つをめざすような政策を模索していかねばならず、農業は、循環の法則に従い、単一栽培ではなく多様化、集中ではなく分散化によって人間味を与えられなくてはならない。以上のように論じられている。

人間の顔を持った技術、中間技術

「人間の顔を持った技術」を論じた第二部第五章では、まずは、現代技術がつくりあげた現代世界は、三つの危機に見舞われていることが指摘される。①技術、組織、政治のあり方が人間性に反し、人の心を蝕むものだとして抗議の声が上がっている、②人間の生命を支えている環境が痛めつけられ崩壊のきざしが出ている、③世界の再生不能資源の浪費がすすみ、遠くない将来に急減あるいは枯渇する可能性がある、の三つである。こういった危機への対処の仕方については、異なる二つの考え方があり、一つは、いまのやり方を徹底させて、現代技術をさらに前進させ、「もっと多く、もっと遠く、もっと早く、もっと豊かに」を指向し、「一日一つの技術革新で危機は避けられる」という考え方、もう一つは、人類は誤った技術進歩の道に迷い込んでしまったので、方向転換が必要だという考えである。シューマッハーは、後者の考えに立って、技術のあり方を論じている。

現代技術は、人間が楽しんでする仕事、頭と手を使ってする創造的で有益な仕事を奪い、みんながいやがるコマ切れの仕事をたくさんつくり出してしまったが、これを転換して、大量生産ではなく大衆による生産のための技術、人間の顔を持った技術を生み出すことが必要である。この技術は、よく働く頭と器用な手が、第一級の道具の助けを借りて活用されるようにつくられ、現代の知識や経験の最良のものを活用し、分散化を促進し、エコロジーの法則にそむかず、希少な資源を乱費せず、人間を機械に奉仕させるのではなく、人間に役立つようにつくられている。こういった「中間技術」は、巨大技術と比べると、はるかに素朴で安く、誰もが使え、人間の背丈に合った技術である。人間は小さいものであるから、小さいことはすばらしいのであると述べている。

なお、別の章では、途上国における中間技術の必要性と、それを普及させる具体的な提案がなされている。

2-4 ディープ・エコロジー

1970年代に生み出された思想や動きとして、もう一つ忘れてはならないのは、「ディープ・エコロジー」である。1973年に、ノルウェーの哲学者アルネ・ネスが、前年におこなった講演のまとめを哲学誌に発表し、「ディープ・エコロジー運動」という語が文字に書かれた形で誕生したのである。1980年代には、北アメリカでも知られるようになり、関連する学術誌も刊行された（井上有一「深いエコロジー運動とは何か──ディープ・エコロジーの誕生と展開」アラン・ドレングソン、井上有一後掲書所収より）。1989年には、アルネ・ネス『ディープ・エコロジーとは何か──エコロジー・共同体・ライフスタイル』（1989, 1997）が著され、先の講演内容などの紹介とともに、エコロジー哲学（エコソフィ）について詳しく論じられている。また、1970年代から90年代初めにかけてのディープ・エコロジーに関する主要な論考を収めた書物として、アラン・ドレングソン、井上有一共編『ディープ・エコロジー──生き方から考える環境の思想』（1995, 2001）が刊行されている。ここでは、この二つの書物をもとに、主要な点を紹介していきたい。

環境危機と生産・消費

アルネ・ネス前掲書の第1章「環境危機とディープ・エコロジー運動」では、まずは、環境危機と生産・消費、ディープ・エコロジー運動との関係が論じられる。

技術産業的な地球文明は、現在、地球環境全体を蝕み、将来の世代の生活環境を冒瀆しており、その原因は、強固に体制化された生産・消費の様式と、人口増加に対する適切な政策の欠如による。こういった状況下、わたしたちは、他の生物を搾取し殺生するよりも共存することが大切とされる社会・共同体を必要としている。生産と消費についてみると、「善き生活」にとって、生き方の質の高さは確かに前提条件となるけれども、物質的生活水準は、前提条件になるかもしれないし、ならないかもしれないのであるが、両者はまったく同一のものと思われている。その結果、物質の幾何級数的拡大への要求が生まれている。こういった生産と消費の考え方は、すべての産業国に辿ることができ、活用できる大量の精神的エネルギーが、いわゆるニーズをつくり出し、物質的消費の増大をそそのかすために使われている。物質的豊かさの破滅的なまでの増加によって、世界のごく一部の短期的幸福しか保証しないような体制に、わたしたちは複雑に絡みとられている。

しかしながら、環境危機、地球上の生活条件の危機のおかげで、わたしたちは、新たな基準を備えた新たな道、即ち、文化的に統合された高度な技術、摩擦の少ない経済的進歩、もっと自由な人生経験をともなう、共存のための新たな社会形態などを生み出し得るのではないか。このように述べられている。

ディープ・エコロジー運動とシャロー・エコロジー運動

この提起の後には、新たな道の模索としてのディープ・エコロジー運動の概要や原則が示されているが、これらの点については、アラン・ドレングソン、井上有一前掲書の第1章に収録されている原論文「シャロー・エコロジー運動と長期的視野を持つディープ・エコロジー運動」(1973年の講演まとめ) をもとに紹介することとしたい。

この論文によれば、シャロー・エコロジー運動（浅いエコロジー運動）とは、環境汚染と資源枯渇に対する取り組みであり、主たる目標は「発展」をとげた国々に住む人びとの健康と物質的豊かさの向上・維持に置かれている。これに対して、ディープ・エコロジー運動（深いエコロジー運動）は七つの特徴を有しているものとして説明される。以下で簡略に示しておきたい。

①環境という入れものの中に個々独立した人間が入っている原子論的イメージではなく、関係論的で全体野的（世界の存在全体を本質的に結びついたひとつの連続体とみるホリスティックな）イメージをとる。

②原則として生命圏平等主義にもとづく。生き栄えるという権利は、疑いの余地のない価値原理であるが、この権利を人間にかぎると人間中心主義に陥ることになる。

③多様性と共生の原理にもとづく。多様性は、生物の絶滅の危険を低下させ、新たな生物の出現の可能性を高め、生命存在をさらに多様にしていく。「共に生きる」は、「殺るか、殺られるか」より上位に位置する生態学の原則である。

④反階級制度の姿勢をとる。他の人間集団に対する搾取や抑圧は、双方の自

己実現の機会を損ねるものである。この姿勢は、生命圏平等主義や共生の原則においても同じであり、すべての集団間紛争に拡大適応することを是とする。

⑤環境汚染と資源枯渇に対する闘いを支持する。しかし、環境汚染と資源枯渇だけに関心が集中すると、他の害悪を増長させることもあるので、ここに挙げる７項目すべてを同時に考えることが求められるであろう。

⑥乱雑さとは区別された意味での複雑性を支持する。生物、その生活のあり方、生命圏で起こる相互作用一般が織りなす複雑さは驚くばかりに高いレベルに達しているが、そのような複雑さを知ることは、生命圏の秩序が乱されることから生じる結果に対する人間のあまりにも大きな無知を自覚していくことになる。

⑦地域自治と分権化を支持する。生き物は、生態系の均衡の中で生きているその地域の外側、遠く離れたところから影響を受けていればいるほど、大きな危険にさらされているといえ、地域の自治を強化し、分権化し、物質的にも精神的にも地域の自立能力を高めることが必要である。

そして、最後にまとめとして、エコロジー運動が意味あるものになるためには、生態学ではなくエコロジー哲学（エコソフィ）に基礎を置かなくてはならないことが論じられる。生態学は科学的手法を用いるもので、一定の限界を持つ科学の一つであるが、哲学は、根本原理についての意見交換ができる場であり、エコソフィとは、エコロジカルな調和と均衡に関する何らかの哲学体系（システム）を意味することが述べられている。

なお、アラン・ドレングソン、井上有一前掲書の第４章「ディープ・エコロジー運動のプラットフォーム原則」には、ネスとジョージ・セッションズによって、1984年に書き記された、ディープ・エコロジー運動の八つの原則とその解説が収められているので、ぜひ原本をお読みいただきたいと思う。

エコロジカルな自己と自己実現

アラン・ドレングソン、井上有一前掲書の第３章は、ネスが1987年におこなった「自己実現――この世界におけるエコロジカルな人間存在のあり方」と題する講演の記録である。ネスのエコロジー哲学を特徴づける自己実現論を展開している。ネスは、スピノザの思想、ガンジーの非暴力行動と思想、仏教思想などの影響を深く受けていると語っているが、これら思想の共通点は、世界を不可分な一つの存在とみるホリスティックな世界観であるといえる。以下では、その要点を示しておきたい。

まず、「自己」についてであるが、自己の成就は、自我から社会的自己、そして形而上的自己の三つの段階を経て完成されるものと考えられてきたが、この考えでは広い意味で自然の果たす役割、即ち、身近な環境、身近な人びととの自己同一化（あるいは同一視）の過程が考慮されていない。人間は、生まれたときから、自然の中に、自然の一部として、自然のために存在しているといえ、自己の形成は、社会や人間とともに、人間以外の存在との関係に負うところも大きいのである。エコロジカルな自己にとっての「自己実現」とは、自然との関係性の中で、自己が広がり、生の喜びが深まること、換言すれば、個々の存在が持つ可能性が十分に実現することを指す。したがって、自己実現を、一般にいわれるような利己的欲求の実現ととらえてしまうと、人間の自己が持つ価値や可能性を著しく過小評価してしまうことになるのである。

同一化と自己実現の究極の例として、ガンジーの言動が挙げられている。ガンジーは、極貧、カーストによる抑圧、宗教の名によるテロなどに対する社会改革運動の先頭に立ってきたが、その究極の目標は、自己実現であり、解脱の達成であったと自ら述べている。これは、西洋文化的視点からすると、個人主義的に響くが、そうではなく、「自己を滅する無私の行為」（狭い自己あるいは自我の支配を脱すること）により自己実現を図ろうとしたのである。ガンジーは、万物の一元性、すなわち、すべての生命は一つであると確信している。こうして拡大した自己によりすべての生命は親密に結びつき、その自然な結果として非暴力な実践が生まれたのである。ガンジーおよびガンジーと生活をともにする人びとは、自分たちの寝室にヘビ、サソリ、クモなどを自由に入れてやり、それらを殺生せず共存して暮らす習慣を身につけていたというように、すべての存在の生き栄えるという基本的権利、すなわち広い意味での自己実現の権利を認めたことが述べられている。

ブッダが説いた「慈悲」のこころにも言及している。この「こころ」を、拡大された自己のこころととらえることができれば、人間が自己をいつくしむことが自明であるように、すべての存在をいつくしむことも自明とすることができるのである。

こういった「エコロジカルな自己」と環境倫理との関係についても各所で述べられているので、この点をまとめておきたい。今日の極めて大きい課題は、この地球をこれ以上の破壊から救うことである。これ以上の破壊がすすめば、人間と人間以外の存在の双方にとって、よい意味での自己の利益がさらに実現できなくなり、すべての存在にとって、喜びに満ちた生の可能性が狭められる。わたしたちには環境倫理が必要である。しかし不幸なことに、環境保全運動が道徳や倫理を広く説いた結果、もっと我慢して責任ある態度や道徳にかなった行動をとるよう諭されているかのような誤った印象を持つことになったが、生命の豊かさや多様性、手つかずの自然景観に対する感性を磨くことにより、喜びの対象を見出すことこそが必要なのである。そして、自己が広がり深まれば「いつくしみ」の姿勢は自然に生じる。

いま、傷ついた地球に暮らすすべての生命と分かち合いをおこなうべきときが来ており、それは、個々の生きものや生態系、わたしたちの星ガイア（地球）との自己同一化を深めることで実現する。「他のすべての生命存在と親密な関係をもって生きていくことのできる可能性をもつ生命存在としては、わたしの知るかぎり人間が唯一のものである。このすべての可能性が、ごく近い未来にとはいわないまでも、そのうちいつかは実現されてほしいものである。」との文章で締めくくられている。

エコロジー哲学とライフスタイル

これまでみてきたようなディープ・エコロジー運動と哲学は、どのようなライフスタイルを指向するのであろうか。この点について、まずは、アルネ・ネス前掲書の第4章「エコソフィ・科学技術・ライフスタイル」から紹介しておきたい。

現在のわたしたちは、エコロジー的にみれば破壊的な成長、進歩、生活水準といった観念によって保証される「強固に体制化された生産と消費という慣習」の中で暮らしているが、こういった人類の地球上での役割は、アリストテレス主義や仏教、儒教、その他の過去2000年間の偉大な哲学では、どのように評価されるであろうかという問いがまず発せられる。その答えとして、偉大な哲学では、自分たちの行為が、時間的空間的にあらゆる面に及ぼす影響を考慮すべきであると考えられてきたが、現在のわたしたちのありさまは、こういった価値観とは反対になっており、どの哲学からみても否定的な評価を受けるだろうこと、科学技術の重要性は認めるが、文化的な価値こそが第一に重要であり、善き人生は、思慮を欠いた消費に依存するものではないことが述べられている。

では、エコソフィに即したライフスタイルとはどういうものであろうか。その中心をなす標語は、「手段は簡素に、目標は豊かに」である。これは、禁欲的、自己否定的であれということではない。エコソフィに即したライフスタイルは、富裕、豊かさ、ぜいたく、潤沢などの真価を認めているが、これらの喜びは生き方の質の見地から定義されるのであって、生活水準で定まるのではない。エコソフィから見た「最良」のものとは、単に新しいとか性能がよいということではなく、全体をとらえるその人の見方に関係することなどが述べられている。

現代の産業技術は、大きいことをめざし、人びとが自家製のもので満足できる領域を減らし、わたしたちを巨大な市場に従属させ、絶えず収入の増大を求めるように駆り立てている。こういった現状に対して、エコソフィからみた科学技術の方向性について、さまざまな文献をもとに論じられているが、ここでは、エネルギー意識に関する記述部分を紹介しておきたい。エネルギー意識とは、有限な資源を使うという自覚、エネルギー需要を満たすことができる喜び、浪費に対する配慮、必要なエネルギーが深刻におびやかされている貧しい人びとへの配慮を意味する。北欧の国々では、古くからフリーリュフツリーブ(free air life、自然との一体化と自己実現の何らかの局面を身近にしてくれる生活)の一部として、小屋で過ごす生活があり、エネルギー意識が子どもの頃から培われてきた。小屋での生活体験により、エネルギー消費を8割減らしても必要量を満たせることがわかるし、エネルギー意識も高まる。普通の生活に戻ると、豊かさへの喜びを忘れていたことや、信じがたい浪費に衝撃を覚えるなど、小屋での生活は、現代生活の破壊的な誤った振る舞いに警告を与える最も力強いエコソフィの源泉の一つであると述べられている。これは、ソロー前掲書に記された森での暮らしにも通じる指摘であるといえるだろう。

アラン・ドレングソン、井上有一前掲書の第5章、ジョージ・セッションズ「アルネ・ネス――理論と実践の統合」（1992）にも、エコロジー哲学の特徴と、それにもとづく暮らし方などが示されているので、最後にこの章を紹介しておきたい。

ジョージ・セッションズは、ネスとともに、先に述べた「ディープ・エコロジー運動の八つの原則」をまとめた哲学者で、ネスから多くを学ぶとともに、ゲーリー・スナイダーの禅仏教思想等からも多くを学んだと記している。

セッションズとネスは、スピノザこそが、現代のエコロジー哲学に望ましいモデルや示唆を与えるとの確信を共有していた。セッションズは、スピノザに関する、スチュアート・ハンプシャーの次のような指摘に感銘を受けたと記している。即ち、デカルトやライプニッツの哲学を読むと、この地球上では、人間が特権を持つ中心的存在で、すべてのものは人間の便益のために存在しているという人間中心主義的な世界観を植えつけられるが、スピノザは、人間を、永遠に続く世界を構成する特に重要な部分とは考えなかったという指摘である。こういったスピノザの考えに触れたことにより、エコロジー哲学を生み出すということは単に新しい「環境倫理」をつくり出すことではなく、社会の主流の世界観とは根本的に異なるものの見方・考え方に達してはじめて真に有効なエコロジー哲学が成立すると考えるに至り、有機性（相互連関性）や精神性を重視する世界観へのパラダイム転換が、1970年代の半ばないし終わりころから自身の内部で起こりはじめたと述べている。

エコロジー哲学と暮らし方の関連については、1983年にカナダで開催されたシンポジウムにおけるネスの「ディープ・エコロジーとライフスタイル」と題する発表の内容が紹介されている。この中でネスは、ディープ・エコロジー運動の支持者にみられるライフスタイルの傾向を挙げている。①質素な手段を用いる、②反消費主義をとる、③民族的／文化的な違いの価値を理解し、これを尊重する、④欲望ではなく不可欠の必要を満たす努力をする、⑤刺激の強い経験ではなく、深く豊かな経験を得ようとする、⑥自然のなかで生きることを心がけ、利益社会ではなく共同社会の発展に努める、⑦すべての生き物の真価を認め、これを尊重する、⑧身近な生態系の保護に努める、⑨人間が飼う動物と競合する野生生物を保護する、⑩非暴力などにもとづく行動をとる（後に、菜食主義に向かう傾向も加えている）、⑪第３世界、第４世界の状況を考え、自分の生活のあり方が貧困の中で暮らす人びとの生活に比べ、あまりにも高水準であまりにも違ったものにならないようにしようとする。ライフスタイルの地球規模の連帯をめざす、⑫どこででも、誰にでも実現可能な生活のあり方の真価を理解し、これを尊重する。このようなライフスタイルとは、他の人びとや人間以外の生き物に対しても、不正を働くことなく維持できる可能性を持つ生活のあり方である、などである。

そしてセッションズは、これらからみると、「工業国における高度消費型ライフスタイルは、世界中の原生生態系や生物の多様性に計りしれない悪影響を及ぼし、壊滅的な打撃を与えていることに加え、世界の貧しい人々の生活状況との関連においても、まったく正当化できないものになる。」「第三世界諸国の生活水準を劇的なまでに向上させることが不可欠であり、一方工業諸国の消費水準は極めて大きな幅で下げる必要があり、また同時に、富める国々においても貧しい国々においても、人口を安定させ、さらに減少させていくことが必要である。」と述べている。

2-5 これらの書物が提起したこと

最後に、本章2-2節から2-4節で取り上げてきた『成長の限界』関連３冊、『スモール・イズ・ビューティフル』『ディープ・エコロジーとは何か』他１冊が伝えようとしてきたことの要点をまとめ、次章以降につなげたいと思う。

①化石燃料によって生み出された動力による工業化によって、大量生産・大量消費を推しすすめ、産業国、工業国においては急激な経済成長と物質的豊かさが生み出されてきたが、この基底には、工業化と経済成長を推しすすめれば、世界全体の経済が底上げされ、すべての人びとが豊かで幸せになれるという考え方があったといえる。

②しかし、これは幻想である。なぜなら、地球は有限だからである。地下資源の埋蔵は無限ではなく有限であるし、産業活動により生み出されるさまざまな廃物の処理という点でも、許容力に限度がある。また、物質的豊かさを求め続け、人口もこのまま増え続けるとすると、地球の自然環境や、他の生き物の

生存を脅かすことになる。これまでのような工業化と経済成長は、結局は、産業化がすすんだ一部の国の人びとに、短期的で、過剰な豊かさをもたらしたにすぎない。すでに地球は危機に瀕しており、人間をはじめとする地球上の生き物は、存在を脅かされている。やがては、有限な地球の前に、貧しい国はもとより、豊かな国の人びとも、破局への道を歩まざるをえないであろう。

③また、大量にモノを生み出す工場での単純労働によって人びとは機械の奴隷と化し、貪欲や利己心、嫉妬心で動かされ、過剰な消費に追い立てられるなどして、ますます挫折感や疎外感や不安感に襲われるなど、人間性も蝕まれている。

④こういった危機を乗り越える方向として、現在の主流の考え方は、物質的豊かさと経済成長という方向はこのままにしながら、より高度な技術を生み出すことによって解決しようというものであるが、これは誤りである。なぜなら、高度な技術は、破局を先延ばしにしてはくれるだろうが、根本的な解決にはつながらないからである。いま必要なことは、永続性（持続可能性）の追求という根本的な価値観の転換、パラダイムの転換である。子々孫々にわたって、人間を含む地球上のあらゆる存在が、永続的に存在し続けられるような文明、文化の追求であり、わたしたち一人ひとりが、問題の本質を見極め、新しい生産方式と消費生活による新しい生活様式を模索し、行動することである。

⑤環境の中に個々の人間が入っているという原子論的な世界観ではなく、世界の存在全体を本質的に結びついた一つの連続体とみるホリスティックな世界観へ、そして人間中心主義から、原則として生命圏平等主義への転換が求められている。自己実現という点からいえば、個々の生き物や生態系、地球、さらには宇宙全体との自己同一化を深めることで、これらとの関係性の中で生の喜びが深まり、個々の存在の可能性が十分に実現する。そして、自己が広がり深まれば、あらゆる存在への「いつくしみ」の姿勢は自然に生じる。いま、傷ついた地球に暮らすすべての生命と分かち合いをおこなうべきときが来ている。

⑥これらから、転換すべき主な方向として、以下のような項目を挙げることができる。

・原子論的な世界観からホリスティックな世界観へ、人間中心主義から生命圏平等主義へ

・大規模な事業から、中規模事業あるいは小規模事業へ
・機械を用いた単純作業から、頭と手と、これを助ける道具による創造的仕事へ
・工業が主、農業が従から、農業が主、工業が従へ
・グローバルからローカルへ、一極集中・集権から地域分散・分権へ
・物質的生活水準による豊かさから、生き方の質による豊かさへ
・モノ（衣食住にかかわる生活財一般）にあふれた暮らしから、必要十分な簡素な暮らしへ

そして、全体としては、「もっと大きく、多く、早く・速く、遠くへ」から、「より小さく、少なく、ゆっくり・遅く、近くへ」であるとまとめることができる。さらに簡潔にいえば、「ホリスティック」な世界観を根底にした「スロー」「ミニマル」「ローカル」、これらに通底する、モノの消費に依存しない「脱消費」への転換であるとまとめることができるだろう。

これらの思想は世界に影響を与え、パラダイムの転換をうながすようなさまざまな動きを生み出していくことになるのである。

文献

アラン・ダーニング『どれだけ消費すれば満足なのか――消費社会と地球の未来』山藤泰訳 ,1996（Durning, Alan Thein, *How Much is Enough? : The Consumer Society and the Future of the Earth*, 1992）.

アラン・ドレングソン , 井上有一共編『ディープ・エコロジー――生き方から考える環境の思想』井上有一監訳 , 昭和堂 , 2001（Alan Drengson, Yūichi Inoue, *The Deep Ecology Movement : An Introductory Anthology*, 1995）.

アルネ・ネス『ディープ・エコロジーとは何か――エコロジー・共同体・ライフスタイル』斎藤直輔 , 開龍美訳 , 文化書房博文社 , 1997（Arne Næss, *Ecology, Community and Lifestyle : Outline of an Ecosophy*, 1989）.

E・F・シューマッハー『スモール・イズ・ビューティフル――人間中心の経済学』小島慶三 , 酒井懋訳 , 講談社学術文庫 , 1986（E. F.Schumacher, *Small is Beautiful : A Study of Economics as if People Mattered*, 1973）.

池田純一『ウェブ×ソーシャル×アメリカ――〈全球時代〉の構想力』講談社現代新書 , 2011.

C＋Fコミュニケーションズ編『精神世界マップ――精神世界を旅するひと

のためのガイド・ブック』別冊宝島 16, 1980.
C＋Fコミュニケーションズ編・著『ニューエイジ・ブック――新しい時代を読みとる 42 のニュー・パラダイム』フォー・ユー , 1987.
C＋Fコミュニケーションズ編・著『パラダイム・ブック――新しい世界観――新時代のコンセプトを求めて』日本実業出版社 , 1986.
鈴木俊隆『禅マインド ビギナーズ・マインド』松永太郎訳 , サンガ , 2010（Shunryū Suzuki, *Zen Mind, Beginner's Mind*, 1970）.
鈴木大拙『禅と日本文化』北川桃雄訳 , 岩波新書 , 1940（Daisetsu Suzuki, *Zen Buddhism and its Influence on Japanese Culture*,1938）.
「禅」（スペクテイター 31 号）エディトリアル・デパートメント , 2014.
竹林修一『カウンターカルチャーのアメリカ――希望と失望の 1960 年代』（AS シリーズ／杉田米行監修 , No .12）大学教育出版 , 2014.
チャールズ・A・ライク『緑色革命』邦高忠二訳 , 早川書房 , 1971（Chales A. Reich, *The Greening of America,* 1970）.
ドネラ・H・メドウズ , デニス・L・メドウズ , ジャーガン・ラーンダズ , ウィリアム・W・ベアランズ三世『成長の限界――ローマ・クラブ「人類の危機」レポート』大来佐武郎監訳 , ダイヤモンド社 , 1972（Donella H Meadows, Dennis L Meadows, Jørgen Randers, William W Behrens Ⅲ , *The Limits to Growth : A Report for the CLUB OF ROME'S Project on the Predicament of Mankind*, 1972）.
ドネラ・H・メドウズ , デニス・L・メドウズ , ヨルゲン・ランダース『限界を超えて――生きるための選択』茅陽一監訳 , 松橋隆治 , 村井昌子訳 , ダイヤモンド社 ,1992（ Donella H Meadows, Dennis L Meadows, Jørgen Randers,*Beyond the Limits : Confronting Global Collapse, Envisioning a Sustainable Future*, 1992）
ドネラ・H・メドウズ , デニス・L・メドウズ , ヨルゲン・ランダース『成長の限界――人類の選択』枝廣淳子訳 , ダイヤモンド社 , 2005（Donella H Meadows, Dennis L Meadows, *Jørgen Randers,Limits to growth : The 30-year update,* 2004）.
バックミンスター・フラー『宇宙船地球号 操縦マニュアル』芹沢高志訳 , 筑摩学芸文庫 ,2000（R. Buckminster Fuller, *Operating Manual for Spaceship Earth,* 1963）.
ヘンリー・D・ソロー『森の生活』飯田実訳 , 岩波文庫 ,1995（Henry David Thoreau, *Walden, or, Life in the Woods,* 1854）.
「ホール・アース・カタログ〈前篇〉〈後篇〉」（スペクテイター 29 号 , 30 号）エディトリアル・デパートメント , 2013, 2014.
元山茂樹 , 宝島編集部編『世界の見方が変わるニュー・エイジの 600 冊――100 のキーワードで 21 世紀を映しだす知のブック・カタログ』宝島社 ,

1993.
ヨルゲン・ランダース『2052――今後 40 年のグローバル予測』野中香方子訳 , 日経 BP 社 , 2013（Jørgen Randers, *2052 : A Global Forecast for the Nnext Forty Years,* 2012）.
レイチェル・カーソン『沈黙の春』青樹簗一訳 , 新潮文庫 , 1974（Rachel Carson, *Silent Spring*, 1962）.

第３章　日本における「自然系の暮らし」をめぐる動きと言説

第２章で述べたような思想を基底にしながら、持続可能な未来へ向けて価値観の転換をうながすような動きが日本においても展開されていく。この章では、「スロー」「ミニマル」「ローカル」の三つの側面と、これらにより営まれていた「昔の日本の暮らし」に着目して、関連する主だった14冊の書物を取り上げ、その内容を紹介していきたいと思う。

3-1 スロー

まずは、「スロー」（自然あるいは生命に即したゆっくりとした暮らしや生き方）に関する４冊の書物の紹介からはじめたい。

スロー・ダウン

辻信一『スロー・イズ・ビューティフル――遅さとしての文化』（2001）は、文化や社会の転換の方向を「スロー」という側面から考えるにあたって欠かすことができない書物である。以下では、その一部を紹介していきたい。

まず、この書物の「終章――遅さとしての文化」では、文化の定義について述べられている。文化とはもともと地域的で、特定の生態系の中で育まれた土着的なものであり、その本質は、「小ささ」と「遅さ」によって定義されるが、「小ささ」としての文化については、シューマッハーの前掲書（第２章参照）が手掛かりになるとして概略が紹介され、当時の経済至上主義や科学技術信仰への痛烈な批判は、いまもほとんどそのまま、「グローバリズムという怪物」への批判として通用するだろうと述べられている。一方、この書物では、文化のもう一つの側面である「遅さ」に着目してさまざまな論が展開されているのである。

まず、「まえがき」では、スローという言葉に、「エコロジカル（生態系によい)」や「サステナブル（永続性のある、持続可能な)」の意味を込めていることが語られる。成長、景気、効率、競争、大量生産、大量消費、大量廃棄等々を合言葉とする現代社会は、かつての慎ましやかな経済、生業、生活の技術、伝統的な知恵、食生活、人と自然とのつながり、人と人との結びつきなどを、スローなものとして否定し、卑下し、それらの残骸の上に栄えており、いまや、グローバリズムとなって世界を席巻しているが、この書物は、こういった否定がもたらす呪縛に対抗して、そこから自らを解き放つ処方箋、心構え、祈りであると、その趣旨が述べられている。

第一章「もっとゆっくり、今を」には、ドネラ・メドウズ（第2章前掲書『成長の限界』の著者）の「もっとゆっくり」というエッセイを意訳したものが収められている。全文を引用したいところであるが、紙面の都合上、概要を紹介するにとどめておきたい。

「世界を危機から救わなければならないと思っている人たちはみんな忙しく駆け回っている。これらの人たちがいまだに提案したことのなかったことは、スローイング・ダウン、つまり減速。わたしが熱中している「世界を救え」運動は、環境運動。母なる地球に生きるものとしての、限度をわきまえた持続可能な生き方を求める闘い。少なくともこの運動に関しては、スローイング・ダウンこそが、問題解決のために最も有効だといえそう。ゆっくりと歩くと、道端の花の香りを嗅ぐことができる。生活のペースを落とすと、子どもと遊ぶこと、愛する人との時間を楽しむこともできる。スローフード、つまり自分たちで育てたり、料理したり、盛り付けたりした食物を楽しむこともできる。

もし、わたしたちがこんなゆったりとした生き方をしていたのなら、「危機」なんてそもそも起こらなかったのではないかしら。ゆっくりやるということは、旧来の道具を使いこなしながら、最新の技術に注ぎ込まれる大量のエネルギーや材料を消費せずにすませること、そして時間節約のためのさまざまな新製品を買わずにすませるということ。物事をもっとスローにすすめれば、相手の言うことにもっと耳を傾けるようになり、互いに傷つけ合うことも少なくなるでしょう。インドの友人はいう。西洋からの商業広告の大波がインドの文化に大打撃を与えてきたが、それは広告の内容のせいというより、そのペースのせいだと。特に高速スピードで感覚を激しく刺激し続けるテレビコマーシャルは、インドの瞑想という伝統を真っ向から否定するものだと。「時は金なり」を知らなかった彼らが知っていたのは、「時は命なり」ということ。大急ぎで生きることは、命のムダ使いなり、ということ。

スロー…、ダ・ウ・ン。とにかく、そこからはじめよう。しかる後、静かに、慎重に、次の一歩を考える…。これが、世界を救う第1歩。」

さまざまな時間

第五章「テイク・タイム――「動くこと」と「留まること」」では、テイク・タイム（時間がかかる、時間が要る）について論じられている。文明批評家で環境運動家のヴォルフガング・ザックスの指摘のように、近代という時代は、「時間と空間は克服されるべき障害」と考え、距離を縮め、無駄を省き、加速することを至上命令としており、これは当然ながら、自然にやさしい社会ではあり得ないと述べられている。そして、ザックスの論考「ザ・スピード・マーチャンツ」によれば、環境危機とは、近代的な時間と生命や地球を司る時間とのぶつかり合いだと解釈でき、ぶつかり合いの例が挙げられている。100万年という時間をかけて貯えられた分の化石燃料を1年間に燃やしていること、化石燃料の燃焼による二酸化炭素の排出速度が速すぎるため、同化吸収をおこなう地球のゆったりとしたペースを上回ってしまった事態が地球温暖化であること、気温変化の中で、森は、1年間に500メートルまで移動することができるが、30年間に摂氏1度から2度上昇する温暖化の中では年間5キロも移動せねばならず、生物たちは適応できずに絶滅せざるを得ないこと、などである。

そして、辻氏は述べている。第一次産業でも、産業時間と生物時間との衝突があり、現代人は、動植物がゆっくりと成長し、成熟し、やがて死骸となって土を肥やしといった自然のペースを待っていられず、農業に、牧畜に、魚介類の養殖に、林業に、科学技術の粋を集めた品種改良や単一栽培、化学肥料、農薬、抗生物質、ホルモン剤、遺伝子組み換えなどを用いて、生産を早めようとしている。しかし、こういった加速は、肉や卵の製造機と化した「不幸せな」動物たちを生み出し、次々とあらわれる新しい伝染病、環境汚染、土壌劣化、表土の流出、生物多様性の喪失を生じさせるなど、自然の混乱と劣化という巨大な犠牲をともないながら進行している。また、20世紀は、自動車、飛行機、コンピュータなどのハイテクノロジー機器が時間を省いてくれるはずだったが、これらの技術で「浮いた時間」は、さらなる距離へ、より多くの会合や商談へと転換される。この点について、ザックスは、加速が成長を駆り立て、成長が加速をさらに促進し、スピード病が社会に蔓延すると述べていることが紹介されている。

こうして、経済学でいう「生産」の時間と「再生産」の時間が対立し、後者の時間は、「雑事」「雑用」とみなされがちとなる。雑事の代表例は家事であるが、他にも、遊び、趣味、看護、雑談、家族と過ごすこと、友だちづき合い、恋愛、散歩等々があるだろうが、人生とは、そもそも、こうした雑事の集積のことではなかったか。われわれは、より速く「動くこと」に関心を寄せ、モビリティこそが成功の証しだと考えてきたが、もう一度、ゆっくりと「動くこと」、そして「留まること」「共に生きること」の価値を思い起こす必要があるだろう、このように辻氏は述べている。

この書物の他の章では、地域・文化・動物の種類によって異なる時間、怠惰の思想、なぜ頑張らなくてはいけないのか？（障害者とスロー）、非電化の思想と実践（スロー・サイエンス、テクノロジー、ビジネス）、スローフード、スローハウス、スローハウジング、スロー・ボディ、スロー・ラブなど、さまざまなテーマが取り上げられているので、原本をぜひお読みいただきたいと思う。

スローフード

文化や社会のスローという側面を、食の面からとらえた言葉が「スローフード」である。「スローフード」という言葉と運動を日本に知らしめたのは、島村菜津『スローフードな人生！――イタリアの食卓から始まる』(2000) である。その後、島村は、日本におけるさまざまな動きを『スローフードな日本！』(2006) にまとめている。辻信一前掲書の第一章においても、スローフードが取り上げられており、大谷ゆみこ『未来食――環境汚染時代をおいしく生き抜く』(1995) なども参照しながら、スローな食のあり方が論じられている。また、島村菜津と辻信一の対談による『そろそろスローフード――今、何をどう食べるのか？』(2008) でも、「ファストフード化する世界」と「スローフードがつくる新しい世界」が幅広く論じられている。以下では、これらの書物の要点を紹介していきたい。

島村菜津前掲書（2000）第一章「スローフード協会とは何者か」と同前掲書（2006）「はじめに—お皿の外のことを知ろう」によれば、スローフードという言葉は、1986年に、イタリアのとある田舎での会食の場で生まれたとのことである。多様性豊かなイタリア地方ワインの世界に、大手資本や外資がもたらさんとしている均質化の波に心を傷めていた文化サークルのメンバーが、ローマに進出したファストフード（マクドナルド）への危惧を話していた折に、ある一人が、「ならば、僕らはスローフードでいこう」といったことがはじまりである。これをきっかけに、1989年にはスローフード協会が生まれ、90年代にはNPO法人となり、世界45か国、8万人強の会員（出版当時）を持つ国際組織に成長したのである。

スローフード協会の活動の柱は、①質のよいものを作ってくれる小さな生産者を守る、②子どもを含めた消費者への味の教育、③ほっておけば消えそうな味を守る、この三つに大別されるとのことである。

ここであらためて、「スローフード」の定義を考えてみたい。スローフードとは、現代の産業社会における「食」（広義のファストフードと呼んでおこう）とは異なる「食」であり、スローフード運動とは、産業社会における「食」への異議申し立てと、それとは異なるオルタナティブな食を守り、創り、育てようとする運動だということができるだろう。前節で述べた、パラダイム転換の方向性の「食」バージョンである。

ファストフードの特質

スローフードへの認識を深めるには、広義のファストフードの特質をつかむことが欠かせないといえるので、まずは、この点をとらえていきたい。

本来、「食べもの」とは命であり、「食べる」とは命をいただくことなのであるが、ファストフードとは、この命の感覚が薄れ、あるいはなくなり、工業製品と同じように大量生産され流通し、消費社会の中で「食べるモノ」となり、「モノを食べる」ことが常態化した食の状態と定義しておきたいと思う。しかし、いうまでもなく、地球は命の集積である。その命に本来備わっている仕組みあるいは論理を無視した食行為は、やがては地球を危機に陥れ、人間自身をも窮地に追いやることになるに違いない。

具体的には次のような項目を挙げることができるだろう。食料については、大規模経営、生産者の削減、単一栽培、農薬・化学肥料の使用、畜産・養殖へのホルモン剤・成長促進剤などの薬物利用、遺伝子組み換え（動物や魚にも成長促進遺伝子を組み込む研究がすすんでいる）、品種改良、F1種（1代限りの交配種、家畜も含む）、野菜等の規格化・見た目重視、食料輸入など、食品については、添加物、化学調味料、人工甘味料、冷凍、レトルト、インスタント、均質化、安価、見た目重視など、調理と食事については、冷凍やレトルト等の使用、安く手早く、個食、早食いなどである。

こうして日本の食は、戦後、欧米化、産業化工業化の方向へと劇的に変化したが、世界的にみてもこれほど急激な変化をとげた国は他にはみられないという。この変化を、島村菜津前掲書（2006）第一章「人類が初体験する食卓の異変」をもとに追ってみたい。

変化は1950年代からはじまった。1956年からの5年間、厚生省の外郭団体が運営する「キッチンカー（栄養指導車）」が、食材や調味料、栄養士を乗せて全国津々浦々を巡り、小麦粉、油、肉の缶詰、卵、乳製品、ケチャップ、ソース、マヨネーズ、化学調味料などを使ったカレーライスやスパゲッティ、コロッケといった料理を普及して回ったとのことである。その資金は、アメリカの余剰農産物処理法によって捻出された「市場開拓費」（小麦や大豆の栽培業者の資金）であったことから、小麦や大豆を必ず使った油炒めや揚げ物といった料理が推奨されたのである。農業の面では、1961年の農業基本法に謳われた「選択的拡大」によって、収量の高い単一品種を選び、化学肥料や農薬をうまく使い、機械化をすすめ、効率よく作る方式が広がっていった。また、「デンプン農業からビタミン農業へ」という政府の掛け声とともに、九州から紀伊半島、伊豆半島まではみかん山、信州や東北にはりんご畑が広がることになった。

1970年には、野菜の標準規格が設けられ、工業製品のように、形、寸法、品質の統一が図られた（2002年に廃止）。規格外は、処分せざるを得なくなったのである。また、1970年代には、味噌や醤油、酢、酒などの量産もはじまり、世界に誇れる日本の発酵文化も変貌していった。信州のある味噌工場では、業務用の醸造味噌を、ねかせずに数週間で作っていたのであるが、熟成させていないため色が薄く、保存性もないため、着色料で補い、保存料を加えていたという。1970年代の後半からは、フライドチキンやハンバーガーといったファストフード（狭義の）店も登場し、一気に広がっていく。コーヒーフレッシュ、蟹かまぼこ、ハム、ミートボールなど、添加物を多用したイミテーション食品も生み出されていく。

この間、食料自給率は低下の一途をたどり、自給できているのは米だけで、大豆や小麦など、ほとんどの食材を輸入に頼ることになった。ファストフード化とグローバル化が同時進行してきたのである。農家率も激減した。米や野菜の在来種も多くが失われ、ほとんどが単一のF1種となった（在来種についてはこの書物の第二章「種から植えた大根」に記されている）。以上のような変化は、「食べ物を作る人と、食べる人との距離」の劇的変化ということができる。自給的な暮らしをしていた頃には、人は、食の源である山や川や海に抱かれ、食べ物は、身のまわりで育てたり獲れたりしたものばかりであったが、いまでは、工業製品と同じように大量生産と大量流通のシステムに飲み込まれ、どこの誰とも知らない人がどこか知らないところで作ったものが遠方から大量に運ばれてくるようになった。このような点が述べられている。

畜産の現状についても、島村菜津前掲書（2006）第六章「牛をめぐる冒険」から紹介しておきたい。規模の大きな効率のよい畜産を全国に広げるため、1961年に畜産振興事業団が設立された。それ以前には、農業も兼業する小規模な畜産が多く、飼料も自前の藁や大豆かすなどで自給できていた。しかし1960年代以降は、トウモロコシや大豆などの乾燥穀物（濃厚飼料）がアメリカから大量に輸入され、やがて輸入飼料（遺伝子組み換え飼料を多く含む）に依存する構造が生み出された。狭い牛舎でつないだまま飼うと運動不足で脂肪がつくが、病気になりやすいので抗生剤を使うことになる。また、外国産の安い牛肉が入ってくる中、多くの畜産農家では、肉が霜降りになりやすく高値で売れる黒毛和牛、もしくは黒毛和牛と他の和牛をかけ合わせたF1種への切り替えがすすんだ。

酪農についても、同じく第六章で、1984年の岩手県岩泉町「大規模酪農開発事業」により入植した酪農家の例が紹介されている。牧草だけでなく濃厚飼料をたくさん食べさせ乳を効率よく出すように品種改良された外来のホルスタイン種を導入して牛乳の増産をはかり、牧草には生産性の高い輸入種を捲き、化学肥料を使って育てるといった事業開発である。放牧して草を多く食べさせると乳が薄くなるので、放牧は無駄とされた。品種改良され、濃厚飼料をたくさん食べさせられた牛は、胃潰瘍や肝臓疾患が多発し、15年以上の寿命が3～4年に縮まるという。また、仔牛は、生まれて数日後に母牛から引き離され、2週間後には人工的な代用乳に切り替えられ、抗生物質や時には成長ホルモンも投与されるのである。

家畜や魚の現状についても紹介しておきたい。島村菜津・辻信一前掲書第1部第1章「生きものたちの失われた時間と空間」では、映画「いのちの食べかた」に映し出された家畜や魚の生産・管理の実情が語られる。魚については、ダクトに吸い込まれたサケが、半透明のチューブの中を飛んでいき、カッティング、洗浄、梱包まで、すべて機械的に処理される場面からは、生きものが工業製品と同じような「非いのち」にまで無化している様子が語られる。養鶏や養豚の現場では、鶏舎や豚舎に過密に詰め込まれて飼育されるのであるが、この状態では病気に感染しやすくなるので、殺菌剤や抗生物質が使われる。抗生物質は、より早く太らせるためにも使われている。過密な状態に置かれた鶏や豚は暴力化して、互いを突つき合ったり、しっぽを噛んだりするため、あらかじめくちばしを切ったり、歯を抜いたりしておくことも述べられている。

これらの記述からは、食糧生産の場の、命ある動物たちも、人間の食料としてしか扱われない悲惨な状況に置かれていることが読み取れるのである。

スローフードへの転換

ファストフードへの言及が長くなったが、では、スローフードとはどういったものだろうか。ファストフードの特質で挙げた項目を反転させれば、次のようになるだろう。小規模多品種栽培、地域特産重視、在来種、無農薬有機栽培、ホルモン剤・成長促進剤などの薬物不使用、自然の摂理を生かした食品や調味料作り（味噌、醤油、漬物など発酵食品、昆布、鰹節、干物、乾物など）、手作り、郷土料理、家庭の味、自然の味、ゆっくり楽しむ、人とともに楽しむ、ともに生きる、などである。島村菜津前掲書（2006）の第二章から第九章では、地大根づくり、アイガモ農法による米づくり、地元産大豆による豆腐づくり、森を育てる漁師たち、スローな畜産・酪農の例など、スローフードの実践例が紹介されているので、ぜひ原本をお読みいただきたいと思う。

地球と人間の命を守るには、ファストフードからスローフードへと転換していくことが求められるのであるが、この点について、辻信一前掲書の第二章「スロー・フード――食べ物を通じて自分と世界との関係を問い直す」では、大谷ゆみこ氏の「未来食サバイバル・ゼミナー」での話を紹介しており、要点をまとめると以下のようになる。

わたしたちの命を支えているものは、太陽、空気、水、土であり、わたしたちはこれらの化身である。食べるとは、その土地の生命力をいただくこと（身土不二）であり、いのちを丸ごと食べること（一物全体）である。土地から切り離された、匿名の、脈絡のない、つながりとバランスを欠いた、部分的でバラバラな、生命のない「食品」たち、バラバラになったものを組み合わせ、加工し、さまざまな人工添加物を加えた「食品」たちは、本来の意味の食べ物ではない。こういった食品は、体と地球の生命力を破壊する危険な「食インベーダー」である。こういった「食インベーダー」から身を守るには、以下のようなゆがんだ食習慣をあらため、風土に根差した地域自給型の、命を育む食習慣を取り戻すことが急務であるとのことである。

大谷ゆみこ前掲書第一章「食と命の「バランスシート」」には、ゆがんだ食習慣の七つの項目とその概要が述べられているが、項目のみ紹介すると、以下のようになる。

①全体食→部分食、②風土食→輸入食、③適量食→過剰食、④日常食→ごちそう食、⑤手料理→工場での料理、⑥自然の食べ物→人工の食べ物、⑦植物性食品中心→動物性食品中心、である。こういった変化の矢印を逆向きにたどることが求められていると大谷は述べている。

わたしたち一人ひとりが、化学肥料や農薬、薬剤などを使わない、できるだけ近くの、少なくとも国内の食材を用いて、できるだけ手作りする、添加物を使わない加工食品を選ぶ、できるだけ家族で一緒に食事する、といったことからはじめれば、スローフードはおのずと浸透していくのではないだろうか。

3-2　ミニマル

ここでは、「必要最小限なモノで豊かに暮らす」というミニマルライフへの転換について、2冊の書物を紹介したい。まずは、鈴木孝夫『人にはどれだけのモノが必要か』(1994) である。

鈴木家のモットーと地球環境

言語学者である鈴木氏は、子どもの頃から自然に親しみ、生態系（エコロジー）の問題に関心を寄せて野生動植物の観察や保護といった研究、活動もおこなっている。この本は、大好きな自然が破壊されていることを憂えて、地球と共存できる暮らしとは何かを考え、地球によいと思う暮らしを実践している様子について書かれたものである。地球環境の現状、経済や消費の状況など、「雑学の大家」と自称する鈴木氏の博識ぶりがうかがえる含蓄深い内容であるので、原本をぜひお読みいただきたいが、ここでは、実際の暮らしを中心に、概要を紹介していきたいと思う。

まず、第2部の「人にはどれだけのものがいるか」と題する論考には、鈴木氏が「できるだけ少ない物、できるだけ少ないエネルギー消費でいかに最大の幸福を得るか」という暮らしを20年から30年続けていることが記されている。そして第一章「私の生き方」には、鈴木夫妻は、ほとんど新しい物を買わず、すべての物を長く大切に使い、親せきや知人が不要だというものを貰って使い、他人が不用品として捨てたものを拾って使い、電気製品など少し壊れている物でも、自分で修理するか、メーカーに依頼して直すなどして暮らしており、いまも使い続けている物のリストとして、電気器具、皮製品、家具類、家庭用雑貨、食器類、衣類、木製品など、数多く挙げられている。

こういう暮らし方には、よいことがいくつもあると鈴木氏はいう。ごみを出さずに済み、お金があまり要らず、したがって無理して働かなくてよく、本当にしたいことをする時間が生まれる。他人の持っている物や流行には無関心でいられるから、自分流の個性的な生き方を楽しめ、世にいうストレスやコンプレックスとは無縁に、毎日を楽しく生きることができる。しかも、生きるために消費する物質やエネルギーの総量を、極めて小さなものに抑えることができるのであるから、世界が直面する環境や資源の点でも理想に近い生き方であるだろうと述べている。

また、第二章「地球から緑が消える」には、鈴木家では、およそ紙と名のつく物は絶対にゴミとして捨てないという暮らし方も記されている。新聞、雑誌、紙袋、包装紙、原稿用紙、パンフレット、手紙類、レシート等々、すべて再生紙の原料に廻す。汚れのひどい紙だけは、小型の焼却器で燃やして、その灰を草花や植木の肥料にする。紙だけでなく木を使った製品も、カマボコの板一枚に至るまで絶対に捨てない。鈴木家の信州の山小屋に持って行って、小鳥の巣箱や餌台に作り変えるとか、ストーブの燃料にするという。また、包装や紙袋を断るなどして、可能な限りこれらの物を家に持ち込まないようにしている。捨てず持ち込まずだけではない。朝晩の犬の散歩の折に、ゴミ置き場に捨ててある紙や木製品などを拾い集めてリサイクルに出すことも日課にしているとのことである。

紙の原料は森林資源であるが、森林の現状についても記されている。よく知られているように、歴史に残る大文明（ヒッタイト、ギリシャ、ローマ、古代中国など）は、広範囲の原始林を徹底的に収奪し、破壊し、消滅させている。そしてまた、1960年代以降の先進諸国の急激な経済発展は、大量の木材および紙の原料となるパルプの供給地を熱帯雨林に求め、タイ、マレーシアといった東南アジアの国々の原始林を、そこに棲む多種多様な生物群の絶滅という悲劇をともないながら、加速度的に破壊していった。南米のアマゾン流域では、農地と牧草地造成のために原始林が急速に失われている。

さらに、地球上で最後に残ったシベリアの寒帯自然林が、主として日本向けとして伐採されるに至っている。伐採による影響は、熱帯雨林と同様に深刻である。樹木がなくなることによって地表温度が上がって凍土が溶け出し、道路の陥没や住宅の沈下が生じ、溶けた凍土は池や湖になるが、やがて蒸発して一面に塩の原が残り、この塩が周辺の森林に飛散して広範囲の樹木を枯らし、さらに凍土が溶け、という事態が連鎖的に起こっていることなどが記されている。

このように、貴重で残り少ない資源が、たくさんのエネルギーを使い、いろいろな環境汚染を引き起こしながら紙となり木製品となったものを、特定の目的にちょっとだけ使い、あとはポイとゴミにしてしまう現代の文明人と称する人びとの生き方は、狂気の沙汰としかいいようがないと鈴木氏は指摘する。そして、シベリア等の自然林の破壊者にならないためには、何よりも、木や紙の無駄で無意味な使用を減らし、使う場合も、手を替え品を替え、できるだけ長く人間の役に立てて、最後には堆肥や灰の形で利用したうえで土に返すのが望ましいと述べている。

第三章「家畜には草、ペットには残飯を」では、食品ロス等についても記されている。もともと家畜は、不足する人間の食料を補うために飼われたもので、人間が食べないものを食べてくれるから家畜たり得たのであるが、現在では、残飯で飼った豚は不味い、草だけで育てた牛の肉は固くて味が落ちるといった理由で、人間が食べられる穀物や魚粉、野菜などが飼料として与えられている。動物の食べる餌と肉との比は、おおよそ10対1であるから、肉を食べれば1人分だが、人間が穀物等を直接食べれば10人分になるのである。このように、味のよいものを多量に求めることが、飼料の段階での食品ロスを生んでいる。

また、食料はすべて食べられているわけではなく、家庭、学校給食、飲食店、ホテルの宴会などでたくさん捨てられている。多量の消費を賄うために食料は増産されるのであるが、魚のような自然物であれば乱獲による資源の荒廃を生み、農産物では、農地拡大のために森林や草地が犠牲になり、農薬や化学肥料による地下水の汚染、土壌の劣化、表土の流出、塩害、そして砂漠化へとつながっていく。家畜の増加は、過放牧による草地の砂漠化を招き、さらに、家畜が草を消化する過程で出すメタンガスが温暖化に拍車をかけている。このように、食物を粗末に扱い、無駄に消費することは、思わぬ環境破壊に直接結びついていることを知る必要があると述べられている。

地救（球）原理による暮らし

第四章「地救原理の導入を」では、こういった環境破壊的な暮らしが起きる背景や今後のあり方について述べられている。近代の経済活動の目的は、原料の入手から生産製造、販売のすべての過程をとおして、できるだけ早く投下資本を回収し、なるべく大きな利益を得ることであり、その達成のためには、極端にいえば、何をしてもよいという考え方が根底にある。先に挙げた森林資源や家畜の例の他にも、豊作で価格が暴落してしまった野菜は、出荷できずにやむなく処理され、工業製品や高級衣料品が、値崩れを防ぐためにわざわざ疵をつけて処分されていることや、夜の地球を宇宙から見ると、日本列島だけが明るく浮かび上がるほど夜間照明が使われており、津々浦々に自動販売機が普及していることなどが挙げられている。こういった経済活動の根底には、人間の利益だけを指標にして、その当否、善悪を考える仕組みがあるのであるが、人間は、約3,000万種の多種多様な生物の一員にすぎないことを忘れて、多くの貴重な生物を死に追いやり、森林や農地を荒廃させ、地球の全生態系を攪乱し続けることは、到底許されることではないし、命あるものを単なる物質と同一視することがそもそも誤りであると指摘している。

そしていまこそ、一定の限度以上の経済活動や発展を「悪」とみるような別の考え方、精神革命が必要であり、鈴木氏はこれを「地救（球）原理」と呼んでいる。地救（球）原理とは、物をつくる時や物を使う時、捨てる時、それが地球のためにプラスになるのか、地球の秩序や調和を乱さないのかということを必ず考えるという原理である。とっくに転覆か爆発かの危機ラインを超えてしまった地球号という宇宙船において、いま一番大切なことは、地救（球）原理にもとづき、もっと少ないもので幸福に生きる道を真剣に、大至急模索し、先進国の経済や消費のレベルを、大混乱を起こさずにどこまで整理縮小できるかを真剣に討議することであり、経済人や技術者ではなく思想家の立場から生活を見直すことであるとしている。

そして、第五章「地球は私のもの、私は地救人」および第2部「国際化時代の環境問題」において、実際に鈴木氏は、「地球は私のもの、私は地救人」であるという考えで自分の生活を全部コントロールしていると述べている。人には誰しも欲があるし、欲望は、生物としての人間が生きていくために不可欠な、成長と生命維持をはかる本能の発露に他ならないのだが、問題は、それがあまりにも膨らみすぎて、わたしたちの必要を満たし、心身の安定と安らぎ（幸福）をもたらす範囲を遥かに逸脱してしまったことにある。わたしたちの多くが、この過度に肥大した欲望ゆえに、絶えざる欲求不満に苛まれ、過度の欲望が、地球環境を壊滅させる元凶ともなっている。こういった中、鈴木氏は、欲望を制限することではなく、むしろ欲望を極限まで拡大して、この地球のすべてが自分のものだ、わたしは地救人であると思ってしまうことで、欲望をある程度制御できる生き方をみつけることができたという（本書第2章で述べたホリスティックな世界観に通じる）。地救人だと思えば、世界中をきれいにしようと思えるし、空き缶拾いやゴミ拾いなども「私の地球が喜んでいる」と思えば簡単にやれてしまうものだとのことである。

同じく「国際化時代の環境問題」において鈴木氏は、こういった地救（球）原理による生き方を、世界に対していちばん提示しやすい立場にあるのが日本であると指摘する。日本文化には、「お陰様で」「勿体ない」という考え方がある。近代化する以前の日本には、例えば江戸時代の森林保持再生とか排泄物の再利用などのように、地球に最もやさしい暮らしをしていたという伝統もある。これらに科学の英知を加えれば、人の和とか自然との調和といった普遍原理を示すことができるはずである。自分たちの生き方のよさを客観的に知って、伝統的な生き方をもっと自信を持って伝えていく必要があると述べている。

なお、筆者は、松原（2012, 2013a, b, 2018）において、若者の「もったいない」意識と行動についての調査結果をまとめ、若者の意識や行動を高めるには、家庭内の生活慣習や学校等での体験学習などをとおして、具体的で実践的な暮らし方を伝えていくことが重要であることを示している。ご参照いただければ幸いである。

ミニマリストという生き方、暮らし方

次に、佐々木典士『ぼくたちに、もうモノは必要ない。』（2015）を紹介したいと思う。この本は、30代半ばの若い世代によるミニマルライフの実践と考え方を著したものである。

まず「はじめに」の冒頭には、「モノが少ない幸せがある。だから、ぼくたちに、もうモノは必要ない。この本で伝えたいことをミニマル（最小限）にまとめるとこうなる。ぼくはモノが少ないことのすばらしさを、この本で伝えたい。」とある。目的を伝える文章すらミニマルに書かれているのである。

第1章「なぜ、ミニマリストが生まれたのか？」では、ミニマリスト（最小限主義者）の定義としては、持ちモノを自分に必要最小限にする生き方であり、本当に自分に必要なモノがわかっている人、大事なもののために減らす人であると記されている。以前の佐々木氏は、モノが大好きなこだわりの人で、自分がかかわったどんなモノにも思い入れを感じてすべてを保存する、買うものはできるだけ高性能なモノ、デカくて、重いモノというような、ミニマリストとは正反対のマキシマリスト（最大限主義者）であり、モノが溜まる一方の汚部屋で暮らしていたが、せっかく集めたモノを活用できず、自分を責め、いくら集めても足りないモノばかりに目がいき、他人を妬み、自己嫌悪し、などと悪循環に陥っていた。これらの反動で、モノを捨て、ミニマリストになったということである。

考えてみると、産業が発達する前の日本人は、みんながミニマリストで、着物は2、3着程度とわずか、身軽で、健脚でどこまでも歩いていき、家も簡素というように、日本文化はミニマリズムの文化だった。日本のミニマリズムは、海外にも影響を与えており、その代表格が、禅の信奉者であるスティーブ・ジョブズだと指摘している。

こういったミニマリストが生まれてきた背景についても、モノを減らした方が、心地よく自由に暮らせるという発想は、断舎離、シンプルライフ、ノマドワークなどのように2010年頃までに下地としてしっかり定着し、日本でもミニマリストが生まれているのだが、これには以下の三つの欠かせない条件があったと思うと述べている。

一つ目は、「増えすぎた情報とモノ」である。インターネットの普及で膨大な情報が飛び交っており、現代の日本人が1日に受け取る情報量は、江戸時代の人の1年分とも一生分ともいわれている。一方、5万年前から進化しないハードウェアであるわたしたち人間は、膨大な情報とモノをうまく処理しきれず、アイコンがぐるぐる回っている状態にあるといえるが、これをキビキビと動かすためには、データとモノを「減らし」て、身軽にしていくしかない。

二つ目は、「モノを持たないで済む、モノとサービスの発展」である。電話、カメラ、テレビ、オーディオ機器、時計、カレンダー、地図、メモ帳、辞書等々、スマホがあればこれらを持たずに済む。また、スキャンすれば、紙媒体のものをデータ化することができ、パソコンさえ持っていれば、映画も音楽も本も楽しめ、どこでもメールチェック、ファイル操作、会議までできる。さらに、カーシェアリング、シェアハウスというように、自分1人で所有するのではなく、他者と共有する「シェア」文化の浸透も見逃せない。

三つ目は、「東日本大震災」である。東日本大震災は、あらゆる点で、わたしたちの価値観に影響を与えたが、溜め込んでいたモノが地震によって凶器と化し、津波によって流され台無しにされてしまったこと等々、「モノ」に対する考え方にも決定的な変更を迫った。

第2章「なぜ、モノをこんなに増やしてしまったのか？」では、現在のモノが、暮らしに必要な道具というような機能的な性質を超えて、人の価値を伝えるというような性質を帯びるようになったことが記されているが、この点については、本書（自然系GH本）の第2章で論じているので、省略したいと思う。続く第3章「捨てる方法最終リスト55 !!　さらに捨てたい人へ追加リスト15 !!——「捨てたい病」への処方箋」では、具体的な捨てる方法が70項目にわたって紹介されている。

そして第4章「モノを捨て、ぼくが変わった12のこと」では、モノを捨てて（モノへの執着を捨ててということでもあると解釈しておきたい）、佐々木氏がどのように変わったかが、12の項目に分けて記されている。ここでは項目だけを挙げておくが、第3章第4章ともにぜひ原本をお読みいただきたいと思う。

①時間ができる。②生活が楽しめる。③自由と解放感を感じられる。④人と比べなくなる。⑤人の目線を恐れなくなる。⑥行動的になれる。⑦集中力が高まる。⑧節約だってできる。⑨健康になれる。⑩人との関係が変わる。⑪いま、ここを味わえる。⑫感謝できる。

最後の第5章「幸せに「なる」のではなく「感じる」」では、ミニマリストになった佐々木氏は、日々の行動が変わり、以前より大きな幸せを感じながら生きていることが述べられている。モノを持たず、ゆったりした時間がある、毎日の生活を楽しめ、生きているだけでも充分という気がする、人とはもう比べないので、みじめな気持ちにはならない、人の目線が気にならないので思い切って行動ができる、集中力は高まり、今、ここをしっかりと感じ過去のトラウマに縛られることも、将来の不安に怯えることもない。そしてすべての「今」に感謝し続け、すべての「今」を肯定的に見続けたいとのことである。

3-3　ローカル

ここでは、文化や社会の転換の方向を、5冊の書物をもとに、「ローカル」（地域に根差した暮らし）という側面から考えてみたい。

半農半X

農的生活をベースにした暮らしの思想と実践を記した書物が、塩見直紀『半農半Xという生き方』（2003）である。出版されて以降、大きな反響を呼び、こういった生き方は全国さらには海外にも広がっている。

まずは、「半農半X」という生き方について、「はじめに」、第一章「田舎に出よう！そこは人間復興の場だった！」、第二章「小さな暮らし、大きな夢——田舎暮らしの楽しみ」、第四章「それは「やりたいこと」か「やるべきこと」か」「あとがき（新書版）」から、要点をまとめておきたい。

「半農半X」とは、一人ひとりが「天の意に沿う持続可能な小さな暮らし（農的生活）」をベースに、「天与の才（X）」を世のために活かし、社会的使命を実践し、発信し、まっとうする生き方であると定義されている。大量生産・輸送・消費・廃棄に決別し、小さな農業で食べる分だけの食を得て、本当に必要なものだけを満たして小さく暮らし、人それぞれが持っている個性、特技、長所、役割を活かして社会への何らかの貢献をめざす生き方であるとのことである。

塩見氏は、人びとの消費欲望の肥大化によって深刻化する環境問題に出会ったことから、自らの生き方を模索するようになったという。環境破壊的でない持続可能な暮らしを指向すると、「農」は避けられないテーマとなる。その模索の中で、屋久島在住の作家・翻訳家である星川淳氏が、自身の生き方を「半農半著」（自分たちの食べるものを育てエコロジカルな暮らしをしながら、執筆で社会にメッセージする生き方）という言葉で表現していることを知り、この生き方は、21世紀の生き方、暮らし方の一つのモデルにきっとなると直感したのである。そして、作家の星川氏にとっては「著」である部分に、人それぞれの天与の才である「X」を入れて「半農半X」としてみたところ、もしかしてこれは、わたしたち一人ひとりが社会的な問題を解決していくために、積極的にかかわっていける生き方の一つの公式になるのではないかと思うようになったと述べている。

「農」と「X」の二つがある生き方では、農が天職（「X」）を深め、天職が農を深める。生命を育む感覚を知り、生命の循環に目を見張り、動植物の生と死の世界を垣間み、もののあわれを感じるといった人間にとって大事な感覚や感性、レイチェル・カーソンのいう「センス・オブ・ワンダー」（自然の神秘さや不思議さに目を見張る感性）が、農によって育まれる。また、人びとがさまざまな使命を発揮し合える社会では、人間間、家族間、生命体間の関係性の回復が必要である。人の役に立つということは、他者との関係性を深めるということであり、その関係性を教えてくれるのが自然（農）であると記されている。

塩見家の暮らしと半農半X

塩見氏は、1999年に京都府綾部市にUターンして、自給的な暮らしをしながら「半農半X研究所」を立ち上げた。塩見家の「半農半X」の暮らしについては、以下のようにまとめることができる（主に第二章）。

田舎で半農の暮らしをすると、必然的に生活自体は縮小するが、「X」があれば、心豊かに暮らすことができる。買い物にはあまり行かないのでゴミもガソリン消費も減る。手作り、近所の人とのお裾分け、物々交換で、おのずと節約できる。家族と一緒にいることが多いので絆が深まる。買い物をするときには、「必要なものか」「長く使えるか」「一生ものか」「他者や環境に配慮したものか」を判断基準にしている。消費生活の基本は、「楽しく、必要なものさえ満たされればよい」「足るを知る」である。食生活は、大谷ゆみこ氏の「未来食」を基本として、生命を起点としたものとしており、七輪の活用、2年に一度の味噌づくりなどをおこなっている。

「農」の面では、2反で米をつくり、1反でイモや豆、根菜などを栽培している。最近では、つくる側の人間の都合に合わせて田植えの時期を連休頃に早めたり、収量や効率を重視して田んぼにいる時間を短くする傾向があるが、塩見氏は、稲の都合に合わせた米づくりをしているので、なるべく旧暦を意識してすすめているとのことである。

田起こしから稲刈りまでが最短10時間という「10時間農業」（機械を使って

苗を空中散布し、あっという間に田植えを終え、稲刈りも2、3時間で終える）もあるが、塩見氏は、農薬、化学肥料、除草剤を使わず、手作業主体の米づくりをしているので、田んぼにいる時間も長い。塩見氏にとって田んぼは、水のありがたさを知り、実りのすばらしさに触れ、食べ物について考えさせてくれる「哲学の道」ならぬ「哲学の田んぼ」であり、米が副産物で、思索が主産物ではないかと思うようになったと述べている。また、田仕事は、家族が力を合わせて立ち向かい、それを終えるという、家族協働の喜びを教えてくれる場でもある。家族協働で自らの食をつくり、いのちをつなぐ、生命を起点とした暮らしが、そこにはあると述べている

一方、「X」の面では、塩見氏のXは、個人から自治体までの「X」の応援、ミッションサポートである（主に第三章「きっと見つかる！自分という魅力に満ちた原石」）。また、「たねっと」というNPO活動もおこなっている。今日では、ほとんどの農家が、種苗会社のF1種（一代交配種）を購入しているが、F1種は、人間のため、ビジネスのために、収量のみを追求した品種であり、1年限りしか使えず、農薬や化学肥料の使用が前提となっていたりする。かつては、在来種を大切にして作物の命を連綿とつなぎ、多様な命を大事にしてきたのである。「たねっと」では、現在でも在来種を守り伝える人びとを支援し、いのちのタネを交換し、味わい、未来に遺す活動をしているとのことである。

塩見家以外にも、綾部市出身者や移住者の多彩な「X」が紹介されているので、ぜひ原本をお読みいただきたいと思う。

地元学

次に、「地元学」について紹介したい、

まずは、結城登美雄『地元学からの出発――この土地を生きた人びとの声に耳を傾ける』（2009）であるが、この書物は、農山漁村の自然とともにある人びとのさまざまな営みが、いかに豊かで奥深いものであるかを、東北地方を中心とした豊富な実践にもとづく切れ味鋭い文章で記した心揺さぶる一冊である。

冒頭の「まえがき」では、自然とともに生きるローカルな暮らしを肯定するといったパラダイム転換の必要性が明快に述べられている。要点を以下のようにまとめておきたいと思う。日本の近代化過程は、西洋は先進、日本は後進、

とりわけ農山漁村は閉鎖的、非効率であるから近代化し都市化しなくてはならないという考えのもとに、「向都離村」の時代を長期化させ、過疎・限界集落を生み出してきた。戦後教育もまた、自然とともに村を生きるための学びを捨て去り、都市社会の一員になるための学び――知識を詰め込み、受験、進学、一流企業を指向する学び――ばかりになってしまった。しかし、盛者必衰、時代は行き詰まり、人びとはいま、失ったものの大きさにたじろぎながら、新たな道を模索しはじめている。新たな道とは、何であろうか。それは、この土地を生きてきた先人たちは、限られた自然立地条件の下で、どのようにして己が生きる場と暮らしをよくしようとしてきたのか、その知恵と工夫は何かを見つめ直し、これからの生き方、暮らし方、地域のありようを、この土地を生きてきた人から学ぶことであり、その発見の中から、地域再生の手立てを探ることであるといったことが述べられている。

次に、地元学とは何かという点については、「まえがき」、第1章「わが地元学」、第2章「今、ここにある資源を地域の再生に生かす」において、「都市と比べた「ないものねだり」ではなく、この土地を楽しく生きるための「あるもの探し」」など、さまざまに述べられているが、筆者なりにまとめてみると、地元学とは、「地元の自然、人びとの生業や暮らしといったさまざまな営みの真の姿を、地元の人びとが主体となって、あるいは地元の人びとを主体として、掘り起こし、再評価し、これからのあり方を模索し、新たな道を生み出そうとする実践の学」であるということができるだろう。

地元学の実践例

この書物には、地元学の考え方にもとづく、あるいは地元学を形づくってきたさまざまな実践例が挙げられているので、ぜひ原本をお読みいただきたいが、ここでは第2章に記されている一例のみ紹介しておくこととしたい。いまここにある資源を地域再生に生かす宮城県旧北上町の例である。

北上町は、大河北上川の河口に位置する人口4,000人ほどの町であるが、あまり知られておらず、これといった観光資源も少なく、町民も自治体も「わが町には何もない」と思い込んでいるふしがあったという。しかし、北上町は、海・山・川・田・畑・沼・沢・野という、すべての自然環境を合わせ持ったところで、農産物、魚介類、山菜、野草、薬草など、多種多様な自然の恵みがある。この点に着目した結城氏は、こういった食資源の多彩さを裏づけるために、13人の女性たちに、1年間に自家生産している食材の種類と栽培方法、それらの調理法などについてアンケート調査をおこなった。すると、わずか13人の女性の自給食材が300余種もあり、食の技も多彩であることがわかった。半農半漁の貧しい町、何もない町と思われていた北上町は、生活の現場に立ってとらえ直してみれば、実は知られざる食材の宝庫であり、自然に寄り添い、豊かな食資源を巧みに生かす知恵の図書館だったのである。

貨幣によって豊かさを計り、つくる暮らしから買う暮らしへと転換し、金になるものだけが役に立つ資源だという視点だけで地域をみる目には、「何もない」とみえてしまう逆説を、わたしたちはもう一度考え直してみる必要はないだろうかと、結城氏は問いかけている。

北上町には、スーパーもファミリーレストランもなかった。「家族の食卓」が健全で、季節と生活の節目にみんなで食材や料理を持ち寄り共食する習慣である「地域の食卓」が生きていた。そこで、「北上町の子どもたちを、もう一度地域の食卓へ」ということから、「北上町の精進料理を味わう会」が具現化されることになった。地域の女性たちが先生となり、オリジナルの『北上町食べ物読本』をテキストとして、小学校の児童への課外授業がおこなわれた後、地域に脈々と受け継がれてきた精進料理を味わう会であるが、「いただきます」の折には、生き物たちの命をいただきありがとう、いただきますという気持ちの大切さが、子どもたちに伝えられる。

北上町の「地域の食卓」づくりの試みは意外な反響を呼び、NHKの「ふるさとの食・日本の食」で生中継された。ふるさとの食とは、買う食卓ではなく、可能な限り、自ら土を耕し種をまき、船をこぎ出し魚介や海藻をとり、山に分け入り山菜やきのこを採取し、保存や加工をおこなうといったつくる食卓を基本とする。この課外授業は、子どもたちだけでなく、おとなたちにも、あらためてわが町の基層の力を実感させたことが記されている。

グリーンライフへの流れ

この書物の第4章「農山村をめざす若者たちへ」では、農山漁村をめざす若者たちへのメッセージとして、近年のグリーンライフの動向などが記されている。その一部を紹介しておきたい。

佐藤誠ほかによる『グリーンライフ』という新しい高校教科書が2005年に登場し、農業科のみならず普通科や総合学科などを含め、すでに250校で採用されており、内容は、グリーンツーリズム、市民農園、観光農園、農産物直販所など、ここ十数年、農山村の現場で試行され成果を上げてきたものが取り上げられているとのことである。教科書の冒頭の言葉が紹介されているので、引用しておきたい。

「近年、世界的に、都市のなかで物を大量浪費する暮らしから、大地に根ざした持続可能な暮らしへと転換したい、ゆっくりと流れる時間を大切にして、いのち豊かに暮らしたい、といったライフスタイルの転換が顕著にみられるようになっている。（中略）「多自然居住」や「定年帰農」など、さまざまな田園回帰の潮流も生まれてきた。都市から農村に移り住み、農業を基盤とした新しいビジネスに取り組む人びとも登場した。こうした取り組みやライフスタイルは「グリーンライフ」と総称することができる。その言葉には、緑豊かでいのちのにぎわいに満ち、持続的な生活文化や産業のある農村で、たった一度の人生を充実させたいという国民の願いが込められている。」

こういったグリーンライフが国民に広く定着している国として、ロシアの例が挙げられている。米原万里『ロシアは今日も荒れ模様』（1998）によれば、都会に住むロシア人はみんな、週末や休暇に、ダーチャというセカンドハウスで、農業をして過ごしており、1億5,000万総兼業農家！これがロシア人を理解するに不可欠なキーワードで、だから食料品店の棚がからっぽでも暴動が起きず、輸入食品の安全性について無頓着でいられるとのことである。「ロシア人は土をいじりながら自分を取り戻す」というロシア人の友人の言葉も紹介されている。

こういったロシアの暮らしについて、結城氏は、次のように記している。ロシアをロシアたらしめているものは、政治でも軍事でも経済でもなく、女性たちを中心に営まれている1億5,000万総兼業農家によるグリーンライフである。1日として欠くべからざる生命と生存のための食料はわが手でつくるという暮らしの基本が、いまなお健在である。わたしたち日本人も、土をいじりながら自分を取り戻す時が来たのではあるまいか、と。

グリーンライフは、実際に日本のあちこちで始まっており、アーバンライフからグリーンライフへは、もう止められない不可避の流れであり、団塊の世代がふるさと回帰を指向し、都市を離れて農山漁村をめざす若者たちも増えていると指摘している。

水俣の地元学

地元学を語るうえで、もう一つの欠かせない実践が、吉本哲郎氏によって提唱され、熊本県水俣市において展開されてきた「水俣地元学」あるいは「吉本地元学」と称されるものである。その概要を、吉本哲郎『地元学をはじめよう』(2008) から紹介しておきたい。

第1章「地元学ってなんだろう」では、まず地元学の考え方が述べられている。水俣病で疲弊した町の再生を環境面からはじめようと、水俣病患者も一緒になってみんなで取り組み、1991年には、自治的組織「寄ろ会みなまた」が設立され、「自分たちのことは自分たちで調べる、自分たちでやるという自治の力を根底にすえないかぎり、持続的な取り組みは不可能だ」という考えのもとに活動をおこなってきた。水俣市での取り組みはやがて実を結び、2004年と2005年には、「日本の環境首都コンテスト」で総合1位の評価を受けるに至ったとのことである。

1995年に、吉本氏は、自分たちのことは自分たちでやるという考えを、地元に学ぶ「地元学」と名づけ、日本各地に紹介し、実践してきた。地元学は、人、地域の自然、経済の三つの元気をつくることをめざしているという。人が元気とは、人それぞれの違いを認め合い、人と人との距離を近づけ、話し合い、対立のエネルギーを創造するエネルギーに転換することを原則にして、人と人との関係が生み出され、協働の心が育まれることである。地域の自然が元気とは、海・山・川が元気で、そこにいる植物や動物も元気で、おいしい空気があることである。海・山・川が元気であれば、農林漁業の基盤が整い、生産と生活の場が豊かになり、季節ごとの食べ物が豊富な自給自足の豊かさを手に入れることができる。経済が元気とは、先に述べたような貨幣経済、共同する経済、自給自足の経済を整えることである。水俣では、共同する経済に「地域通貨」

を導入し、自給自足の経済に「おすそわけ経済」と名づけて直販所をつくっている。お金は人の縁を切り、季節感をなくす側面があるので、物々交換、草刈や神社の掃除、農業用水路の点検などを共同でおこなうというような共同と自給自足の経済にもっと目を向けるといいのではないかと指摘している。

第２章「地元学のすすめ」では、地元学の手法が紹介されている。まずは「あるもの探し」からはじまる。「あるもの、あること、人」をとらえ、写真に撮り、聞き書きして「地域情報カード」を作成し、これを絵地図（地域資源マップ）にしたり、パワーポイントにまとめたりする。お年寄りの人生をじっくり聞くという方法もある。あるもの探しの次には、それをどのように役立てるかについて、ものづくり、地域づくり、生活づくりの三つの分野から考え、地元の資源や地元の技を活用して、自分たちが主体になってこれらをつくり上げることにつなげていく、などである。

また、第１章では、地元学の手法によって元気になった例として、水俣川源流の村・頭石（かぐめいし）地区の「村丸ごと生活博物館」活動が挙げられている。頭石地区は、親戚しか行かないような村であったが、2002年に生活博物館に指定されてから、水俣でいちばんホットになった。「村丸ごと生活博物館」には「生活学芸員」と「生活職人」がいるが、この人たちは、「ここには何もない」とはいわないことを条件として、あるもの探しの研修を受け、資格の認定を受ける。

頭石地区は、貨幣経済以外に、手伝いあう結（ゆい）、もやいなどの共同する経済、家庭菜園で野菜をつくり、自然の幸を採取して食べたりする自給自足の経済が生きている豊かな集落である。これらを反映して、林業での暮らし、無農薬の野菜づくり、地バチを庭先で飼う暮らし、ひと味ちがう煮しめ料理など、さまざまな絵地図ができ上がり、生活学芸員たちは、村を訪れる人たちに、自分たちでつくったこれらの絵地図を使って説明するようになった。市も地元も予算はゼロだったが、訪問者からお礼をもらい、村にお金が入ることになった。

こういった生活博物館の活動は、地元の人にさまざまな効果をもたらした。「山には食べ物がたくさんあることに気づいた」「外から来た人がここのすばらしさを教えてくれる」「来た人が漬物をおいしいと食べてくれて、生きがいになった」などの声が上がり、いつのまにか草払いがされ、放置タイヤがなくなり、空き缶が拾われているというように村がきれいになり、村の女性たちが農産加工所をつくり、週1回弁当を作って販売することにもなった。こうして、村の人たちが元気になり、高齢化率は高いが若者も帰って来ているとのことである。

マネー資本主義の対極をなす里山資本主義

上記の「地元学」では、貨幣による豊かさとは異なる、貨幣を媒介しないもう一つの豊かさがあることをさまざまな事例をとおして論じているのであるが、藻谷浩介・NHK広島取材班『里山資本主義――日本経済は「安心の原理」で動く』(2013) も、こういったもう一つの豊かさを、経済面に着目して論じたものである。

まず、「はじめに」では、「里山資本主義」という言葉が生まれた背景が記されている。本書第2章でも述べてきたように、大量生産・大量消費を基底とする資本主義経済は、20世紀初頭のアメリカからはじまり、グローバル化の波のもとに世界に広がってきたが、モノを作って売るという実体経済はやがて飽和し、その活路を、お金がお金を生む虚構のマネー経済に見出そうとした。やがてこれもリーマンショックをきっかけに破綻する。「マネー資本主義」という番組制作を通じて、こういったプロセスと世界経済の行き詰まりに驚愕したディレクターの井上恭介氏は、「経済100年の常識」を疑い、新たな道を模索しなければと思うようになったという。そして、2011年、東日本大震災が日本を襲う。計画停電で真っ暗になった都会で、どこか遠くで大量につくられるエネルギーに頼る暮らし、生きることのすべてが、自分の手の届かない大きなシステムの中に完全に取り込まれることが、いかに不安で、リスクの大きいことかを思い知らされたという。

こういった中、2011年に東京から広島放送局に移った井上氏は、中国地方の自然豊かな地域で営まれている、「経済100年の常識」を破る暮らしや、地域で循環する経済に出会い、目から鱗の体験をする。世の中の先端を走っていると自認してきた都会より、遅れていると信じ込まされてきた田舎の方が、いまやむしろ先端を走っていることに気づくのである。こうして、『デフレの正体』(2010) の著者である藻谷浩介氏の協力を得て、藻谷氏と共に、お金が最も大事という「マネー資本主義」の対極をなす「里山資本主義」という言葉と、そのコンセプトを生み出すに至ったとのことである。

では、「里山資本主義」とはどういったものであろうか。藻谷氏による「中間総括「里山資本主義」の極意――マネーに依存しないサブシステム」「最終総括「里山資本主義」で不安・不満・不信に訣別を――日本の本当の危機・少子化への解決策」から要点を紹介しておきたい。

まず、われわれが生きていくのに必要なものは、お金ではなく、水と食料と燃料である。お金はそれを手に入れるための手段の一つにすぎない。山の雑木を薪にし、井戸から水を汲み、棚田で米を、庭先で野菜を育てるなどして、かなりのところまでお金を払わずに暮らす人びとは、日本各地の里山に無数に存在する。お金と引き換えに、遠くから水と食料と燃料を調達するシステムの危うさを、震災を機に痛感した人も多いだろう。しかし、家庭菜園、井戸、雑木林、石油缶ストーブがあれば、状況はまるで変わるし、日頃の人とのつながりがあれば、いざという時にはかけがえのない助けとなる。

「里山資本主義」とは、お金の循環がすべてを決するという前提で構築された「マネー資本主義」の経済システムの横に、こっそりと、お金に依存しないサブシステムを再構築しておこうという考え方であり、何らかの事情でお金が乏しくなっても、水と食料と燃料が手に入り続ける仕組み、いわば安心安全のネットワークを、あらかじめ用意しておこうという実践である。お金が機能しなくなった場合の究極のバックアップシステム、マネー資本主義の世界における究極の保険であるということもできよう。保険の掛け金は、お金ではなく、自分自身が働いて準備すること、己の行動によって安心をつくり出す実践である。このように述べられている。

そして「おわりに」の最後は、「里山資本主義は、マネー資本主義の生む歪を補うサブシステムとして、そして非常時にはマネー資本主義に代わって表に立つバックアップシステムとして、日本とそして世界の脆弱性を補完し、人類の生き残る道を示していく。爽やかな風の吹きぬける未来は、もう、一度は忘れられた里山の麓から始まっている。」という言葉で締めくくられている。

エネルギー自給――岡山県真庭市

以下では、この書物に記されている具体的実践例の中から二つを紹介しておきたい。

まず第一章「世界経済の最先端、中国山地——原価ゼロ円からの経済再生、地域復活」では、中国山地の山合いにある岡山県真庭市の例が挙げられている。西日本でも最大規模の製材業者の一つである銘建工業では、伐採された丸太を製材する過程で、樹皮や木片、かんなくずといった木くずが出るが、この製材所でも、年間4万トンの木くずがゴミとして処理されていた。これを活用しようと、1997年末に「木質バイオマス発電」施設を建設したところ、工場で使用する電気がほぼまかなえることになったとのことである。

さらに、これらの木くずは発電だけでは使い切れないので、かんなくずを固めて木質ペレットとして販売することにした。ペレットは灯油とほぼ同じコストで、ほぼ同じ熱量を得ることができるコストパフォーマンスのよい燃料である。販売先は全国に広がり、真庭市内でも、急速な広がりをみせており、学校や役場などの公共施設にペレットボイラーを導入し、暖房はもとより冷房にも利用している。さらには、家庭や農家のストーブやボイラー購入には補助金も出ることになった。こうして市のエネルギー消費の11%が木のエネルギーでまかなわれるようになり、その割合は増え続けているとのことである。

その後真庭市では、2008年には、山に放置されてきた間伐材を燃料用チップにする工場である「バイオマス集積基地」が建設され、雇用も生まれ、若者たちが帰ってきた。2010年には、バイオマス技術の共同研究や開発をおこなう拠点施設も立ち上がり、真庭市は、バイオマスの町として生まれ変わった。さらに、2013年には、1万キロワット（真庭市全世帯の電力の半分）の発電所を建設することになった。

このように、目のまえにあるものを使う仕組みをつくれば、経済的にも循環が起き、地域で雇用も所得も発生する。山の木の利用によるエネルギーの自立は、グローバル化の負の側面を背負い続けてきた地方が、再び経済的な自立を勝ち取ろうとする挑戦でもあると記されている。

現代的里山生活——広島県庄原市

同じく第一章には、広島県最北部の庄原市で展開されている実践例も挙げられている。庄原市は、中国山地に懐深く抱かれた自然豊かな山里であり、高齢化率40%の典型的過疎地域でもある。その庄原市のさらに外れの総領地区に、日本人が昔から大切にしてきた里山暮らしを現代的にアレンジして、真の「豊かな暮らし」を広めようとしている和田さんがいる。

和田さんは、地元で農業をしながら、町おこしの仕事にたずさわっていたが、ある時、町の至るところに咲いていて何でもないと思っていたセツブンソウが、日本でも非常に珍しい品種であることを知り、これをアピールする節分祭りを開いたところ、大勢の人が押し寄せ、以降、毎年恒例となったのである。価値がないと思い込んでいたものが実は町づくりの武器になることに気づいた和田さんは、1982年に「過疎を逆手にとる会」を立ち上げ、仲間たちとともに、過疎地という逆境をエネルギーにして里山暮らしの楽しさを訴える活動を続けてきたとのことである。

和田さんは、野草を摘み、野菜を育て、川魚を獲り、湧水を活用するなど自然とともにある暮らしをしているが、里山暮らしの楽しさを都会の人に伝える決定打として2011年に手作りしたものが「エコストーブ」である。灯油を入れる小型のペール缶を使い、その側面にステンレス製の煙突をつけるなどして、アメリカで発明された大型の「ロケットストーブ」を小型に改良したものである。木の枝4～5本もあれば、2人1日分のご飯が20分で大変おいしく炊き上がる。ペール缶は廃品を利用するので、費用も断熱材など数千円程度で済み、1時間くらいで簡単に作れて、しかも燃焼効率がよいというすぐれものである。和田さんたちは、各地で「エコストーブ」講習会を開いているが、講習会の依頼も参加者数も増えており、参加した誰もが、その高性能に驚き、炊いたご飯のおいしさにびっくりするという。

田舎では、ある程度、自分でエネルギーを確保することができ、山にある再生可能な資源を燃料として利用することで、山を蘇らせることもできると和田さんたちは考えている。「過疎を逆手にとる会」の発足から30年を経て、和田哲学への共感はじわじわと広がり、仲間は全国津々浦々にいて、アイディアを交換しながら、里山暮らしを進化させているとのことである。

この他にも、空き家の活用、自家用に作って余った野菜の福祉施設などでの活用、都会から過疎地へと飛び込む若者などの例が紹介されているので、ぜひ原本をお読みいただきたいと思う。

3-4 「スロー」「ミニマル」「ローカル」な昔の日本の暮らし

ここまで、「スロー」「ミニマル」「ローカル」という視点から日本における新たな暮らしの動きをみてきたが、これらの書物が指摘するように、持続可能な未来へ向けての暮らしの大きなヒントは、実は、近代化以前の日本の暮らしにあったといえる。そこで本節では、徹底した循環型社会であった江戸期の暮らしを、石川英輔『大江戸リサイクル事情』(1994) から、昭和30年代頃までの昭和の暮らしを、小泉和子『昭和なくらし方――電気に頼らない、買わない・捨てない、始末のよいくらし』(2016)、市橋芳則『昭和に学ぶエコ生活――日本らしさにヒントを探る』(2008) から紹介していきたい。

完全循環型社会と一方通行社会

石川英輔前掲書冒頭の「まわる」は、この書物の基本的な視点が記されている大事な章である。まずはその要点をまとめてみたいと思う。

江戸時代の日本の社会は、一言でいえば、太陽エネルギーだけで廻っていた完全な循環型社会であり、持続可能な社会であった。ごく最近の日本列島に降り注いだ太陽エネルギーだけを利用して物資を作り、一度使ったものが不用になった場合でも、ほぼ完全に再利用できるようなしくみができ上がっていた。その具体的な方法は、徹底した植物利用であった。衣食住に必要な製品の大部分が植物でできていたし、銅や鉄などの金属製品や陶磁器も、炭や薪などの植物燃料を用いて作られていた。あらゆる面で、植物と共存し、依存し、見事にすべてを循環させる「植物国家」だったのである。

植物は、水と二酸化炭素を主な原料として、穀物や野菜、材木などを合成しつつ、大量の酸素を放出する。植物からできている暮らしの物資は、燃やしても食べても捨てても、二酸化炭素と水に戻り、再び植物の原料となる。このように、太陽エネルギーを原動力として、すべてが土と大気と植物の間を絶えず循環するという自然の「大きなリサイクル」が生活の基本となっていた。そして、大きなリサイクルを利用して作り出した品物も、回収して再生するなどして使い抜くという「小さなリサイクル」も徹底していた。江戸時代は、この大小のリサイクルが見事に噛み合っていたので、何も増えず減らず、産業廃棄物はもちろん、大気や水の汚染もほとんど発生しなかった。

これに対して、現代の社会は、何千万年も何億年もかけて蓄積された炭素分を、ほんの数十年の間に大量の二酸化炭素として放出し、各種の資源や物資を使い捨てるというような、けっして廻ることのない一方通行の社会である。一方通行の社会では、蛇口をひねれば水も湯も好きなだけ使えて、自動車でどこへでも行けて、部屋の中の寒暖も調節できて等々、まことに便利に、豊かに、快適に暮らすことができるが、江戸時代のような完全循環型社会ではこうはいかない。井戸から水を汲みやかんに入れて、火を起こして沸かし、重い荷物も人間が運び、歩いて移動し、うちわと火鉢などで寒暖をしのぎ等々、とても不便な生活をしなければならないのである。どう考えても、いまの日本人ほど恵まれた状態は、人類がはじまって以来ほとんどなかったし、もし安心していまのような生活がいつまでも続けられるなら、昔の生活を見つめ直す必要はない。

しかし残念ながら、現代の社会は、ごみ、産業廃棄物、二酸化炭素、人口等々、すでに行き詰まりがみえている。人類全部が、いやでも発想の転換を迫られる日も遠くはなさそうで、それぞれの民族の伝統的な生き方を見直さなくてはならないのではないかと、石川氏はいう。なぜなら、伝統的な方法には、近代的な目先の合理性を超越した、いわば超合理性があるからであり、しかも、かつてその地域で同じ民族の人びとが長い期間を生き抜いてきた膨大で複雑な実験済のデータや技術が揃っているからである。日本の江戸時代についても、250年以上もかけて実行した壮大な記録、立派な実験結果が、それぞれの分野に残っている。石川氏は、以上のように述べている。

大きなリサイクル——徹底した植物利用

「大きなリサイクル」（太陽エネルギーによって育った植物だけを利用してさまざまな物ができる自然循環の仕組み）については、十の章で、具体的な内容が記されているが、ここでは、そのうちの六つを紹介していきたい。この他にも、行灯や蝋燭に関する「照明は去年の太陽だった」、人や物を人力で運んだことについての「人を運ぶ車はなかった」、揚水水車や動力水車についての「太陽が水車を廻した」などがあるので、ぜひ原本をお読みいただきたいと思う。

①江戸時代の造林、森林保護（「木を守って魚を求めた」「木を切って森林ができ

た」より）

江戸時代より前の日本では、しばしば繰り返された遷都、神社や寺院の建立、築城や城下町形成、人口増加による田畑の開墾や燃料需要などによって、日本中で大量の木が切られ、いわゆる〈尽山（つきやま）〉が増えるなどしており、奈良時代からの自然破壊のツケを押しつけられたのが江戸時代初期であった。そのため、17世紀中頃から全国的に森林を育てる機運が高まり、日本中で造林が盛んになり、18世紀にはさらに本格化して、「植物国家」をつくり上げていった。

江戸時代は、中央政府である幕府が、各藩の民政にほとんど干渉することがなかったので、それぞれの地域で、それぞれの村が、地域の森林や田畑や川や海を生態系として一体のものと考えて管理し、造林や森林保護をすすめることができた。太陽エネルギーをもとにしてつくられる植物は、適切に管理さえすれば無限の循環を生み出してくれることを当時の農民はよく知っていたので、良質の薪や炭や材木を供給できるように、根気よく、じっくりと腰を据えて、立木密度や伐採の時期などを工夫するといった持続可能な管理の方法を確立したのである。

②完全な循環材料「竹」の活用（「竹は万能の素材だった」より）

竹は非常に成長が早く、数か月の太陽エネルギーで一人前の高さになり、2～4年もすれば日用品などの材料に適するようになる。それでいて、強靭で、湿気に強く、伸縮しにくく、しかも中が中空で軽いという珍しい性質もあるため、その用途は大変広かった。竹箒・竹の皮（包装用）などの日常生活の道具、竹とんぼなどの子どもの遊び道具、尺八や琴などの楽器、茶杓などの茶道具、茶室の窓や縁、土壁の下地（木舞竹）などの建築材料や造園材料等々として広く使われ、膨大な需要があった。

③稲藁の100％大活用（「稲藁が国を支えた」より）

稲を脱穀した後に残る藁（稲の茎と葉）も非常に重要な資源であり、おおよそ20％を衣食住の日用品に（蓑、草鞋、米俵、釜敷、厩舎の敷藁、藁屋根、畳床等々）、50％を堆肥などの肥料に、残り30％を燃料などに使い、燃やした後の藁灰もカリ肥料になるなど、100％利用し、いずれはすべて大地に戻した。例えば草鞋（わらじ）では、人や馬が履きつぶした後に堆肥として利用され、厩舎の敷藁も排泄物とともに堆肥とされるなど、徹底して利用し抜いたのである。稲藁は、さまざまな用途に使えたため、稲を品種改良するにあたっても、米だけでなく、副産物である藁にも注意を向け、編んだり織ったりしやすいような品種を選んで残したのである。

④繊維と着物の徹底利用（「着物は畑でできた」より）

絹織物は、大量の桑の栽培と人の労力によって蚕を育て、繭から生糸をつくり、撚糸、精錬、機織りを経て絹織物となる非常に高価な貴重品であり、新調できる人は限られていたため、仕立てたままのもの、仕立て直したもの、解いたままの布まで、膨大な量の古着が流通していた。一方、庶民が用いた繊維は、江戸時代以前には麻が主であったが、江戸期になってからは、肌触りのよい新素材である木綿が主流となっていった。綿の場合も、農業の一部として、人が大変な労力をかけて綿を育て綿花を摘み、これらを木綿糸にして、織機で布に織ったのである。大人用の着物は、一反の布から、前身ごろ、後ろ身ごろ、袖などの部分を、はんぱが全く生じないよう、きっちりと切り出して仕立てた。でき上がった着物は、普通の人であれば着付けの仕方だけで調節して着ることができ、すべてが直線縫いのため仕立て直しも簡単、着られないほど古くなれば、さまざまな用途に転用し、最後にはおむつや雑巾にして擦り切れるまで使うのが普通だった。

⑤貴重な肥料「下肥（しもごえ）」（「食べ物は肥料の原料だった」より）

江戸時代はもとより、昭和20年代（1955年頃）までの日本の農村では、下肥、つまり人間の排泄物が最も重要な肥料であった。農作物の生産者は肥料の消費者で、農作物の消費者は肥料の生産者であるというような見事な循環ができ上がっていた。近代農芸化学の父であるドイツのリービヒは、「土地をいつまでも肥えたままに保ち、生産性を人口の増加に比例して高めるのに適した比類のない優れた農法だ」と激賞したという。江戸時代の後半には、江戸の人口は頭打ちになっていたが、生活水準は少しずつ向上して、農生産物の商品化がすすみ、生産も伸びたため、下肥は慢性的な供給不足となり、下肥問屋や小売商まで出現するなど、廃棄物どころか貴重な商品だったのである。

⑥天然の化学薬品「灰」（「家庭の竈は化学工場だった」より）

下肥と並んで、江戸の人びとが大量に生産していたものが灰であった。植物国家では、ほとんどのものが植物でできているから燃やせば植物性の灰になるし、食事用の燃料が生み出す灰だけでも膨大な量であった。この灰を、〈灰買い〉という専門の商人が買い集め、それを灰問屋が集めて、需要家に売ったり、灰だけを扱う〈灰市〉に出したりしたのである。灰は、天然の化学薬品として、カリ肥料、酒造、製紙、繊維作り、染色、釉薬、洗剤等々、驚くほど広い使い道があったという。灰を使う文化は世界中にあるが、大都会で専門業者が買い集めて、用途に応じて流通させるという組織的な大量利用をしていたのは日本だけだったという。

小さなリサイクル

「小さなリサイクル」(作り出した品物を徹底して再利用する仕組み)については、「江戸のリサイクル」で、以下のように記されている。

江戸時代の日本では、あらゆる資材を徹底してリサイクルしたが、この理由は、すべての原材料が非常に貴重だったことと、ほとんどの物は、膨大な人力・人手によって作り出されていたので、あり余るほどの物を作ることができず、物が貴重だったことによる。作られた物は、大切に使ったとしても、やがては使えなくなることは避けられないのだが、江戸期の人は、これを捨ててしまうのではなく、いかに上手く再利用するかに知恵を絞り、驚くほど洗練されたリサイクルの方法を確立したのである。

「大きなリサイクル」と「小さなリサイクル」がかみ合った代表例は「紙」である。樹木を切ってパルプを作る西洋式製紙法と違って、日本の伝統的な紙は、木を伐採せずに作られた。最も多かった楮では、毎年芽吹いて育つ1年生の枝を切り取り、その皮を精製して紙に漉いた。不要になった紙も、〈紙屑買い〉という古紙回収業者や、〈紙屑拾い〉によって集められ、古紙と紙屑に仕分けして漉き返す業者に卸された。伝統的な和紙は、10ミリ以上もの長い植物繊維でできていて、添加物もないので、さまざまな再生紙に容易に漉き返すことができたのである。

こうして江戸では、大勢の専門の商人や職人がリサイクル業で生計を立てるなど、立派に産業の一部となっていた。リサイクル業者は、〈職商人〉(品物の修理とともに、販売・回収もする。提灯張り替え、算盤修理、印肉の詰め替など)、修理・再生専門業者(鍋や釜などの鋳かけ、瀬戸物の焼き接ぎ、包丁などの刃物研ぎなど)、回収専門業者(紙屑買い、傘の古骨買い、古樽買い、古着屋、肥汲み、灰買いなど)の三つの種類に分けることができる。江戸は行商人のまちであったが、これらのリサイクル業者も町中を巡回する行商が主であり、住民は家で待っているだけで不用品を買ったり修理したりする人が来てくれたのである。

本当のリサイクル社会

この書物の最後の章「リサイクル」では、江戸時代のリサイクル社会の特質を振り返り、現代社会の抱える問題点も考察したうえで、石川氏の考えを、次のような一文にわかりやすくまとめている。最後に、これを紹介しておきたいと思う。

「いかに望まなくても、(中略)アメリカ型産業社会も、あまり遠くない将来に土台から崩れて、案外あっさりと終焉を迎えるかもしれない。その日が来れば、私たちはまるで夢から覚めたような気分になって、「ああ、やはりあれは異常事態で、あんな世の中が、いつまでも続くはずはなかったのだ」と、思い返すことだろう。太陽エネルギーだけですべてが廻っていた生活に戻りたい、と本気で思っている人など一人もいないと思うが、われわれがどう考えようが、地球上の生産は、基本的には太陽から得られるエネルギーによるしかないのも動かしがたい事実なのだ。このことを認めるならば、完全なリサイクル社会だった江戸時代を真剣に振り返らなくてはならない日がそれほど遠くなさそうなことも、そろそろ覚悟しておいた方がよいだろう。そして、もしその時が来てしまえば、肉体的にはけっして安楽とはいえないリサイクル社会の方が、本当は心身ともにはるかに日本人……というより動物としての人類向きだったことに気づいて、案外ほっとするかもしれない。本当のリサイクル社会は、江戸時代のように人間が自分の肉体を主な動力源とすることまでを含めて完結するのではなかろうか。」

昭和の暮らし

これまでみてきたような徹底した循環型社会は、江戸期という遠い昔の話だったかというと、必ずしもそうではない。物を大切にする暮らしは、いまからほんの60年ほど前までは、あたりまえのこととして存在していたのである。

以下では、高度成長がはじまる前の、昭和30年代頃までの暮らしを、小泉和子前掲書と市橋芳則前掲書からみていきたいと思う。前者では、小泉氏の家族が暮らしていた1951年（昭和26年）築の家を利用した「昭和のくらし博物館」と当時の家事や生活技術を伝える「くらしの学校」、島根県太田市の重要文化財熊谷家住宅などでの様子が記され、後者では、市橋氏が学芸員を務める北名古屋市歴史民俗資料館「昭和日常博物館」に蓄積されたさまざまな資料をもとに、昭和の暮らしが記されている。持続可能な暮らしの具体的な方向性を示してくれる書物であるので、ぜひ原本をお読みいただきたいと思う。

両書物の「はじめに」の部分では、それぞれの趣旨が述べられているので、まずはこの部分を紹介しておきたい。小泉前掲書の趣旨の要点は、以下のようになる。現代のように、ボタンを押すだけでご飯が炊け、レンジに入れれば何秒という速さで調理ができ、蛇口をひねればお湯が出て、前に立てばドアが開く等々の中で暮らしていれば、何もできなくなるのも当然である。その結果として、生活の劣化はすさまじいばかりであるが、忘れてはならないのは、こういった生活はすべて重化学工業によって生み出されたものだということである。そのために、わたしたちの社会は、膨大な量の二酸化酸素を排出し続けて地球のオゾン層を破壊し、森林を破壊し、大気や水質を汚染し続け、公害病を引き起こすなど、多くの代価を支払ってきた。福島の原発事故では、近代文明に頼り過ぎる暮らしがいかに危ないものであるかを思い知らされた。といって江戸時代に戻ることはできないが、このままでは自然破壊と生活技術の劣化は加速するばかりであり、暮らしを見直す必要があるのではないか。せめてこれ以上、資源の消費量を増やさないようにすべきである。また、現代の暮らしでは人間も育たず、手の力を奪い、物を作る力を奪い、感じる力、考える力、生きる手応え、生きる喜びを奪ってしまっている。これらを何とかして取り戻さねばならないが、それにはまず生活技術を取り戻すことが必要なのではないか。そう考えてつくったのがこの本である、と記されている。

同じく、市橋前掲書の趣旨の要点は、以下のようになる。江戸時代、そして明治時代から昭和30年頃までは、それほど急激な変化のない暮らしが続いていたが、昭和30年代からの電化製品の登場、高度経済成長などの過程で、ライフスタイルは急速に変化し、いまに至っている（この後、電化製品等を使った便利な生活の例が述べられている)。わたしたちは、こうした環境の中で育ち、さらに快適な暮らしを求めて環境を整えてきた。このスタイルを元に戻すことは困難を極めるが、昨今では、環境に配慮した生活をしようという意識が強まってきた。地球温暖化などの諸問題が取り上げられるなか、化石燃料が使い果たされるのは遠い未来のことではないといわれており、これからの世代が直面するひっぱくした課題となっている。しかし、50年ほど前には、まだ環境にやさしい暮らしがあった。昭和に暮らした年配者から話を聞くと、「二度使いどころか三度は使う」「端っこまで使い切る」「身近にあるものを資源化する」「暮らしとは工夫そのものだった」「もったいないがしみついていた」など、とにもかくにも何にせよ無駄にしないという姿勢が強く感じられたという。その時代を振り返り何かを学んでみたい、と記されている。

自然の恵みを大切に

以下では、具体的な中味について紹介していきたい。

まずは、わたしたちの暮らしに欠かせない「水」であるが、市橋前掲書＃2章「昭和の暮らしの便利、エコの原点を探る。」には、安全で安定した水源を確保できることが重要な意味を持ち、井戸、そして井戸水は、人びとの命のよりどころとして、崇められるほど大切に扱われていたことが記されている。汲み上げた水は、水瓶に貯えられ、必要に応じて、木製の桶や洗面器などに移して大切に使われた。風呂や洗濯など、さまざまに使われた水は、最後には打ち水や庭木の水として、再び地に還っていった。また、井戸の中や井戸水は温度変化が少ないので、夏には野菜や果物、飲み物などを冷せるところとして重宝されたとのことである。

小泉前掲書第3章「始末のよいくらし方」にも、小泉氏の明治生まれのお母さんが見事に水を節約して暮らしていた様子が記されている。風呂に入っても洗面器一杯のお湯で身体全体をすっかり洗い、髪を洗うにもシャワーは使わず、風呂の残り湯は洗濯に使った。たらいを使った洗濯でも2、3回のすすぎで水がきれいになり、すすいだ水でズックや下駄を洗い、最後に裏の敷石をたわしでこすりながら洗って使い切った。米のとぎ汁は、庭の植木の根元に撒いたり、雑巾がけに使ったりしたとのことである。

燃料も大切にされた（市橋前掲書＃２章）。調理の中心であったかまどは、薪を燃やした炎や熱を効率よく鍋や釜に当てる工夫がされ、燃料には、雑木や枝、小枝、落ち葉などさまざまなものが用いられた。かまどの近くには「消し炭壺」が置かれ、火のついた炭や薪を放り込めば酸素遮断によって火が消え、次に火を起こすときには簡単に着火させることができた。かまどの灰は、江戸期の項でも紹介したようにさまざまに活用された。火を起こした炭を入れて布製品のしわを伸ばす火熨斗（ひのし）や炭アイロンなども用いられた。炭は、臭い消しや湿気取りにも使われてきたとのことである。

江戸期の植物利用については先に紹介したが、これらの他に、昭和期の植物利用として、蔓性植物「ヘチマ（糸瓜）」が挙げられている（市橋前掲書＃１章「昭和の暮らしに発見するエコ三題。」）。成熟したヘチマの果実を腐らせて、内部の繊維のみを残した「ヘチマタワシ」、ヘチマ水と呼ばれる化粧水や薬（夏の日焼けやあせも、冬のひびやあかぎれ、咳止めなど）、日除けのヘチマ棚などに活用された。瓢箪も容器として使われたとのことである。

住まいについても記されている（市橋前掲書＃３章「日本の風土とつきあうということ。つきあうことで……」、小泉前掲書第１章「電気に頼らないくらし方」）。伝統的な日本家屋は、木、竹、草、土、紙などの自然素材だけでつくられた土に還る家であった。深い軒が、夏には日射を遮り、冬には取り入れ、縁側も、夏の暑さ、冬の寒さを防いでくれた。ふすまや障子は、閉じれば部屋を仕切り、開ければつなげることができる。蒸し暑い夏には、建具をはずして、すだれや御簾（みす）をかけたり、軒の外に葦簀（よしず）を立てたり、障子を簀戸に取り替えたりした。舗装されていない地面は熱をためることがなく、陽が落ちて地面が冷めてくる頃に打ち水をすれば、涼を得ることができた。床材である畳は、稲藁を圧縮した畳床とイグサを用いた畳表からなっており、畳表がすり減れば裏返して使い、それも減れば新たな畳表に張り替えたが、畳床はそのまま長く使うことができた。家の縁の下は、地面と床との間に空間をつくり出し、床上の畳とも相まって、湿気を払い夏は涼しさを保ち、冬は地面からの冷気をやわらげる効果もあったとのことである。

とことん使い切る

衣食住等のすべての面においても、物を大切に最後まで使い切る暮らしがあった。

まず、衣生活面の着物の管理についてであるが（小泉前掲書第３章)、着物はそのまま洗うのではなく、春になったら布地へと解いて、夏の間に洗い張りをし（洗って糊づけして板に張って乾かす)、秋から冬にかけて仕立て直しをした。穴が開いたり破れたりした部分も、繕う、継ぐ、接ぐなどして大切に使われた。縫い方のひな形本もあり、刺し縫い、色糸縫い、折り伏せ穴継ぎ、升入れ接ぎなどさまざまな技法があった。布地が着物として使えなくなったら袋などの小物や雑巾として使い、最後には燃やして灰として利用されたのである。なお、灰の利用についても、さまざまな利用法が述べられており、特に、灰汁の漂白力や洗浄力の高さ、火鉢の灰の効果などが示されている。

衣類等の洗濯についても、洗濯機が普及する前は、たらいと洗濯板で洗い、洗浄剤として、灰汁、米ぬか、布海苔、椿の油粕、ムクロジの実、サイカチの実、大豆の煮汁、米のとぎ汁などの植物素材が使われており、これらは洗顔料でもあったとのことである（市橋前掲書＃３章)。

食生活の面については、食べ物を無駄にせず保存する方法として（小泉前掲書第１章)、日持ちのする常温野菜などは風通しのよい場所に置く、冷暗所である床下を、ぬか味噌桶や梅干しの貯蔵庫、醤油瓶などの置き場として活用する、乾物にする、瓶詰にする、漬物にする、梅干しにするなどが示され、使い切る方法としては（同じく第２章)、残りご飯は、干飯（ほしいい）にして煎っておやつにする、洗濯糊として使う、余った野菜や大根の皮などは、薄く切って日に当て干し野菜とする、夏みかんの皮をマーマレードにする、どくだみ・柿の葉・よもぎ・笹などの葉を野草茶とするなどが示されている。

住まいの管理の面では、日本間の掃除の仕方が、両書物に記されている（小泉前掲書第１章・第４章「人を育てるくらし方」、市橋前掲書＃３章)。掃除の基本は「はたきがけ」にあり、まずは廊下や外部に面した戸や障子を開け放ち、座布団などその部屋から取り除けるものは、はたきがけでほこりを落としてから他の部屋に移し、移せないものには布をかけて下準備をする。そして、天井、鴨居、欄間、障子の桟など、上から順番にはたきをかけてほこりを払い、床に落ちたほこりを箒で掃き出す。掃く時にお茶を飲んだ後の茶がらをよく絞って床にまくと、殺菌効果もあり、ほこりを吸着してくれる。最後に雑巾がけで仕上げる。両書物には、はたきや雑巾のかけ方、作り方も紹介されている。

これらの他に、江戸期の〈小さなリサイクル〉の項で挙げたようなさまざまな修理についても記されている（市橋前掲書＃１章)。鍋や釜などの「鋳かけ」、瀬戸物の「焼き接ぎ」、桶やタライの「たが修理」、下駄の「歯の交換」、包丁などの「研ぎ」、まな板の「鉋がけ」、のこぎりの「目立て」、衣服の「かけつぎ」「かけはぎ」、布団の「打ち直し」などである。

3-5　命を大切にする暮らし

この章では、「スロー」「ミニマル」「ローカル」、そして「昔の日本の暮らし」に着目して、持続可能な暮らしに関する活動や言説をとらえてきたが、最後に、この章で紹介してきた主な内容を列記して、まとめとしたいと思う。

「スロー」な暮らし

①かつての慎ましやかな経済、生業、生活の技術、伝統的な知恵、食生活、人と人との結びつき、人と自然とのつながりなどを見直す。命の営みを感じることができるようにゆっくりと過ごす。

②旧来の道具を使いこなし、大量のエネルギーや材料を消費せずにすませる。

③あらゆる生命と地球には、それぞれにふさわしい時間の流れがある。地球の同化吸収ペースに則した二酸化炭素の排出、動植物がゆっくりと成長し、成熟し、やがて土に還るという自然のペースに沿った農林漁業や牧畜などである。これを尊重する。

④安全確認のために多大な時間を割きながらゆっくりとすすむ、スローなサイエンスとテクノロジーを選ぶ。

⑤小規模多品種栽培、地域特産、在来種、無農薬有機栽培、ホルモン剤・成長促進剤などの薬物不使用、自然の摂理を生かした食品や調味料作り（味噌、醤油、漬物など発酵食品、昆布、鰹節、干物、乾物など）とする。

⑥全体食、風土食、適量食、日常食、手料理、自然の食べ物、植物性食品中

心の食習慣とする。

「ミニマル」な暮らし

①できるだけ少ないモノと少ないエネルギーで最大の幸福を得る。

②持ちモノを必要最小限にすることで幸せを感じることができる（モノを消費することにともなうさまざまな時間から解放され、ゆったりとした時間を過ごせる、人の持ち物や流行にとらわれなくなり、自分流の生き方ができるなど）。

③モノをつくる時、使う時、捨てる時など、それが地球のためにプラスになるのか、地球の秩序や調和を乱さないのかということを必ず考える「地救(球）原理」に依拠して暮らす。「地球はわたしのもの、私は地救人」であるという考えで生活を全部コントロールする。

④昔の日本のミニマリズム文化を知り、見直し、世界に示す。

「ローカル」な暮らし

①「天の意に沿う持続可能な小さな暮らし（農的生活）」をベースとする。自然の神秘さや不思議さに目を見張る感性を育み、家族協働で自らの食をつくり、いのちをつなぐ、生命を起点とした暮らしをする。在来種を大切にして作物の命を連綿とつなぎ、多様な命を大事にする。

②この土地を生きてきた先人たちの知恵と工夫を見つめ直し、地域再生の手立てを探る。

③都市と比べた「ないものねだり」ではなく、この土地を楽しく生きるための「あるもの探し」によって、地域の真の豊かさを探る。

④われわれが生きていくのに必要なものは、お金ではなく、水と食料と燃料である。家庭菜園、井戸、雑木林、石油缶ストーブ、そして人とのつながりで、安心して暮らす。

⑤山の木の利用によるエネルギーの自立、地域の農産物利用などによる地域循環型の経済を生み出す。

⑥里山暮らしは、21世紀の尺度で測り直すと驚くほど高い生活の質を有している（お金をかけず、手間をかけ、できたものだけではなく、できる過程を楽しむ。穏やかに流れる時間、家族の笑顔、地域の人びとが互いにお世話をし合い、お返し

をする無限のつながりなど）。

「昔の日本の暮らし」

①江戸時代の日本は、太陽エネルギーだけで廻っていた完全な循環型社会、徹底した植物利用による「植物国家」であった。太陽エネルギーを原動力として、すべてが土と大気と植物の間を絶えず循環するという自然の「大きなリサイクル」が生活の基本であった。

②造林・森林保護、完全な循環材料「竹」の活用、稲藁の100％大活用、繊維と着物の徹底利用、貴重な肥料「下肥（しもごえ）」、天然の化学薬品「灰」などを徹底して利用した。

③作り出した品物も、回収して再生するなどして使い抜く「小さなリサイクル」も徹底、大小のリサイクルが見事に噛み合い、何も増えず減らず、産業廃棄物はもちろん、大気や水の汚染もほとんど発生しなかった。その代表例は「紙」であった。

④リサイクル業者も、〈職商人〉（品物の修理とともに、販売・回収もする。提灯張り替え、算盤修理、印肉の詰め替など）、修理・再生専門業者（鍋や釜などの鋳かけ、瀬戸物の焼き接ぎ、包丁などの刃物研ぎなど）、回収専門業者（紙屑買い、古着屋、肥汲み、灰買いなど）など多彩であった。

⑤昭和30年代頃までは、井戸水、薪や雑木等の燃料、木、竹、草、土、紙などの自然素材だけでつくられた土に還る家に住み、衣食住等のすべての面においても、物を大切に最後まで使い切る暮らしが残っていた。

そして、いま、わたしたちに求められていることは、かつての日本人が培ってきた「スロー」「ミニマル」「ローカル」な、モノの消費に依存しない暮らしを知り、それらを見直し、今日的な形で再生していくことだといえるだろう。

第Ⅱ部では、こういった暮らしのあり方を模索する「自然系ゲストハウス」に焦点をあてて論じていきたいと思う。

文献

書物

石川英輔『大江戸リサイクル事情』講談社 , 1994.
市橋芳則『昭和に学ぶエコ生活――日本らしさにヒントを探る』河出書房新社 , 2008.
大谷ゆみこ『未来食――環境汚染時代をおいしく生き抜く』メタ・ブレーン , 1995.
小泉和子『昭和なくらし方――電気に頼らない、買わない・捨てない、始末のよいくらし』河出書房新社 , 2016.
佐々木典士『ぼくたちに、もうモノは必要ない。』ワニブックス , 2015.
佐藤誠 , 篠原徹 , 山崎光博『グリーンライフ』農山漁村文化協会 , 2005.
塩見直紀『半農半Xという生き方』ソニー・マガジンズ , 2003.
島村菜津『スローフードな人生！――イタリアの食卓から始まる』新潮社 , 2000.
島村菜津『スローフードな日本！』新潮社 , 2006.
島村菜津、辻信一『そろそろスローフード――今、何をどう食べるのか？』大月書店 , 2008.
鈴木孝夫『人にはどれだけのモノが必要か』飛鳥新社 , 1994.
辻信一『スロー・イズ・ビューティフル――遅さとしての文化』平凡社 , 2001.
藻谷浩介『デフレの正体』角川書店 , 2010.
藻谷浩介・NHK 広島取材班『里山資本主義――日本経済は「安心の原理」で動く』角川書店 , 2013.
結城登美雄『地元学からの出発――この土地を生きた人びとの声に耳を傾ける』（シリーズ地域の再生 , 1）農山漁村文化協会 , 2009.
吉本哲郎『地元学をはじめよう』岩波ジュニア新書 , 2008.
米原万里『ロシアは今日も荒れ模様』日本経済新聞社 , 1998.

論文

松原小夜子 , 後藤春香 2012：日常生活における 20 代若者の「もったいない」意識と実際の行動 , 人間と生活環境 19（2）,153-160.
松原小夜子 2013a：日常生活における「もったいない」意識と実際の行動――女親・男親が 20 代の子に及ぼす影響 , 人間と生活環境 20（2）,111-119
松原小夜子 2013b：日常生活における 10 代の若者の「もったいない」意識と実際の行動――家庭内生活慣習および学校での授業の影響 , 人間と生活環境

20（2）,155-165.
松原小夜子 , 黒光貴峰 2018：分野別にみた大学新入生の「もったいない」意識と実際の行動――家庭生活および環境学習との関係 , 人間と生活環境 25（1）,1-15.

第Ⅱ部

自然系ゲストハウスの特徴と存在意義

「暮らし方」への着目

第 4 章　ゲストハウスの定義、開業実態、関連文献

本書の冒頭でも述べたように、本書のねらいの一つは、暮らし方という点からみた自然系ゲストハウスの存在意義をとらえることであるが、自然系ゲストハウスについて言及する前に、まず本章では、自然系ゲストハウスを含むゲストハウス全般を対象として、ゲストハウスの定義、その抽出方法、現時点での開業実態を把握しておきたい。

その後に、関連する論文等や雑誌記事、書物などの各種文献を取り上げ、それらにおいてゲストハウスがどのように論じられているのかを整理して、ゲストハウスの特徴と今日的な存在意義をとらえたうえで、本書独自の視点について、あらためて述べておくこととしたい。

なお以下の文中では、ゲストハウスを GH と略記することとする。

4-1　ゲストハウスの定義と開業実態

ゲストハウスの定義と抽出方法

まず、GH の定義であるが、本書では GH を、旅館業法上、簡易宿所に分類される宿で、①素泊まりを基本とする、②ドミトリーと呼ばれる相部屋がある、③台所や居間など何らかの共用空間がある、この三つに該当する宿としている。

この他に、GH ならではの特徴もある。主なものを挙げると、①寝具の準備や食事の支度、片づけなどは、宿のサービスを受けるのではなく自らおこなう方式であることから、「暮らすように泊まる」宿である、②旅館や民宿では、部屋単位の料金を基本としているため、家族連れやグループでの利用が主であるが、相部屋形式を含む GH では、一人あたりの料金となっていることから、一人旅でも気軽に利用することができる、③トイレや洗面、浴室などは共用であり、浴室はシャワーのみの場合が多い、④台所や居間などの共用空間利用時、あるいは近所の銭湯や温泉施設利用時などに、宿泊者同士の交流が生まれやす

い、などである。

海外では、ホステルやバックパッカーズなどと称される簡易な宿が多く存在してきたが、日本でも、1980年代以降、円高や格安航空券の出現、バックパッカー向けガイドブックの出版などにより、海外を旅する若者が増え（須藤2008)、こういった若者が、簡易な宿の魅力を知って、日本でも開業しようとしたことが、日本におけるGH出現の契機であると考えられる。各宿のホームページ（HP）を見ると、オーナーは元バックパッカーで、既存の空き家を探し出し、各種申請のうえ、開業にこぎつけている例が多い。各地の空き家活用にも貢献している。また、宿としての申請において、宿泊に供する部分が100㎡以下の場合、建築の用途変更が不要であったことから、小規模な宿が多く、個人経営のオーナーが各々特色ある運営をしていることも特徴である。

次に、全国のGHの抽出についてであるが、上記の定義にあてはまるGHには、さまざまなタイプが存在しているため、以下の点に留意した。①素泊まりを基本としつつ、朝食のみ選択可能な「B&B」方式や、朝夕2食を選択可能なものは含めた。②ドミトリー形式以外に、個室を選択できるものも含めた。③「ホステル」「バックパッカーズ」「宿」などの名称であっても、上記定義にあてはまるものは含めた。④宿が「ゲストハウス」という名称を用いていても、上記定義にあてはまらないものは除いた。⑤先に示した三つの条件に該当していても、「部屋貸し」のみ、「一棟貸し」のみの場合や、カプセルベッドタイプの場合は除いた。⑥ユースホステル協会に属する「ユースホステル」は除いた。⑦「ライダーハウス」と称する宿泊場所のみを提供するものは除いた。⑧以前は旅館や民宿形式で営業していたが、GH形式での営業に変更したものは、GH形式での営業開始時点を開業年とした。⑨GH形式の継続であってもリニューアルオープンしたものは、リニューアルオープン時点を開業年とした。

こういった条件に該当するGHの抽出方法であるが、GH関連の各種サイトを参照して各宿のHPにアクセスし、先に述べたような定義や条件に該当する宿を抽出するとともに、各宿が立地する都道府県市町村名と開業年をとらえた。これらが宿のHPでは把握できない場合は、当該宿のフェイスブック（FB）やブログ、当該宿を紹介している各種予約サイト、宿泊体験者のブログなどを参照した。参照したサイトは、GHを紹介する「ふらっと」「FootPrints」「ひげむ

表 4-1-1　都道府県別開業年別にみたゲストハウス開業実態

（単位：軒）

	計	～2007（年）	2008	2009	2010	2011	2012	2013	2014	2015	2016	2017	2018	2019	2014～	2014～（%）
北海道 計	74	12	1	8	4	4	3	6	14	5	7	6	4		36	48.6
青森県	3						1	1	1						1	33.3
岩手県															0	
宮城県	10					2			2	1	2	2	1		8	80.0
秋田県	3							1			1	1			2	66.7
山形県	2								1			1			2	100.0
福島県	6	1				1					1		2	1	3	50.0
東北 計	24	1				3	1	2	4	1	4	4	3	1	16	66.7
茨城県	1									1					1	100.0
栃木県	7				2	1		1	1	1		1			3	42.9
群馬県	1	1													0	0.0
埼玉県	2								1			1			2	100.0
千葉県	6	1				1			1	3					4	66.7
東京都	65	7		2	1	3	4	1	8	20	9	9		1	46	70.8
神奈川県	16	1			2	1	1	5	1	1	1	2	1		6	37.5
関東 計	98	10		2	5	6	5	7	12	26	10	13	1	1	62	63.3
新潟県	14	1		1			1	1	1	1	5	2	1		10	71.4
富山県	6								3	1		2			6	100.0
石川県	15			2			2	3	2	1	5				8	53.3
福井県	5		1				1			2			1		3	60.0
北陸 計	40	1	1	3			4	4	6	5	10	4	2		27	67.5
山梨県	9	2			1	1			1	3	1				5	55.6
長野県	36	5	1	1	1	2	1	7	7	6	3	1	1		18	50.0
甲信 計	45	7	1	1	2	3	1	7	8	9	4	1	1		23	51.1
岐阜県	20			1	1	2	1	1	2	4	3	2	2	1	13	65.0
静岡県	13	1	1		2	2		1	2	3		1			6	46.2
愛知県	17		1	1				2		6	3		3	1	12	70.6
三重県	8					2		2	1	1	1	1			4	50.0
東海 計	58	1	2	2	3	6	1	6	5	14	7	4	5	2	35	60.3

滋賀県	2							1					1		1	50.0
京都府	101	20	2	5	8	6	11	10	15	14	3	7			39	38.6
大阪府	60		3	1	4	2	5	7	3	12	18	5			38	63.3
兵庫県	17			1		3	1	2	1	3	2	4			10	58.8
奈良県	22		3	1	3	5	2			4	2	2			8	36.4
和歌山県	13	2			2		1	2	1	1		3	1		6	46.2
近畿 計	215	22	8	8	17	16	20	22	20	34	25	21	2		102	47.4
鳥取県	10						1		3	5			1		9	90.0
島根県	8						1	1	2	2	1		1		6	75.0
岡山県	13					1	2	2	5	1	2				8	61.5
広島県	21	1	1			1	5		4	2	3	2	2		13	61.9
山口県	5							1	1	2	1				4	80.0
中国 計	57	1	1			2	9	4	15	12	7	2	4		40	70.2
徳島県	6	1	1			1				3					3	50.0
香川県	23	2	1			1	3	2	2	6	4	1	1		14	60.9
愛媛県	13					1	2	1	3	3	2	1			9	69.2
高知県	6						2			1	2	1			4	66.7
四国 計	48	3	2			3	7	3	5	13	8	3	1		30	62.5
福岡県	27		1		2	1		4	2	2	8	7			19	70.4
佐賀県	3											3			3	100.0
長崎県	18		1	1	1			1		4	5	2	2	1	13	72.2
熊本県	13	1		2	2		3	1	1	2		1			4	30.8
大分県	10	1	1					2	1		3	2			6	60.0
宮崎県	6		1					3				1		1	1	16.7
鹿児島県	14	1		1	1	3	1	1	1	3		2			6	42.9
九州 計	91	3	4	4	6	4	4	12	5	11	16	18	2	2	52	57.1
沖縄県	104	46	4	11	7	7	8	4	10	6		1			17	16.3
全国 計	854	107	24	39	44	54	63	77	104	136	98	77	25	6	440	51.5

GH 2019年は11月末時点の軒数である。

う」、宿泊施設HPリンク集「旅行と宿のクリップ」の中の「民宿／ゲストハウス」タイプ、GHが多く立地する京都市のGHを紹介する「京都で遊ぼうSTAY」「京都ゲストハウス総合案内所」、沖縄県のGHを紹介する「沖縄ゲストハウス・安宿一覧」などである。なお、京都市については、近年多数のGHが開業されていると思われるが、これらの把握は困難であるため、本書では、上記の媒体でとらえられる範囲の抽出であることを付記しておきたい。

全国のゲストハウス開業実態

2019年11月末時点で開業しているGH軒数を都道府県別開業年別に示したものが表4-1-1である。全国で854軒という結果となった。854軒について都道府県別の軒数をみると、沖縄県が最も多く104軒、次いで京都府が101軒（うち京都市が100軒を占める）である。次いで、北海道74軒、東京都65軒、大阪府60軒などが多い。

開業年別にみると、まず全国では、2009年以降に増加傾向がみられるが、2014年には104軒へと急増し、さらに2015年には最多の136軒、2016年も98軒であるなど、2014年から2016年に最も多く開業されていることがわかる。表4-1-1の右端に2014年以降の開業割合を示しているが、2014年から2019年11月末までの6年弱の間に、全国平均で51.5％（440軒）が開業されており、近年、全国的にGHが増加してきたことがわかる。なお、2019年については、まだGH紹介サイトなどに掲載されておらず、把握できていない宿もあると思われる。

2014年以降の開業割合を地域別にみると、中国が最も高く70.2％、次いで、北陸67.5％、東北66.7％、関東63.3％、四国62.5％、東海60.3％、九州57.1％などであり、これらの地域では全国平均よりも高く、2014年以降の開業が盛んであることがわかる。

一方、甲信は全国平均とほぼ同じ51.1％、北海道と近畿は全国平均よりも低い48.6％と47.4％である。さらに沖縄県は16.3％と最も低い値である。甲信では長野県で、近畿では京都市内で2014年以前からGHが開業されており、北海道でも2014年以前から、「とほ宿」と呼ばれる簡易な宿が存在してきた。また、沖縄県は、2007年以前の開業が46軒（44％）であるなど、国内で最も早くからGHが存在してきた地域である。このように、自然環境を生かした観光地域である北海道や沖縄県、長野県、歴史観光都市である京都市など、観光が盛んな地域では、近年のみならず、以前からGHが存在してきたことがわかる。

4-2　ゲストハウスの開業実態や概要に着目した文献

GHに関する既存の文献を読み解いてみると、主として「ゲストハウスの開業実態や概要に着目した文献」「宿泊者等の交流面に着目した文献」「地域おこし等の地域面に着目した文献」「宿泊室等の空間面に着目した文献」の四つに分けることができる。そこで以下の各節では、この分類にしたがって、既往論文や雑誌記事、書物など各種文献の概要を紹介していきたいと思う。

ゲストハウスの開業経緯、開業実態、概要把握に関する論文等

まずGHに関する論文等は、全体として、現時点では必ずしも多くないが、近年おこなわれつつあるということができる。

GHの開業経緯や開業実態に関する研究として、石川と山村（2014）は、低廉な宿泊施設予約サイト「Hostel World」と、国内の宿泊施設公式HPリンク集サイト「旅行と宿のクリップ」から、「ゲストハウス」「バックパッカーズ」「ホステル」と自称している宿を探り、2012年5月時点で353軒抽出している。これらのうちアンケート調査に回答した100軒のデータをもとに、開業年、経営形態、建物形式、宿泊料金、相部屋および交流スペースの有無などをとらえている。同じ調査をもとに、石川（2014）は、開業動機に関する自由記述回答から、国内におけるGH台頭の社会背景として、訪日外国人増加と宿泊需要の高まり、日本の宿泊施設形態の選択肢の少なさという2点を挙げている。永田（2013）は、京都市内のGHをとらえ、2013年8月時点で81軒存在すること、海外での低廉宿泊施設経験者が2000年以降に京都市内でGHを開業しはじめたことが急増の端緒であることを指摘している。

さらに石川（2018）は、2017年5月時点でも調査をおこない、992軒抽出しており、2012年からの5年間で639軒増加したことになる。そして、これらの

うち、前回と同様のアンケート調査に回答した254軒のデータをもとに、2012年からの変化をとらえ、2015年と2016年に開業が抜きん出て多いこと、株式会社による経営が倍加（29.1％）していること、交流スペースが「カフェ」等の料飲スペースである割合が2倍に上昇（16.4％）したこと、宿泊料金は、2017年では2,500円以上（28.0％）と3,000円以上（24.8％）が多いことなどを指摘している。

一方、松原（2016、2018、2019）は、本章4-1節でも述べたように、石川の研究よりも、より厳密に定義したGHを、2015年8月末時点で581軒（後の2018年8月末時点で追加把握した軒数）、2017年8月末時点で789軒、2018年8月末時点で834軒抽出しており、この3年間で253軒増加したことを示している。いずれにせよ、これらの結果からは、近年のゲストハウスの増加傾向が読み取れる。

大久保ほか（2017）は、長崎県五島列島の4軒のGHを取り上げ、開業準備や建物改修の経緯、寝室や共有室の特徴などを示している。小河と金多（2018）は、京町家のGHへのコンバージョンにかかわるコンサルタント会社や工務店などの関係者利用のメリット、デメリットを分析したうえで課題を整理し、改善策を提案している。

各地のゲストハウスを紹介した書物

各地のGHを取り上げ、立地や宿泊料金、施設・設備、特色など、旅の宿としての概要を紹介している書物がある。風来堂編『全国ゲストハウスガイド』（2017）は、GHとはどのような宿か、宿での過ごし方などを解説したうえで、全国各地のGH352軒の概要を紹介している。昭文社旅行ガイドブック編集部編『ゲストハウスに泊まろう』（2016）は、女子旅に人気の5スポット（鎌倉、沖縄、京都、信州、しまなみ海道）の旅と気になるGH紹介、GHを愛する3人（前田有佳利、松鳥むう、鈴木さや香の各氏）が語るGHの魅力（安宿のイメージとは違い、一人旅でも楽しく、醍醐味は宿泊者同士で仲良くなれることで、ドミトリーでは合宿気分になれるなど）、三つのタイプ別GH案内（和空間系、個性派、地域密着&体験系）、ビギナーのためのGHなんでもQ&Aなどを掲載した後に、各地の選りすぐりのGHを91軒紹介している。アリカ編著『京都ゲストハウス案内』（2013）は、京都市内を五つの地域に分け、マップを添えて95軒を紹介しており、スペースシャワーネットワーク『TOKYO GUEST HOUSE』（2016）は、東京のGH16軒を取り上げ、各宿のさまざまな写真と、運営者への質問と回答（オープンしたきっかけ、ゲストの反応、近くのオススメスポットなど）などを掲載している。

前田有佳利『ゲストハウスガイド100――Japan Hostel & Guesthouse Guide』（2016）は、GH紹介サイト「FootPrints」編集長の前田氏が実際に宿泊したおすすめのGHを100軒取り上げている。宿の特色によって、「アート建築好きにおすすめ」「日本情緒溢れる古民家」「地域の発信拠点となる宿」「交流重視のひとり旅」「個性的なコンセプトのある宿」など12通りに分け、写真と解説で紹介している。ほかにも、GH未体験者向けのチェックインからチェックアウトまでの流れの説明、GHの特徴を説明するコラム、掲載100軒の宿へのアンケート調査結果、東京R不動産代表の吉里裕也氏とのGHの動向に関する対談などが掲載されている。

この本のコラムには、GHの特徴が記されているが、本書の視点に沿って、交流、地域、空間の各側面からとらえてみると、①交流面では、一人旅であっても宿泊者同士がつながりあえるようなサポートやイベントを実施している宿があること、飲食店を併設していて、宿泊しない人や近隣の人などとの交流が生まれる宿があること、②地域面では、地域の魅力を届ける場所として開業するオーナーがいること、簡易な宿であるGHは、近隣の飲食店や銭湯などと相互補完しながら存在していること、GHへの宿泊をきっかけに二拠点居住や地域移住へとつながる人がいること、③空間面では、GHの9割が、民家をはじめとする既存建物を利用しており、自分たちでリノベーションする傾向があること、などである。また、宿のオーナーアンケートからは、オーナーの3分の1がIターン、同じく3分の1がUターンで、30代前半で開業した人が多いこと、宿泊者は20代後半から30代前半が多いことなどがわかる。

さらに、対談からは、2014年くらいからGH物件を探す問い合わせが急増しており、この傾向はしばらく続くであろうが、今後5年くらいの間に多様化がすすむと同時に淘汰も起き、細かく考えてつくられた宿が生き残ることや、パブリック空間（共用スペース）を軸にしつつ宿泊はプライベートに（個室）

という形式が増えるのではないかなどの予測がなされている。

4-3　宿泊者等の交流面に着目した文献

交流面に着目した論文等

宿泊者等の交流面に着目した研究として、下口（2011）は、金沢市に立地する外国人に人気の宿を取り上げ、宿泊者や、宿を訪れた地域の人などが打ち解けやすいように、オーナーが必ず紹介して出会いをうながしていること、外国からの宿泊者が日本人との交流を評価していることなどを述べている。同じく下口（2012）は、日本に GH が登場した経緯、ドミトリーや共用空間の特徴などを紹介したうえで、金沢市内の GH における国内外の宿泊者へのアンケート調査をもとに、GH は、宿泊料金が安いことのほかに、さまざまな人との「出会い」も魅力であることを述べている。

石川（2012）は、長野県の、地域密着型の GH 事例を対象に、宿のイベントおよび地域の人びとの集まりなどの参与観察調査をおこない、GH は、旅行者の宿泊先としてだけでなく、旅行者と地域の人びととの交流や、地域の人びと同士の交流を生み出すなど、地域社会にかかわる多様な人びとの交流の場としての役割も担っていると考察している。松原（2017a）は、古民家 GH の典型 8 事例において、オーナーへの聞き取り調査、宿泊者の行動観察調査およびアンケート調査をおこない、観光地の宿では宿泊機能が主であるが、農山村や町家地域の宿では、多彩な交流がみられ、宿泊者同士はもとより、地元出身オーナーの宿では、地元の人も集い、宿泊者と地域の人との交流もあり、交流時には、旅の話、家族、仕事、人生観などさまざまな会話が交わされていること、これらをとおして「仲良くなれた」「いろいろな考え方と出会えた」ことが評価されていることなどをとらえている。添田と村口（2018）は、GH 宿泊経験者と運営者へのインタビュー調査およびアンケート調査から、自ら「話しかけたい人」が 6 割あり、宿泊者同士の交流が GH に滞在する意義の一つとして評価されていること、交流の発生条件としては、共用スペースに「話しかける人」と「話しかけられたい人」がともに存在し、話しかけやすい状況にあることが必要であると指摘し、同じく村口と添田（2018）は、2 軒の GH に滞在して観察調査をおこない、地域に関する共通の話題提供（飲食店等のマップ）を試みたところ、間接的なコミュニケーションを確認できたことから、会話のきっかけが必要であると指摘している。

こういった交流の状況を心理面からとらえた研究もあり、林と藤原（2015）は、見知らぬ他者との交流を目的とした旅行を「交流型ツーリズム」と名づけ、国内各地のGHにおける参与観察と、オーナー等への聴き取りをもとに考察し、交流型ツーリズムが、自己の発見と統合の過程の繰り返しによって、自己実現をうながす可能性があると述べている。

また、観光面からの研究もあり、片桐ほか（2015）は、東京都内のGH事例でのヒアリング調査とアンケート調査をもとに、非宿泊者と宿泊者の交流をとらえ、地域の生活者が旅行者と接することで、観光客や、観光対象としての地域の価値への意識を高めるなど、GHが、着地型観光のゆるやかな人材育成の場となり得ることを考察している。

これらの研究からは、GHが、宿泊者や地域の人びとの交流の場となっていることが読み取れる。

交流面に着目した雑誌記事

川口（2017-07）は、東京・蔵前に2014年開業の「東京ひかりゲストハウス」を紹介している。バックパッカーで世界各地を旅した夫婦が、海外には多いGH形式の宿を日本にもつくろうと、昭和21年築の木造2階建家屋を改装したこと、宿泊者の8割は外国人観光客で、人が集まる魅力的な宿をめざしていることなどが記されている。

山口（2018-08）は、2010年開業、鎌倉ではじめてのGHである「鎌倉ゲストハウス」を紹介している。国内外のGHを利用し、沖縄のGHで働いたこともある旅好きの夫婦が、秋田杉を使った築40年以上の木造建物（元料亭）と出会い開業に至った。カフェバーを併設しており、宿泊客や近隣住民が利用でき、囲炉裏をはじめとする本格的な日本建築が低コストで体験できるところが魅力とのことである。

金丸（2017-05）は、東京・台東区に2010年開業の「toco.」、2012年開業の「Nui. HOSTEL & BAR LOUNGE」を紹介している。オーストラリアに留学していた若者二人が、宿で出会う年齢も国籍も違う人たちと話すことで価値観が広がっていくような空間を日本にもつくりたいと考え、築90年の古民家を改装してtoco.を開業した。改装を引き受けてくれた大工さんの提案でバーカウンターを設けたところ、宿泊者ばかりでなく地域の人たちの交流や出会いの場にもなり、GHの新しい広がりが生まれたとのことである。2店目がNui.で、「あらゆる境界線を超えて人びとが集える場所」をコンセプトに、6階建てビルの1階がカフェバー、2階以上が宿泊施設となっている。

山口（2017-12）は、福岡市に2017年開業、1階が立ち飲み居酒屋、2～3階がGHの「泊まれる立ち飲み屋」をコンセプトにした「STAND BY ME」を紹介している。経営者は、鎌倉から福岡に移住した実業家で、外国人など異文化と交流する場をつくって若者の活力を高め、地域にも貢献したいとの考えから開業に至ったとのことである。居酒屋は、低価格でありながら福岡の名店の品を揃え、いわば福岡の食の魅力を伝えるセレクトショップとなっている。また、コースターには、「交流歓迎」「静かに飲みたい」の両面があり、「交流歓迎」の場合には、スタッフも客同士をつなげる手伝いをするなど、地域の人と旅人が集う人気の店となっている。

交流面に着目した書物

主として交流面に着目した書物として、松鳥むう『日本てくてくゲストハウスめぐり』（2017）では、松鳥氏が実際に訪れたGHのうち、6軒の詳細（いずれも夫婦で運営）と50軒の概要が漫画によって描き出されている。それぞれの宿を開業するに至った経緯、旅人や地域の人とのつながりを大切にする宿主夫婦の様子、人びとの交流の様子などが視覚的にもよくわかるように描かれている。冒頭の「ゲストハウスって何？」のところでは、国内外の旅人はもちろん、気に入った宿に通うリピーターも多いこと、併設されたカフェに旅人と地元の人が集う宿や、地域への移住希望者が連泊する宿が増えていることなどが記されている。

6軒の宿の概要を紹介すると、まず、三重県亀山市の「旅人宿 石垣屋」では、花火大会の夜、東海道関宿の古民家を利用した宿に大勢の宿泊者が集い、宿泊者である「旅する料理人」による料理を味わい、花火を楽しみ、初対面とは思えないほど打ち解けて交流する様子が描かれ、香川県高松市の「ちょっとこま」では、レトロな雑貨や古道具が置かれた古民家宿に泊まった6人の女性が、話のきっかけをつくってくれる宿主のおかげで仲良くなり、翌朝には、みんなで地域の市場で朝食の後、地域のカフェで地元の人たちとも交流、そして1年後に宿で再会するなど、つながりが生まれる様子が描かれている。また、熊本県天草市の「天草西海岸 Backpackers 風来望」では、宿主が釣った魚で旅人等がまるで大家族のように食事する様子、地元の常連さんたちの集いの様子、ドライブに出かけて地域の人のお茶に加えてもらう様子などが描かれ、北海道喜茂別町の「雪月花廊」では、宿主家族の住まいでもある廃校した小学校が、カフェレストラン、ライダーハウス、旧小学校の資料館として使われ、地域の人や旅人が集う空間となっていること、鹿児島市桜島の「ムーン ガラムマサラ」では、カフェを兼ねる食事スペースで、沖縄出身宿主の三線ライブや女将手作りの夕食朝食などを楽しむことができ、ゆっくりとした時間が流れていく様子、いつでも誰でもウェルカムな宿主夫婦のもとに、旅人や近所の人などさまざまな人が集う様子が描かれている。さらに、愛知県南知多町の「南知多ゲストハウスほどほど」では、宿主、宿泊者、近所の人などによる「もちより晩御飯」でのにぎやかな食事の様子や、地域への移住者が開いている食堂での食事の様子に加えて、この宿がさまざまなイベントをおこなっていることにも触れ、イベントの一つである自然農の田植え、稲刈り、脱穀などへの参加の様子なども描かれている。

そして6軒目の最後には、「ゲストハウスという場所は　人と人とを繋いでいく場所なんだと思う　だから　私は人に出逢いに　ゲストハウスに行くのです」という言葉が記されている。

4-4　地域おこし等の地域面に着目した文献

地域面に着目した論文等

地域面に着目した研究として、澤田と岡（2012）は、関西4都市に立地する31軒の経営者へのアンケート調査と、リビングルームの特徴が異なる5軒の事例での観察調査から、経営者は、まちづくりに関心を持った人や実際に活動している人が多いこと、リビングルームの特徴によって交流の度合いに違いはあるものの、地域情報の提供や、地域外の人と地域の人との交流、周辺施設の利用客増など、GHの開業が、まちを活性化する効果を持ち、住民からも期待されていることを指摘している。小林と森永（2015）は、併設施設有り、またはイベント開催の場合を「地域に開かれたゲストハウス」と定義し、典型4事例を選定してヒアリング調査をおこない、GHは、併設施設やイベント開催によって、宿泊者や地域の人など多様な人びとに開かれ地域文化を体感できる「まちの宿」としての役割を持っていると考察している。長田ほか（2015）は、各地の11事例へのヒアリング調査と観察調査から、素泊まり・シャワーのみといった宿の形式が、結果として周辺店舗との連携を生むこと、イベントをとおして、宿泊者と住民だけでなく住民同士でも交流を深める場となっていること、住民と宿泊者の日常的な交流が生まれ、街を再訪するきっかけとなっていることなどから、GHは、地域に依存することで機能を満たしていると考察している。関川（2017）は、伝統的町並みが残る奈良市ならまちにある5軒を紹介し、GHは、飲食分離やイベントなどによって、通常のホテルよりも地域との結びつきが強く、地域再生効果が高いことを考察している。

川那辺と森永（2018）は、地域資源が乏しいと思われる地域に存在するGHの中から、「地域資源を顕在化するGH」と名づけた3軒を抽出し、現地調査をおこない、地域の人にも開かれた場を設けること、地域の人や店を宿主が積極的に紹介すること、地域の人のよさや暮らしを発信することなどにより、地域の魅力が顕在化され、宿泊者の再訪や移住といった効果をもたらしていると指摘している。

須谷と弥田（2015）は、商店街を中心とした既存市街地に立地する事例を取り上げ、宿泊者の外出行動回数や訪問箇所数の分析により、宿で得た情報をもとに、宿が帰属する町内の物販、飲食、銭湯への訪問や、市民でにぎわう商店街や個性的な店舗などへの訪問が多いことを示し、GHがこれらへの訪問をうながす役割を果たしていると指摘している。荒川ほか（2018）は、アーケードを有する商店街のメインストリートに面した9事例を取り上げ、観察や実測調査、店主へのヒアリング調査をおこない、宿の内外で地域住民と宿泊者の交流を積極的に導入しているGHが多く、飲食店などの併用施設を設けた宿では、地域との交流が併用施設を通じて活発化しており、GH および商店街を中心とした新たな近隣交流・近隣ツーリズムが生まれていると指摘している。荒川ほか（2017）でも、商店街に立地する3軒を対象として、店主へのヒアリングと、宿泊客などの動線観察および室配置の調査をおこない、共用空間および宿泊空間の特性によって宿泊者の滞在場所は異なるが、いずれの GH も食材の仕入れや飲食店の紹介というような商店街との連携がみられることを指摘している。

また、村上（2018）は、観光学の視点から、近年の訪日観光の増加に着目して、GH の初期の起業者は、海外の GH からヒントを得ていたが、現在では「日本化」がすすんでいること、GH の既存観光地への普及の影響としては、一泊二食付旅館が囲い込むことで疲弊した街区（例えば温泉街）の機能の復元が考えられると考察している。

これらの研究からは、GH の開業が地域の活性化に何らかの形で寄与していることが読み取れる。

地域面に着目した雑誌記事

金丸（2016-11b）は、まずは GH の特徴を整理し、空き家対策、インバウンド、新たな地域づくり、若者定住、地域の普通の町並みや自然景観を旅する観光など、GH は多面的な視点でも脚光を浴びはじめていると指摘したうえで、前田有佳利氏が主宰する GH 紹介サイト「FootPrints」、同氏が事務局としてかかわる「R 不動産」、同氏の著書『ゲストハウスガイド 100』などを紹介している。そして、前田氏推薦の宿として、千葉県佐倉市で2015年に開業された「おもてなしラボ」に言及し、U ターンして地域活動をしていた現オーナーが、3階建て150坪ほどある建物の店舗運営の相談を市から受け、ワーキングスペース＋シェアオフィス、GH、レンタルスペースとして開業したところ、いずれも好評で、宿泊者や地域の人びとに活用されていること、また、長野県下諏訪町に、元旅館を利用して2014年に開業された「マスヤゲストハウス」では、宿泊者が近隣の飲食店や銭湯などを利用したり、近所の人たちが GH に来たりしてにぎわっていることを紹介している。金丸（2016-1, 2016-11a）でも同様に、前田氏の活動を紹介している。

渡邊（2015-06）は、2009年に自らが開業した「ゲストハウス品川」を紹介している。学生時代のバックパック旅行、中国留学などをとおして、個人個人がつながって互いの価値観を話し合うことで真の交流ができると考えるに至った渡邉氏が、海外勤務、ホームステイ、旧東海道品川宿まちづくり協議会のボランティアなどを経験する中で、まちづくり協議会の協力を得て廃業する旅館を借り、GHを開業するに至ったとのことである。地域の仲間とともに話し合い「地域融合型の宿」というコンセプトをつくり、地域のお祭りツアーや旅のビアガーデン実施、地域情報を網羅したマップや新聞作成などを実践している。

市来（2019-01）は、著者自身がかかわる静岡県熱海市の熱海銀座通りの再生と、再生に寄与した2015年開業の「guest house MARUYA」を紹介している。宿では、「泊まると熱海がくせになる」をキャッチコピーにして、宿を拠点に地域の温泉や飲食店に出向き、街を楽しみ、街のファンになってもらえるような仕掛けを用意していること、都会に暮らしながら、もう一つの日常を感じることができる「二拠点居住の入り口となるゲストハウス」づくりを実現してきている手ごたえがあること、空き店舗も1店舗に減り、飲食店も増え、若い人や外国人が歩く街へと変わったこと、地元の人もよそ者も境目がないようなコミュニティが生まれはじめていることなどが記されている。

山口（2018-07）は、東京・豊島区の商店街にある2016年開業の「シーナと一平」を紹介している。都内で唯一、消滅可能性都市にリストアップされた豊島区は、持続発展都市に変えようと、空き家などを利用したリノベーションによるまちづくりをすすめていたところ、元とんかつ店オーナーから建物の提供があり、現運営者がこれを借り受け、GHを開業するに至ったとのことである。「東京の普通の日常」を体験してもらい、旅人と地元の人びとの交流をうながし、異なる世代が交わるなどしてまちを活性化することをねらいとしている。1階にはミシンが自由に使えるミシンカフェがあり、ワークショップ開催、週末夜の居酒屋営業など、地元の人びと、そして宿泊客の交歓の場となっていることも記されている。

土岐（2016-12）は、高松塚古墳やキトラ古墳で知られる奈良県明日香村での、地域を挙げてのGHづくりを紹介している。飛鳥村には年間80万人もの観光客が訪れるが、宿泊者は2%ほどである中、明日香村商工会を中心にGH

運営会社を設立し、観光客同士や観光客と住民との交流、若者や外国人に明日香村を満喫してもらうことをねらいに、築150年の古民家を利用した「ASUKA GUEST HOUSE」を2015年に開業した。また、クラウドファンディングの利用によって、建物改装などの資金調達とともに、ネット掲載やマスメディアによる紹介などによって広くPRすることができ、利用者は着実に増え、新たな層の開拓に成功したとのことである。下田正寿（2015）は、このクラウドファンディング活用事業を詳述したものである。

山口（2015-06）は、富山県高岡市において、空き家問題に総合的に対応する体制として構築された「高岡空き家活用推進会議」の活動を紹介している。その事業例が、昭和13年築の伝統的町家を耐震改修して「地域に開けた場」「町家体験の場」として再生された「ほんまちの家」（2014年開業）である。地域の自治会の集まりや婦人会などの食事会などに利用されるとともに、移住希望者や観光客の宿泊利用も徐々に広がっているとのことである。

牧野（2018-11）は、地元長野県の学生団体に所属して地域の魅力を再発見するイベントの企画・運営をおこなっている牧野氏が、下諏訪町にある「マスヤゲストハウス」に宿泊してインタビュー調査をおこない、地域の人からは、GHができてから、若い人が町を歩いていたり、移住する人もいたりして、町にとってよい流れをつくってくれているという声があることや、GH訪問者が地域の魅力を他の場所で語ることで新たに人が訪れるという流れができていることなどを記している。

地域面に着目した書物

真野洋介、片岡八重子編著『まちのゲストハウス考』（2017）では、GHが多くの人びとのつながりの中で、まちと深くかかわりながら生み出され運営されている様子が、具体的な事例をとおして生き生きと語られている。以下で、少し詳しく紹介しておきたい。

まず冒頭には、片岡八重子「ゲストハウスが始まるまち」が収められている。東京で建築設計に携わっていた片岡氏が、地域の人たちとのかかわりのなかで建築をつくりたいと思い、縁のあった岡山への移住を決意したこと、そして広島県尾道市の「尾道空き家再生プロジェクト」に出会い、活動に加わり、みんなで力を合わせてGH「あなごのねどこ」を実現するに至ったこと、こういった実績から、各地の空き家再生についての相談が持ち込まれるようになり、再生・活用してほしい人としたい人とを結びつける中で、まちとかかわるGH創出に寄与することになったこと、その事例が「たみ」「とりいくぐる」であることなどが語られる。そして、この本で取り上げるGHは、移住の窓口的な役割、地域と旅行者をつなぐ媒介者、地域コミュニティを支える担い手など、宿業をはるかに超えた存在であると述べられている。

次いで9軒のGH事例が収められている。豊田雅子「あなごのねどこ」では、豊田氏が、Uターンして「尾道空き家再生プロジェクト」を立ち上げ、尾道商店街の一等地にある大型町屋を再生したGHとカフェを生み出すに至った経緯が語られる。旅人は、宿を起点に、尾道のまち全体を回遊して、まちの住民になったような楽しみを味わうことができ、まちを気に入った旅人が、リピーターになり、やがてまちに住みつくというような流れが生み出されるなど、この宿が、尾道に入り込む最初の一歩となっていることが述べられている。

明石健治「とりいくぐる」では、岡山駅近くの商店街にある、入り口に鳥居のある大きな空き家を活用するプロジェクトが立ち上がり、GHと五つのアトリエへの再生にこぎつけ、明石氏が運営者となったこと、宿泊者には移住希望者が多いことから、GHが、まちの様子を探ったり家を探したりする際のベースキャンプ地となり得ることなどが述べられている。

蛇谷りえ「たみ・Y Pub&Hostel」では、蛇谷氏が島根県湯梨浜町松崎の元国鉄寮に出会い、多くの人の支援を受けながら、GH、カフェ、シェアハウスからなる「たみ」を開業するに至り、やがてシェアハウスを退去した人が地域に住みはじめるなどして、まちとのつながりが一層深くなっていったことなどが述べられている。

加納亮介「ほんまちの家」では、加納氏が富山県高岡市のまちっこプロジェクトに出会い、メンバーとともにGHを立ち上げ、Iターンして管理人となるに至ったこと、さまざまな人が気軽に遊びに来れるような機会を設けるなかで宿のサポーターのような存在が周りにできてきており、宿泊者の輪、まちに住む人の輪がつながる、みんなの「ほんまちの家」をめざしていきたいことなどが述べられている。

井筒もめ「あわくら温泉 元湯」では、閉鎖されていた岡山県西粟倉村の日帰り温泉兼宿をIターンした井筒夫妻が、GH・日帰り温泉、カフェ&レストランとして復活させたこと、子ども連れ家族が滞在しやすいGH、地域の森林資源を活かした薪ボイラーによる温泉、老若男女が集える食の場などを特色としており、村への多くの視察者（粟倉村は木材加工業等の起業で注目されている）の宿泊所としても活用されていることが記されている。

飯室織絵「1166バックパッカーズ」では、飯室氏が、長野市の善光寺門前で空き家をみつけGHを開業するに至ったこと、宿の「朝の門前案内」（近隣の喫茶店、蔵のギャラリー、酒造などを巡る）、月に一度の「みんなで朝ごはん」（近所の人や旅人が一品持ち寄って交流する）などをとおして、移住を決意する旅人もあらわれていることなどが記されており、これからも、まちと旅人とをつなぐパイプ役でありたいとのことである。

森岡咲子「SAMMIE' S」では、福井には戻らないと決意していた森岡氏が、やがて福井の人の魅力や暮らしの魅力に気づき、Iターンして、暮らすように旅のできる宿を開業するに至ったこと、地元の飲食店や雑貨店等と共存しながら、「福井の情報のセレクトショップ」「まちの編集者」としての役割を果たしながら、このエリアの価値を高めていきたいことなどが述べられている。

武田昌大「シェアビレッジ」では、故郷秋田の人口減少、高齢化による農業衰退を目のあたりにした武田氏が、「村民がいるから村がある」という考えのもと、古民家を村に見立てて再生していく事業を立ち上げたこと、年会費を収めれば村民になることができ、村民が都市部での飲み会で仲良くなって村に遊びに来たりするなかで、移住者が続々増えていることなどが記されている。

田中惇敏「架け橋」では、東日本大震災の後、田中氏は気仙沼市でボランティア活動をおこない、多くの学生ボランティアのサポートも買って出て彼らの寝泊まりの場として空き家を利用したGHを立ち上げたこと、まちの人のニーズを集めるためにこの宿の1階を地域の人と宿泊者が話せる場としたこと、学生のなかから移住者もあらわれたことなどが記されている。

これら9軒の宿の他に、西村裕子氏による「ゲストハウスプレス」（GHの魅力を伝えるフリーペーパーとSNS等により構成されるメディア）の紹介も収められている。

そして最後の、真野洋介「暮らしをつなぐ小さな宿」では、9軒の宿の実践を踏まえながら、地域面からみたGHの今日的存在意義が論じられている。論旨は概ね以下のようにまとめることができよう。この書物で取り上げているGHは、地方の独立した圏域に位置する宿である。今日、各地の旧市街地は、空洞化など負のイメージで語られ尽くしているが、こうした固定観念を捨てて、新たな場所につくり変える動きが各地で起こっており、その最前線の一つが本書で取り上げたGHの開業と運営である。まずは地域にパイオニアが移住し、そのまわりに共感する人びとが集まり、人びとの協力によって地域の拠点となるGHのような場が生み出され、さらに、その土地の魅力に気づいた新たな移住者が新たな動きをはじめるといった流れが生み出されている。それぞれの地域には、近隣の生活環境や商店街組織など、目に見えない社会関係資本があり、地域を持続させる原動力となっていたが、それらの力が弱まり、ゆるやかに解体しはじめる地域が多い状況下で、そうした見えない価値を再び組み立て、まちの文脈や空き家などの環境を再構築しようとする動きが、GHの運営を含む一連の価値形成ムーブメントであることなどが述べられている。そして「こうしたまちのローカリティを再び組み立てていくことこそが、ゲストハウスが生まれたまちのもう一つの未来を照らし出すのではないか。」という言葉で締めくくられている。

4-5　宿泊室等の空間面に着目した文献

空間面に着目した論文等

建物の改修や、宿泊室・共用室といった空間面に着目した研究も近年おこなわれつつある。

大野と山本（2018）は、関東地方の農村地域において、移住者が空き家をGHに転用した4事例を取り上げ、ヒアリング調査と建物の実測調査をおこない、開業者は、移住前から、移住先との地縁関係を形成する中で空き家を紹介されており、改修工事にあたっては、地域内外の大工等技術者の指導を受け、SNS等で人手を集めるなどして、既存農家の空間構成を生かしたDIYによる改修をおこない、少ない費用と、比較的短い準備期間で開業を実現している実態を示している。

氏川ほか（2017）は、共用空間に着目して、札幌市内の四つのGHを対象に、運営者と宿泊者へのヒアリング調査および参与観察調査をおこない、宿泊者のGHに対する印象は、「運営者の働きかけ」と「GHの（共用空間の）物理的環境」とに関係しており、共用空間にキッチンがあることやテーブルを共有するといった物理的環境が、宿泊者同士の交流をうながしていると指摘している。

上村と柴田（2018）は、GH内の共有スペースの「入りやすさ」「コミュニケーションのとりやすさ」と空間構成との関係に着目して、GHの共有空間15事例の前空間と内空間の写真を被験者に提示し、評価グリッド法によるアンケート調査と写真評価アンケート調査をおこない、明るさ、広さ、椅子の配置、雑貨の量、境界部の壁（遮るもの）などの要素、あるいはそれらの組み合わせが空間評価に寄与していることを示している。

これらの研究からは、GHが地域内外の多くの人の手で改修されていること、共用空間の空間的特質が利用者の評価や交流の有無に影響していることが読み取れる。

空間面に着目した雑誌記事

玉井（2017-06）は、古民家利用に着目して、大阪市内にある2軒のGHを紹介している。まず「ゲストハウス緑家」は、築80年の洗張屋の住居を利用して2015年に開業された宿で、土間のある共用スペース、客室の襖・障子・床の間・欄間・梁など木造建築の特徴を生かしたしつらいとなっており、宿泊者は、日本の木造建築の心地よさ、ホームステイのようなオーナーのもてなしなどを高く評価しているとのことである。また、「ゲストハウスおどり」は、築70年の民家を利用して2012年に開業された宿で、門から玄関までのアプローチ、2か所ある坪庭など、庭づくりに力を入れており、各部屋から庭が見えるよう空間をしつらえていることが特徴で、宿泊者は、日本家屋の雰囲気のよさ、スタッフの対応などを高く評価しているとのことである。そして、古民家GHは、木造建築が持つ特徴を生かし、ホームステイをしているかのような人と人とのコミュニケーションに重きを置いた「おもてなし」をしていることがわかったと述べている。

佐藤（2019-10）は、既存のオフィスビルのコンバージョンによるGHの開業が、事業決定から開業までの期間の削減と初期投資の抑制を可能とするとともに、建築物の継続利用によって環境負荷の低減にも貢献できることを述べ、2軒のGHを紹介している。築34年のRC造「GRIDS秋葉原」では、前所有者がリノベーションしており、再利用可能な要素が多くあったが、簡易宿所へ用途変更するうえで必要な設備の改修や新設をおこない、ドミトリー室を中心に個室も設けたこと、築24年のRC造「GRIDS日本橋イースト」では、再利用できるものはほとんどなく、ほぼスケルトン状態からの施工となったことなどが記されている。

4-6 自然系ゲストハウスの特徴と存在意義——暮らし方への着目

関連文献からみたゲストハウスの特徴と存在意義

本章4-2節以降でみてきたように、GHに関する各種文献からは、GHの交流面、地域面、空間面に関して、以下のような特徴をとらえることができた。

交流面では、GHを訪れる人は、交流を望んでいる人が多く、交流を評価していること、共用空間や併設の飲食スペースなどで、宿泊者同士、宿泊者と地域の人、地域の人同士など、さまざまな人びとが交流し、つながりが生まれていること、そして、宿主やスタッフが、交流をうながすような何らかの働きかけをしていることなどが読み取れた。

地域面では、GHは、地域振興に関心のある人が開業している場合が多く、素泊まり・シャワーといった簡易な宿の形式が、飲食や銭湯利用などをとおして周辺店舗とのかかわりを生み、宿もそういった地域との連携をうながすしくみ（地域マップなど）をつくっていること、また、宿が地域の人びとの集いの場ともなっていることから、宿泊者が地域の人と接し、地域の魅力に気づいて、やがて、二拠点居住や移住につながる場合があるなど、地域活性化に寄与している様子が読み取れた。

空間面では、GHは、既存建物を利用する場合が多く、環境負荷の低減や住文化の継承にもつながること、宿主や地域の人びとが協力して改修をおこなうことによって交流が生まれること、共用空間の形態と宿泊者の交流の様子には関連があることなどが読み取れた。

このように、GHは、交流面、地域面、空間面からみて、簡易な宿を超えた意義深い存在であるということができる。

本書の視点――暮らし方からみた自然系ゲストハウスの存在意義

GHに関する文献は、GHの交流面、地域面、空間面からみた特徴と存在意義をとらえたものが主であるが、これらに加えて、本書では、これまでの研究ではほとんど取り上げられてこなかった「暮らし方」の視点から、GHのうちの「自然系GH」に着目して、その特徴や存在意義をとらえることをねらいとしている。本書第3章までで述べてきたような、スロー、ミニマル、ローカルな脱消費の「暮らし方」への転換に寄与する存在ではないかという視点からの考察である。

自然系GHが「暮らし方」の転換に寄与すると考えられる理由を挙げてみると、まず一つ目は、自然系GHを含むGHでは、食事や寝具の準備といったサービスを受けず、自らおこなう方式が主であるため、宿泊者は、「暮らすように泊まる」という疑似生活体験をすることになる点である。疑似生活体験をとおして、各宿が提供する暮らしの器（建物）や暮らし方の特徴が、宿泊者、とりわけ若者の、暮らし方や暮らしの価値観に何らかの影響を及ぼすのではないかという予測が成り立つと考える。

二つ目は、GHには、各地に残る農家や町家などの古民家を利用する事例（自然系GHに含まれる）があるが、古民家を利用したGHに宿泊して、食事やくつろぎ、就寝などの生活をおこなうことは、日本の伝統的な住文化や生活文化の一端を体験し、農山村の暮らしや、宿場町など町家地域の暮らしに触れることにもなると考えられ、それらの再評価につながる可能性があると推察される点である。こういった視点から、松原（2017b）では、古民家利用のGHにおける宿泊者205人を対象として、暮らし方の観点から、宿泊者の特徴、宿泊後の評価、古民家や周辺地域への意識、価値観の変化などをとらえ、古民家GHは、宿泊者の意識や価値観に影響を与え、現代的な暮らし方や生き方の見直し、昔ながらのそれらの再認識、再評価をうながすといった特質を有していることを考察している。

三つ目は、自然系GHにおいては、スロー、ミニマル、ローカルな脱消費の「暮らし方」に関する多彩なイベントや体験プログラムが実施されており、これらのイベント等が、参加した人びとの実際の暮らし方や暮らしに関する価値観に影響を与える可能性がある点である。松原（2018）では、GH一般におけるイベントや体験プログラムそのものに着目して、それらが全国のGHにおいてどの程度実施されているか、どのような内容が実施されているかをとらえ、さらに松原（2019）では、「暮らし方」を分類したうえで、それらの具体的内容をとらえており、この研究からは、各地のGHにおいて、日本の伝統的な生活文化、自然環境、農業や漁業、地域の魅力などの再発見につながるようなイベントや体験プログラムがおこなわれていることが把握できた。さらに、松原（2020）では、自然系GHのイベントおよび体験プログラム参加者にアンケート調査をおこない、これらのイベント等が、参加者の意識や価値観の変化をうながしていることをとらえている。

文献

論文・口頭発表

荒川雅彦, 水谷晃啓, 勝野幸司 2017：商店街空き店舗を活用したゲストハウスの計画手法に関する基礎的研究, 日本建築学会大会学術講演梗概集（中国）, 379-380.

荒川雅彦, 水谷晃啓, 勝野幸司 2018：商店街空き店舗を活用したゲストハウスが生む近隣交流に関する研究, 日本建築学会東海支部研究報告集（56）, 525-528.

石川美澄 2012：地域社会における小規模宿泊施設の役割に関する一考察――長野市善光寺門前のゲストハウスのイベントを事例として, 生活學論叢（20）, 95-102.

石川美澄 2014：国内におけるゲストハウス台頭の社会背景に関する考察――質問紙調査を基に, 日本国際観光学会論文集（21）, 99-104.

石川美澄 2018：国内におけるゲストハウスの特徴の変化に関する一考察――2012年と2017年に実施した質問紙調査の比較, 都市計画報告集 17, 64-70.

石川美澄, 山村高淑 2014：国内における宿泊施設型ゲストハウスの経営と利用の実態に関する研究, 都市計画論文集 49（2）, 140-145.

上村佳子, 柴田晃宏 2018：ゲストハウスの共有スペースにおける空間構成要素から見た入りやすさとコミュニケーションの取りやすさに関する研究，日本建築学会九州支部研究報告（57），61-64.

氏川拓郎，森傑，野村理恵 2017：ゲストハウスの滞在者の行動と共用空間のあり方との関係に関する基礎的考察，日本建築学会大会学術講演梗概集（中国），575-576.

大久美保，徳田光弘，木村愛莉 2017：宿泊施設におけるゲストハウスの計画的特徴──長崎県五島列島を事例として，日本建築学会九州支部研究報告（56），189-192.

大野銀河，山本幸子 2018：農山村地域における移住者主体による空き家を転用したゲストハウスの改修内容・手法と経営形態，日本建築学会技術報告集 24（56），409-413.

小河健児，金多隆 2018：京町家のゲストハウスへのコンバージョンの現状と課題，日本建築学会大会学術講演梗概集（東北），257-258.

片桐由希子，梶山桃子，東秀紀 2015：都市部の簡易宿所型ゲストハウスにおける交流機能に関する研究，観光科学研究（8），61-69.

川那辺大樹，森永良丙 2018：地域資源を顕在化するゲストハウスに関する研究，日本建築学会大会学術講演梗概集（東北），101-102.

小林祐太，森永良丙 2015：地域に開かれた宿泊型ゲストハウスの実態と可能性に関する研究，日本建築学会大会学術講演梗概集（関東），191-192.

澤田彩希，岡絵理子 2012：都市型短期滞在型ゲストハウスの地域まちづくりへの可能性に関する研究──関西 4 市のゲストハウスを事例に，都市計画学会関西支部研究発表会 2012, 1-4.

下口治美 2011：外国人に人気の宿──金沢ゲストハウス「ポンギー」の魅力，金城紀要（35），119-129.

下口治美 2012：日本のゲストハウス──宿泊スタイルの多様化，金城紀要（36），95-104

須谷悠希，弥田俊男 2015：ゲストハウス宿泊者の外出行動圏域に関する研究，日本建築学会中国支部研究報告集（38），857-860.

須藤廣 2008：消費社会のバックパッカー──日本人バックパッカーの歴史と現状，北九州市立大学文学部紀要（人間関係学科）15, 47-66.

関川卓司 2017：新しい宿泊形態（ゲストハウス・民泊）の出現による町家地域の再生の可能性──奈良市ならまち・京終地域の事例を中心に，創造都市研究 e 12（1），9-29.

添田昌志，村口香穂里 2018：ゲストハウス宿泊者の共用スペースにおける交流に関する研究（その 1）──交流に対する宿泊者の意識と発生条件，日本建築学会大会学術講演梗概集（東北），175-176.

永田匠 2013：簡易宿所型ゲストハウスの立地展開――京都市を事例に，人文地理学会大会研究発表要旨 2013, 86-87.

長田浩幸，横山俊祐，徳尾野徹 2015：宿泊施設型ゲストハウスと地域との連関に関する研究，日本建築学会大会学術講演梗概集（関東），911-912.

林幸史，藤原武弘 2015：旅行者が交差する場としてのゲストハウス――交流型ツーリズムの社会心理学的研究，関西学院大学社会学部紀要（120），79-87.

松原小夜子 2016：都道府県別にみた宿泊型ゲストハウスの開業実態，椙山女学園大学研究論集 自然科学篇（47），95-107.

松原小夜子 2017a：古民家ゲストハウスにおける宿泊者の行動と会話内容――人々の交流状況に着目して，椙山女学園大学研究論集 自然科学篇（48），159-180.

松原小夜子 2017b：暮らし方に着目した古民家ゲストハウス宿泊者の意識と価値観，人間と生活環境 24（2），47-59.

松原小夜子 2018：宿泊型ゲストハウスにおけるイベントおよび体験プログラムの実施状況，椙山女学園大学研究論集 自然科学篇（49），95-107.

松原小夜子 2019：宿泊型ゲストハウスにおける暮らし方関連イベントおよび体験プログラムの実施状況，椙山女学園大学研究論集 自然科学篇（50），73-90．

松原小夜子 2020：宿泊型ゲストハウスにおける暮らし方関連イベントおよび体験プログラム参加者の意識と価値観，椙山女学園大学研究論集 自然科学篇（51），65-78．

村上和夫 2018：訪日観光者の増加による観光地の革新についての研究――大衆，廉価，共有，地域連携などを軸とする Architectural Innovation, 立教大学観光学部紀要（20），4-8.

村口香穂里，添田昌志 2018：ゲストハウス宿泊者の共用スペースにおける交流に関する研究（その 2）――交流の発生状況に関する観察調査，日本建築学会学術講演梗概集（東北），177-178.

雑誌記事

市来広一郎 2019-01：まちに集えば ゲストハウスが変える街の風景，新都市 73（1），118-123.

金丸弘美 2016-01：金丸弘美の田舎力 地域力創造（VOL. 071）内外で今、注目が集まるゲストハウスと宿泊サイト，社会民主（728），36-38.

金丸弘美 2016-11a：金丸弘美の田舎力 地域力創造（VOL. 081）ゲストハウスから広がる新しい旅の形、新しい地域振興，社会民主（738），36-38.

金丸弘美 2016-11b：新・地域力と地域創造（19）各地に広がる宿泊施設ゲストハウス——全国で 600 軒以上、若者に人気 , 地方行政（10681）, 8-13.

金丸弘美 2017-05：新・地域力と地域創造（23）外国人旅行者増で追い風、ゲストハウス——空港からアクセス良好、東京都台東区「Nui.」「toco.」, 地方行政（10720）, 10-13.

川口和正 2017-07：Work Goes On! リスタートの人生（第 59 回）旅好きの夫婦が始めたアットホームなゲストハウス——東京ひかりゲストハウス 兼岩勲さん & 兼岩夕美子さん , 企業診断 64（7）, 44-47.

佐藤恒一 2018-10：サンケイビルのゲストハウス型ホテルに関する取組み（特集 2020 年以降のオフィス市場の変化に対応したコンバージョンの新たな潮流）, BELCA news 30（165）, 37-41.

下田正寿 2015-04：クラウドファンディング活用事業「明日香村古民家活用おもてなしファンド」——日本国誕生の地で初めてのゲストハウス（特集 2 クラウドファンディングを活用した官民連携まちづくり）, 新都市 69（4）, 49-53.

玉井明子 2017-06：インバウンドに伴う“おもてなし”の場としての古民家ゲストハウスの可能性 , 都市と公共交通（41）, 51-60.

土岐博文 2016-12：西日本レポート“交流”促進で滞在型観光に貢献！古民家を活用したゲストハウスの挑戦——奈良県明日香村・「ASUKA GUEST HOUSE」の取り組み , IRC monthly , Iyogin Regional Economy Research Center monthly report, 調査月報（342）, 36-39.

牧野優紀 2018-11：若者の風景（9）古民家ゲストハウスでまちづくり , コミュニテイ = The community（161）, 76-79.

山口孝芳 2015-06：プロ集団で取り組む—— 高岡空き家活用推進協議会（特集 空き家をチャンスに変える）, 建築士 vol.64（753）, 28-29.

山口芳生 2017-12：Oh! 宿を見に行く（第 8 回）「泊まれる立ち飲み屋」をコンセプトにした「STAND BY ME」, 月刊ホテル旅館 54（12）, 116-119.

山口芳生 , 2018-07：Oh! 宿を見に行く（第 15 回）東京の住宅地でまちの活性化に挑む「シーナと一平」, 月刊ホテル旅館 55（7）, 134-137.

山口芳生 2018-08：Oh! 宿を見に行く（第 16 回）土地に根差す覚悟で家族ぐるみで運営「鎌倉ゲストハウス」, 月刊ホテル旅館 55（8）, 122-125.

渡邊崇志 2015-06：地域融合型ゲストハウスの展開——宿場ジャパンプロジェクト（特集 1 観光客急増と日本社会）, 都市問題 106（6）, 22-29.

書物

アリカ編著『京都ゲストハウス案内』光村推古書院 , 2013.

昭文社旅行ガイドブック編集部『ゲストハウスに泊まろう――日本を旅する新しいカタチ』昭文社 , 2016.
スペースシャワーネットワーク『TOKYO GUEST HOUSE（ぴあ MOOK)』ぴあ , 2016.
風来堂編『全国ゲストハウスガイド（ブルーガイド）』実業之日本社 , 2017.
前田有佳利『ゲストハウスガイド 100―― Japan Hostel & Guesthouse Guide』ワニブックス , 2016.
松鳥むう『日本てくてくゲストハウスめぐり（地球の歩き方コミックエッセイ）』ダイヤモンド・ビッグ社 , 2017.
真野洋介 , 片岡八重子編著 , 明石健治 , 飯室織絵 , 井筒もめ , 加納亮介 , 蛇谷りえ , 武田昌大 , 田中惇敏 , 豊田雅子 , 西村祐子 , 森岡咲子『まちのゲストハウス考』学芸出版社 , 2017.

第5章　自然系ゲストハウスにおける多彩な暮らし方関連イベント等の展開

本章では、ゲストハウスの中の「自然系ゲストハウス」に焦点をあて、その定義を述べ、開業軒数をとらえたうえで、自然系ゲストハウスにおいて、スロー、ミニマル、ローカルな脱消費の「暮らし方」、そして昔の日本の「暮らし方」に関連するイベントや体験プログラムがどのように実施されているかをとらえてみたいと思う。なお、本章で取り上げるゲストハウス軒数、自然系ゲストハウス軒数、イベントおよび体験プログラムの種類数と内容などは、2019年11月末までの時点で把握できた情報等にもとづいて示したものである。

なお以下の文中では、ゲストハウスをGHと略記することとする。

5-1　自然系ゲストハウスの抽出

本書では、自然系GHを、「自然系の暮らし創出につながるようなイベントあるいは体験プログラム（以下ではイベント等と略記する）を実施しているGH、あるいは古民家を利用しているGH」と定義している。また、古民家の定義は、「日本の伝統的な建築様式を有しているもので、昭和25年以前に建築された建物」としている。これは、昭和25年11月に、建築基準法が施行されていることから、それ以降の建物は、近代的な工法の影響を受けている可能性があると考えたためである。

まず、全国のGHのうち、自然系GHにあてはまる宿の軒数を、都道府県別および地域別に示したものが表5-1-1である。なお、東京都と京都府（1軒を除き京都市）は特異な傾向を示すので、関東や近畿に含めず、独立させて示している。この表からは、全国のGH854軒中305軒（35.7%）が自然系GHに該当しており、全国各地に存在していることがわかる。地域により自然系GHの割合には違いがあり、5割以上の地域は、多い順に、京都府、東北、中国、北陸である。

表 5-1-1　都道府県別にみた自然系ゲストハウス軒数と暮らし方関連イベント等実施状況

（単位：軒）

	GH	自然系GH	自然系GH（%）	古民家＋イベ等	古民家＋イベ等（%）	イベ等のみ	イベ等のみ（%）	古民家のみ	古民家のみ（%）	イベ等計	イベ等計（%）	古民家計	古民家計（%）
北海道 計	74	20	27.0	3	15.0	14	70.0	3	15	17	85.0	6	30.0
青森県	3												
岩手県													
宮城県	10	7	70.0	1	14.3	6	85.7			7	100.0	1	14.3
秋田県	3	2	66.7	1	50.0	1	50.0			2	100.0	1	50.0
山形県	2	2	100.0	2	100.0					2	100.0	2	100.0
福島県	6	3	50.0	1	33.3	2	66.7			3	100.0	1	33.3
東北 計	24	14	58.3	5	35.7	9	64.3			14	100.0	5	35.7
茨城県	1	1	100.0			1	100.0			1	100.0		
栃木県	7	4	57.1			3	75.0	1	25.0	3	75.0	1	25.0
群馬県	1	1	100.0			1	100.0			1	100.0		
埼玉県	2												
千葉県	6	3	50.0	2	66.7	1	33.3			3	100.0	2	66.7
神奈川県	16	7	43.8	1	14.3	6	85.7			7	100.0	1	14.3
関東 計	33	16	48.5	3	18.8	12	75.0	1	6.3	15	93.8	4	25.0
東京都	65	16	24.6	2	12.5	13	81.3	1	6.3	15	93.8	3	18.8
新潟県	14	7	50.0	2	28.6	2	28.6	3	42.9	4	57.1	5	71.4
富山県	6	6	100.0	2	33.3	2	33.3	2	33.3	4	66.7	4	66.7
石川県	15	7	46.7	3	42.9	3	42.9	1	14.3	6	85.7	4	57.1
福井県	5	2	40.0					2	100.0			2	100.0
北陸 計	40	22	55.0	7	31.8	7	31.8	8	36.4	14	63.6	15	68.2
山梨県	9	4	44.4	2	50.0	2	50.0			4	100.0	2	50.0
長野県	36	13	36.1	6	46.2	4	30.8	3	23.1	10	76.9	9	69.2
甲信 計	45	17	37.8	8	47.1	6	35.3	3	17.6	14	82.4	11	64.7
岐阜県	20	7	35.0	1	14.3	3	42.9	3	42.9	4	57.1	4	57.1
静岡県	13	2	15.4			2	100.0			2	100.0		
愛知県	17	7	41.2	3	42.9	3	42.9	1	14.3	6	85.7	4	57.1
三重県	8	1	12.5	1	100.0					1	100.0	1	100.0
東海 計	58	17	29.3	5	29.4	8	47.1	4	23.5	13	76.5	9	52.9

滋賀県	2	1	50.0					1	100.0			1	
大阪府	60	9	15.0	3	33.3	4	44.4	2	22.2	7	77.8	5	55.6
兵庫県	17	8	47.1	1	12.5	6	75.0	1	12.5	7	87.5	2	25.0
奈良県	22	11	50.0	4	36.4	2	18.2	5	45.5	6	54.5	9	81.8
和歌山県	13	5	38.5	2	40.0	2	40.0	1	20.0	4	80.0	3	60.0
近畿 計	114	34	29.8	10	29.4	14	41.2	10	29.4	24	70.6	20	58.8
京都府	101	60	59.4	4	6.7	9	15.0	47	78.3	13	21.7	51	85.0
鳥取県	10	5	50.0	1	20.0	3	60.0	1	20.0	4	80.0	2	40.0
島根県	8	5	62.5	2	40.0	3	60.0			5	100.0	2	40.0
岡山県	13	9	69.2	3	33.3	5	55.6	1	11.1	8	88.9	4	44.4
広島県	21	10	47.6	3	30.0	4	40.0	3	30.0	7	70.0	6	60.0
山口県	5	2	40.0			1	50.0	1	50.0	1	50.0	1	50.0
中国 計	57	31	54.4	9	29.0	16	51.6	6	19.4	25	80.6	15	48.4
徳島県	6	6	100.0	2	33.3	1	16.7	3	50.0	3	50.0	5	83.3
香川県	23	3	13.0	1	33.3	1	33.3	1	33.3	2	66.7	2	66.7
愛媛県	13	6	46.2			5	83.3	1	16.7	5	83.3	1	16.7
高知県	6	1	16.7			1	100.0			1	100.0		
四国 計	48	16	33.3	3	18.8	8	50.0	5	31.3	11	68.8	8	50.0
福岡県	27	7	25.9		0.0	6	85.7	1	14.3	6	85.7	1	14.3
佐賀県	3	1						1					
長崎県	18	5	27.8			3	60.0	2	40.0	3	60.0	2	40.0
熊本県	13	5	38.5	1	20.0	4	80.0			5	100.0	1	20.0
大分県	10	3	30.0	1	33.3	1	33.3	1	33.3	2	66.7	2	66.7
宮崎県	6	3	50.0			2	66.7	1	33.3	2	66.7	1	33.3
鹿児島県	14	3	21.4			3	100.0			3	100.0		
九州 計	91	27	29.7	2	7.4	19	70.4	6	22.2	21	77.8	8	29.6
沖縄県	104	15	14.4	2	13.3	9	60.0	4	26.7	11	73.3	6	40.0
全国 計	854	305	35.7	63	20.7	144	47.2	98	32.1	207	67.9	161	52.8

GH：ゲストハウス　イベ等：暮らし方関連イベントあるいは体験プログラム

また、古民家利用と暮らし方関連イベント等実施の組み合わせを、「古民家＋イベント等」（古民家での暮らしと衣食住等の暮らしが体験できる）、「イベント等のみ」（衣食住等の暮らしが体験できる）、「古民家のみ」（古民家での暮らしが体験できる）に分けてみてみると、「古民家＋イベント等」が63軒（20.7％）、「イベント等のみ」が144軒（47.2％）となり、何らかのイベント等を実施している自然系GHは207軒（67.9％）であることがわかる。

「古民家のみ」は98軒（32.1％）であるが、そのうち47軒は京都市に立地している。京都市は、「古民家のみ」が78.3％と全国的にみて突出した値となっており、古民家が多く残る古都ならではの特徴である。逆に東京都は、古民家はほとんどなく、81.3％が「イベント等のみ」であり、こちらも突出した値である。戦災や都市化で古民家が消失した大都市の特徴を反映した結果であるといえる。

5-2　自然系ゲストハウスの暮らし方関連イベント・体験プログラム

次に、自然系GHにおいて、暮らし方関連イベント等がどのように実施されているかについてみていきたい。イベント等の実施状況の把握については、抽出した宿のホームページ（HP）やフェイスブック（FB）、ブログなどにアクセスし、開業以降のそれらの記述を参照して、実施されているイベント等を可能な限りリストアップした。これらのリストから、暮らし方に関連する内容のものを抽出するとともに、それらを、「衣生活」「食生活」「住生活」「モノ作り」「生産・収穫」「暮らし総合」「地域おこし」「健康・癒し」の八つに分類した。

表5-2-1は、GHおよび自然系GHの軒数、イベント等を実施しているGH軒数および割合、イベント等の種類別の実施割合などを示したものである。なお、この表でも、東京都と京都府は特異な傾向を示すため、別枠として示している。

まず、イベント等を実施しているGH軒数をみてみると、全国で207軒あり、全854軒中の24.2％と必ずしも高くない数値である。しかし、地域別にみるとかなり差があり、東北が最も高く58.3％、次いで東京都を除く関東

45.5%、中国43.9%、北陸35.0%、甲信31.1%と続く。この理由として、イベント等を盛んに実施しているモデルとなるような宿が存在しているためと考えられる。逆に、イベント等実施率の低い地域は、京都府12.9%と沖縄県10.6%である。観光が盛んな両地域では、GHが観光時の宿としてのみ機能している場合が多いためと考えられる。その他の地域では、概ね21%～23%程度の値となっている。

次に、各GHが実施しているイベント等を種類別にとらえてみると、多彩なイベント等が実施されていることがわかる。全体としては、「食生活」関連のイベント等を実施しているGHが最も多く、133軒（イベント実施GH中の64.3%）に上る。その他では、「暮らし総合」86軒（41.5%）、「健康・癒し」80軒（38.6%）、「モノ作り」76軒（36.7%）、「衣生活」75軒（36.2%）、「地域おこし」73軒（35.3%）、「住生活」70軒（33.8%）、「生産・収穫」67軒（32.4%）と続く。

地域別にみると、東北は全般に実施率が高く、特に「食生活」は、イベント等実施GH14軒中9軒（64.3%）と高く、同じく「住生活」と「生産・収穫」も8軒（57.1%）と高い。関東も全般に全国平均よりも高く、「食生活」が15軒中12軒（80.0%）と特に高い。東海も「衣生活」と「モノ作り」以外の分類で全国平均よりも高く、「食生活」は13軒中10軒（76.9%）と特に高く、さらに「住生活」と「暮らし総合」も同9軒（69.2%）と高い。中国も「生産・収穫」以外の分類で全国平均よりも高く、「食生活」が25軒中19軒（76.0%）と特に高く、「暮らし総合」と「地域おこし」も同16軒（64.0%）と高い。北陸は全国平均よりも高い分類が四つあり、「食生活」が14軒中11軒（78.6%）と特に高く、「衣生活」も同7軒（50.0%）と高い。甲信も全国平均よりも高い分類が五つあり、「食生活」が14軒中11軒（78.6%）と特に高く、「モノ作り」と「健康・癒し」も同7軒（50.0%）と高い。

都道府県でみると、自然系GHが2軒以上存在しており、イベント等の8分類のうち、半数以上の分類で全国平均以上に実施している県は、鳥取県・島根県・岡山県（7分類）、山形県・長野県・岐阜県（6分類）、栃木県・新潟県・静岡県・愛知県・愛媛県・福岡県・熊本県（5分類）、福島県・千葉県・神奈川県・大阪府・奈良県・和歌山県・広島県（4分類）などである。

表 5-2-1　都道府県別にみた暮らし方関連イベント等実施ゲストハウス軒数

（単位：軒）

	GH	自然系GH	イベ等実施GH	イベ等実施GH（%）	衣生活	衣生活（%）	食生活	食生活（%）	住生活	住生活（%）	モノ作り	モノ作り（%）	生産・収穫	生産・収穫（%）	暮らし総合	暮らし総合（%）	地域おこし	地域おこし（%）	健康・癒し	健康・癒し（%）
北海道 計	74	20	17	23.0	7	41.2	9	52.9	6	35.3	5	29.4	3	17.6	5	29.4	5	29.4	3	17.6
青森県	3			0.0																
岩手県																				
宮城県	10	7	7	70.0	1	14.3	5	71.4	2	28.6	1	14.3	2	28.6	2	28.6	3	42.9	1	14.3
秋田県	3	2	2	66.7	1	50.0	2	100.0	1	50.0	1	50.0	1	50.0						
山形県	2	2	2	100.0	1	50.0	1	50.0	2	100.0	1	50.0	2	100.0	1	50.0	1	50.0		
福島県	6	3	3	50.0	2	66.7	1	33.3	3	100.0	2	66.7	3	100.0	1	33.3	1	33.3	1	33.3
東北 計	24	14	14	58.3	5	35.7	9	64.3	8	57.1	5	35.7	8	57.1	4	28.6	5	35.7	2	14.3
茨城県	1	1	1	100.0			1	100.0			1	100.0	1	100.0	1	100.0				
栃木県	7	4	3	42.9	1	33.3	3	100.0	2	66.7	3	100.0	1	33.3	3	100.0	1	33.3		
群馬県	1	1	1	100.0	1	100.0	1	100.0												
埼玉県	2			0.0																
千葉県	6	3	3	50.0	2	66.7	2	66.7	1	33.3	1	33.3	3	100.0	1	33.3	1	33.3	2	66.7
神奈川県	16	7	7	43.8	3	42.9	5	71.4	2	28.6	2	28.6			2	28.6	3	42.9	4	57.1
関東 計	33	16	15	45.5	7	46.7	12	80.0	5	33.3	7	46.7	5	33.3	7	46.7	5	33.3	6	40.0
東京都	65	16	15	23.1	7	46.7	7	46.7	5	33.3	8	53.3	1	6.7	4	26.7	5	33.3	6	40.0
新潟県	14	7	4	28.6	1	25.0	4	100.0	1	25.0	2	50.0	3	75.0	2	50.0	2	50.0	1	25.0
富山県	6	6	4	66.7	2	50.0	2	50.0	2	50.0	1	25.0	1	25.0	1	25.0			2	50.0
石川県	15	7	6	40.0	4	66.7	5	83.3	2	33.3	2	33.3	1	16.7	2	33.3	1	16.7	2	33.3
福井県	5	2		0.0																
北陸 計	40	22	14	35.0	7	50.0	11	78.6	5	35.7	5	35.7	5	35.7	5	35.7	3	21.4	5	35.7
山梨県	9	4	4	44.4	1	25.0	4	100.0	1	25.0			1	25.0						
長野県	36	13	10	27.8	2	20.0	7	70.0	2	20.0	7	70.0	5	50.0	6	60.0	4	40.0	7	70.0
甲信 計	45	17	14	31.1	3	21.4	11	78.6	3	21.4	7	50.0	6	42.9	6	42.9	4	28.6	7	50.0
岐阜県	20	7	4	20.0	1	25.0	3	75.0	3	75.0	1	25.0	2	50.0	4	100.0	2	50.0	2	50.0
静岡県	13	2	2	15.4	1	50.0	1	50.0	2	100.0			2	100.0	1	50.0			1	50.0
愛知県	17	7	6	35.3	2	33.3	5	83.3	3	50.0	2	33.3	2	33.3	4	66.7	4	66.7	2	33.3
三重県	8	1	1	12.5			1	100.0	1	100.0			1	100.0			1	100.0	1	100.0
東海 計	58	17	13	22.4	4	30.8	10	76.9	9	69.2	3	23.1	7	53.8	9	69.2	7	53.8	6	46.2

滋賀県	2	1		0.0															
大阪府	60	9	7	11.7	3	42.9	3	42.9	3	42.9	1	14.3	1	14.3	3	42.9	2	28.6	4	57.1
兵庫県	17	8	7	41.2			4	57.1	2	28.6	3	42.9	2	28.6	1	14.3	1	14.3	3	42.9
奈良県	22	11	6	27.3	3	50.0	4	66.7	1	16.7	3	50.0	2	33.3	1	16.7	3	50.0	2	33.3
和歌山県	13	5	4	30.8	1	25.0	3	75.0	2	50.0	1	25.0			3	75.0	2	50.0	4	100.0
近畿 計	114	34	24	21.1	7	29.2	14	58.3	8	33.3	8	33.3	5	20.8	8	33.3	8	33.3	13	54.2
京都府	101	60	13	12.9	9	69.2	8	61.5	4	30.8	3	23.1	2	15.4	2	15.4	4	30.8	5	38.5
鳥取県	10	5	4	40.0	1	25.0	3	75.0	4	100.0	2	50.0	2	50.0	2	50.0	3	75.0	2	50.0
島根県	8	5	5	62.5	1	20.0	4	80.0	2	40.0	3	60.0	2	40.0	4	80.0	4	80.0	3	60.0
岡山県	13	9	8	61.5	6	75.0	6	75.0	4	50.0	3	37.5	4	50.0	6	75.0	7	87.5	3	37.5
広島県	21	10	7	33.3	3	42.9	5	71.4	1	14.3	2	28.6			3	42.9	1	14.3	3	42.9
山口県	5	2	1	20.0			1	100.0	1	100.0	1	100.0			1	100.0	1	100.0	1	100.0
中国 計	57	31	25	43.9	11	44.0	19	76.0	12	48.0	11	44.0	8	32.0	16	64.0	16	64.0	12	48.0
徳島県	6	6	3	50.0			3	100.0	1	33.3			1	33.3						
香川県	23	3	2	8.7			1	50.0							1	50.0				
愛媛県	13	6	5	38.5	1	20.0	2	40.0			2	40.0	2	40.0	5	100.0	2		4	80.0
高知県	6	1	1	16.7	1	100.0	1	100.0	1	100.0	1	100.0			1	100.0	1	100.0		
四国 計	48	16	11	22.9	2	18.2	7	63.6	2	18.2	3	27.3	3	27.3	7	63.6	3	27.3	4	36.4
福岡県	27	7	6	22.2	3	50.0	5	83.3	1	16.7	4	66.7			4	66.7	2	33.3	3	50.0
佐賀県	3	1		0.0																
長崎県	18	5	3	16.7	1	33.3	1	33.3	1	33.3	1	33.3			2	66.7	2	66.7	2	66.7
熊本県	13	5	5	38.5	2	40.0	3	60.0	1	20.0	2	40.0	4	80.0	2	40.0			2	40.0
大分県	10	3	2	20.0			1	50.0					1	50.0					1	50.0
宮崎県	6	3	2	33.3			1	50.0			1				1	50.0	1	50.0		
鹿児島県	14	3	3	21.4			1	33.3			1	33.3	2	66.7					1	33.3
九州 計	91	27	21	23.1	6	28.6	12	57.1	3	14.3	9	42.9	7	33.3	9	42.9	5	23.8	9	42.9
沖縄県	104	15	11	10.6			4	36.4			2	18.2	7	63.6	4	36.4	3	27.3	2	18.2
全国 計	854	305	207	24.2	75	36.2	133	64.3	70	33.8	76	36.7	67	32.4	86	41.5	73	35.3	80	38.6

GH：ゲストハウス　イベ等：暮らし方関連イベントあるいは体験プログラム
イベ等実施 GH（%）：イベ等実施 GH 軒数 /GH 軒数
衣生活（%）：衣生活関連イベ等実施 GH 軒数 / イベ等実施 GH 軒数　（他の種類の数値も同じ）

5-3　衣生活、食生活、住生活関連

以下の各節では、具体的にどのような暮らし方関連イベント等が実施されているのかについて述べていきたい。各節の表に示した具体的項目の多くは、モノ作りや実際の体験に関するイベント等であるが、表を見やすくするため、可能な限り「〜作り」や「〜体験」などの言葉は省略している。なお、これらの表は、実施されているイベント等の種類を示したもので、合計欄は、それらの種類数である。種類数とは、例えば「衣生活」であれば、「着物着付け」「草木染め」などを各1種類として数えたものである。繰り返し実施されているイベントも多数あるので、実際の実施回数はさらに多い。

なお、「トーク・上映会等」の映画の概要については、各映画の公式HPやFBを参照して記している。

衣生活

衣生活関連のイベント等を一覧したものが表5-3-1である。「糸・布・衣服作り」「その他作り」「染物」「着付け等」「トーク・上映会等」に大別できる。自然系の暮らしに関連する多彩なプログラムが各地のGHで実施されており、日本の伝統的な衣生活に依拠するプログラムが多いことが特徴である。イベント等の種類数は、計125であり、「染物」(39)、「着付け等」(33)、「その他作り」(24)の順に多く、地域別では、東京都(21)と中国(17)に多い。

「糸・布・衣服作り」では、糸紡ぎ・繭紡ぎをはじめとして、布作り、スカートやTシャツ、エプロン、服や帯のリメイクなどの各種衣服作りがおこなわれている。加工品の消費ではなく手作りによるオリジナルなモノ作りが指向されていることがわかる。自らの手で糸を紡ぎ、布を織ることは、繊維や衣服が、自然界の植物の命をいただいて作られたものであることを気づかせてくれる貴重な体験であるといえる。

「その他作り」では、布草履・わらじ・カンジキなどの日本の伝統的な履物、ステンシルや和紙の巾着、インドネシアの布の巾着、和紙やくるみを使ったボタン、布のコサージュ、刺繍ハンカチ、メキシコ先住民の履物であるワラーチなどが作られている。また、石油系素材を使わず、使い捨ても防げる「布ナプ

キン作り」も実施されている。

「染物」では、梨、ビワ、梅、桃、茜、藍、ベンガラ、黒ベンガラなど、天然染料を使った染物、シルクスクリーン印刷などがおこなわれている。

「着付け等」では、着物や浴衣の着付け、着物や浴衣でまちあるきなどが、全国のGHで広く実施されている。汎用性ある2次元の着物が、人間の着付けの技によって着る人の体に則した3次元の衣服に変化（へんげ）する体験は、ものごとは移り変わるという「無常」の精神、日本文化の特質を思い起こさせてくれるのではないだろうか。着物の「お譲り会」も開催されている。汎用性があり世代を超えて着用可能な着物を大切に使い切ろうとする催しである。

衣生活関連全体をとおして、地域の特性を生かした事例が多いことも特徴である。例えば福島県の「からむしの糸・布作り」、神奈川県の「鎌倉の植物による染もの」、愛知県の「有松絞り」、石川県の「五箇山和紙のボタン作り」など、地域の素材と伝統的なモノ作りの手法を引き継いだプログラムが実施されている。「からむしの糸・布作り」を実施している福島県の「とある宿」FBの説明によれば、多年草植物の「からむし」は古くから人びとの衣類として利用されてきたもので、からむしの繊維を自分の手で紡いで糸を作り、織ってみる貴重な体験をとおして、土と「身につけている衣服」がつながる実感が得られ、「地に暮らす」という意味を知ることにつながるとのことである。まさに自然系GHならでは体験といえる。

「トーク・上映会等」では、哲学カフェ「オシャレって何？私たちはどうやってオシャレな○○を決めてる？」、「服との付き合い方」を考える会、EVERY Denim（岡山発の超ストレッチデニム）展示会＆トーク、ALL YOURS（着飾るためではなく日常を快適にするための服）トークなど、衣服についてみんなで考える会が催されている。また、ドキュメンタリー映画の上映会もおこなわれている。『ザ・トゥルー・コスト――ファストファッション 真の代償』は、ファスト・ファッションが生み出される現場の深刻な問題を描出しており、衣服を例にして、大量生産・大量消費が抱える問題と限界を知らしめてくれる。『麻てらす～よりひめ 岩戸開き物語～』は、古来より衣食住の暮らしに幅広く使われてきた大麻に焦点をあて、日本と大麻との伝統をたどるとともに、大麻の糸績み（いとうみ＝糸紡ぎ）技術を次代へ継承することを願う「よりひめ」の思

表 5-3-1　衣生活関連

		糸・布・衣服作り	その他作り	染物	着付け等	トーク・上映会等
北海道		純白の繭紡ぎ デニム生地でエプロン	マクラメ	シルクスクリーン（3） コーヒー染めハンカチ		EVERY Denim 展示会＆トーク
北海道 計	8	2	1	4		1
東北		からむしの糸・布 野良着	布草履 カンジキ	織と草木染め	着物着付	ALL YOURS（着たくないのに毎日着てしまう）トーク
東北 計	7	2	2	1	1	1
関東			マスク 布ナプキン 布草履 サンダル	草木染め 友禅染・型染め・茜染 鎌倉の植物で染めもの	着物着付 アンティーク着物でひなめぐり	『ザ・トゥルー・コスト――ファストファッション 真の代償』上映会
関東 計	10		4	3	2	1
東京都		家庭科室（服作りなど） こども家庭科教室 しましまミシンの会 Tシャツ 手ぬぐいの赤ちゃん甚平	ベレー帽 わらじ ワラーチ ステンシルで巾着	自分で染める浴衣作り 藍染め（3） 草木染、花びら染 型染め シルクスクリーン（2）	着物着付（3）	
東京都 計	21	5	4	9	3	
北陸		糸紡ぎ 絹のふんどしパンツ	五箇山和紙のピンバッヂ＆ボタン 布草履 カンジキ	インディゴ染め	着物着付 亀田縞試着 和装研究会・撮影会	EVERY Denim 試着＆トーク　哲学カフェ「オシャレって何？私たちはどうやってオシャレな○○を決めてる？」
北陸 計	11	2	3	1	3	2
甲信		チクチク作る	アロマ柔軟剤	シルクスクリーン	着物着付	
甲信 計	4	1	1	1	1	
東海		和裁教室		ハーブを使った草木染め 有松絞り（2）	着物着付 浴衣着付 浴衣でまち歩き	
東海 計	7	1		3	3	
近畿		切らないで帯再生 Tシャツ	和紙の巾着 かぎ針で自由に編む布のコサージュ	ベンガラ染（2） 草木染め	着物アレンジ講座 浴衣着付（3） 着物お譲り会 浴衣お譲り会	
近畿 計	13	2	3	2	6	
京都府		サウナハット		インディゴ染め シルクスクリーン（2）	着物着付（5） 浴衣着付（2）	「織りと編み」の服の話 「服との付き合い方」を考える会
京都府 計	13	1		3	7	2
中国		糸紡ぎ 手縫いでスカート 新聞紙でドレス 服のリメイク		藍染め（2） 草木染（2） 梨・ビワ・梅の草木染 桃染め 黒ベンガラ染（2） ベンガラ染め	浴衣着付 野良着展示・試着 黒ベンガラ染めジーンズ試着	岡山リアルクローズ研究
中国 計	17	4		9	3	1
四国					浴衣着こなし講座	『麻てらす～よりひめ岩戸開き物語～』上映会＋監督トーク
四国 計	2				1	1

九州			くるみボタン 布ナプキン 刺繍 刺繍ミシンでハンカチ 刺繍糸や毛糸のタッセル インドネシアの布でつくる「おでかけきんちゃく」	型絵染 染物 紅茶染め	博多をキモノで歩く レトロアンティーク着物着付 浴衣着付け＆撮影会	
九州 計	12		6	3	3	
沖縄県						
沖縄県 計						
全国 計	125	20	24	39	33	9

いや活動を紹介しており、自然を敬う心の醸成や、自然と共生した循環型社会の必要性を問いかけている。

なお、表5-3-1に示したイベント等の他に、自然素材を利用した手作り製品の販売会も多いが、表5-3-1には、何らかの体験や講習、説明等がある場合のみ含めている。

食生活

食生活関連のイベント等を一覧したものが表5-3-2である。「食品作り」「料理等」「菓子作り等」「トーク・上映会等」に大別でき、日本食や自然食に関連するさまざまなプログラムが各地で実施されている。イベント等の種類数は、今回の分類中最も多く計338であり、「食品作り」（142）と「料理等」（123）が多く、地域別では、中国（43）、九州（41）、東北（37）、北陸（33）、東海（32）、甲信（31）の順に多い。

「食品作り」では、餅つき、蕎麦打ち、味噌仕込みが各地のGHでおこなわれており、味噌については、無農薬有機栽培大豆、無農薬米の麹、天日塩を使っている例も多い。その他、豆腐や納豆などの大豆食品、手打ちうどん、こんにゃく、釜戸炊きご飯などの体験も実施されている。また、味噌をはじめ、醤油、甘酒、塩麹、醤（ひしお）などの発酵食品作り、麹の話や発酵講座など、日本の伝統食には欠かせない発酵関連のイベント等も多く実施されている。

「料理等」では、各種の寿司作りが各地のGHでおこなわれている。その他には、おせち料理、炊き込みご飯、味噌汁、昔ながらの保存食、発酵を生かした料理、火鉢・いろり・薪ストーブ・ウッドガスストーブなど再生可能資源を

表 5-3-2　食生活関連

		食品作り	料理等	菓子作り等	トーク・上映会等
北海道		餅つき（3） 蕎麦打ち（2） 味噌 バター・チーズ・ベーコン・ハム・ソーセージ・スモークチキン	寿司にぎり 韓国料理	和菓子 チョコムース アイスクリーム コーヒー豆焙煎（2） コーヒー淹れ方（2）	家畜写真展&トーク 『0円キッチン』上映会 『料理人ガストン・アクリオ 美食を超えたおいしい革命』上映会
北海道計	19	7	2	7	3
東北		餅つき（3） 蕎麦打ち（3） 味噌（2） 豆腐 釜戸炊きご飯 ポリ袋でパン ジャム 燻製 ソーセージ	親子で学ぶ自然食 冬の保存食 しそ巻き、焼き芋、芋煮 炊き込みご飯 手作りきりたんぽの鍋 団子さし、凍み餅、笹巻き 発酵を学び調理体験 ピザ等石釜体験、ピザ作り（2） 鯖のオレンジソース Clean Eating 仙台市近辺の食材を使ったスリランカカレー	ずんだ餅 麦芽飴 フレッシュジュース 玄米コーヒー＆大豆コーヒー 和×洋のスイーツ	生産現場を学びさらに美味しくいただく おいしいマルシェ
東北 計	37	14	16	5	2
関東		餅つき（4） 蕎麦打ち 味噌（3） ぬか床 こんにゃく 釜戸炊きご飯 パン	昔からの知恵の保存食 季節の恵みをいただく料理 七草粥、デコ巻き寿司 漉し蟹の味噌汁 きりたんぽ鍋 ローフード料理 ピザ焼き＆アウトドア調理 アーユルヴェーダ料理 オーガニック・タイ料理 タピオカ＆チェー	柏餅 スムージー	季節に合った食養生法（マクロビオティック）の話
関東 計	25	12	10	2	1
東京都		餅つき（2） 蕎麦打ち うどん 味噌（2） こんにゃく 甘酒	和食（2） おやき（2） 巻き寿司 きりたんぽ ほしいも炙ろう語ろう 川魚を捌いて火鉢で焼く 伝統的食養生精進料理 吉野の食材を使った料理 ファラフェル ギリシャ料理	どらやき コーヒー入門講座 抹茶点て	酒づくりの話
東京都計	24	8	12	3	1
北陸		餅つき（2） 鏡餅 味噌（4） 納豆 豆乳 豆腐 塩麹（2） 幻のおかか 甘酒（2） ジャム	おばんざい 囲炉裏で餅焼き 薪ストーブで煮込み料理 炭でさんま焼く 地物キノコ鍋 越中富山特産品のお弁当 かぶら寿司 金沢こんかこんか さつま揚げ キス釣り＆調理 焼き芋 ピザ バジル摘みとバジルソース	和菓子 笹団子とちまき どんぐりクッキー 幻幻庵のお茶	
北陸 計	33	16	13	4	

甲信		餅つき（4） 蕎麦打ち ほうとう 味噌（5） こんにゃく 釜戸炊きご飯	料理教室 おせち料理 恵方巻き（3） 笹寿司 鹿肉料理 薪窯でピザ カレー講座 ウッドガスストーブで炊飯 ソーラークッカーで調理	薬膳茶作り 酵素ジュース コーヒー焙煎	狩猟体験報告とジビエ食事会 世界の料理を食べながら「暮らしと遊び」について語る 小谷杜氏の話 『ある精肉店のはなし』上映会
甲信 計	31	13	11	3	4
東海		餅つき（4） 蕎麦打ち（2） 味噌（3） 白菜・カブ・大根収穫と漬物仕込み らっきょう 薬草とハーブのチーズ 燻製 干物	もち花、正月料理 しゃぶしゃぶと柚子胡椒 魚さばき ねずし 名古屋メシ＆寿司 精進料理 マクロビオティック料理 ピザ釜ピザ焼き（3） 無農薬野菜でベジカレー 南インドカレー	干し柿 ピーナッツバター	自然栽培米と発酵の話 本と料理～ビブリオバトル 『ある精肉店のはなし』上映会
東海 計	32	14	13	2	3
近畿		餅つき（6） 蕎麦打ち（2） うどん ジャガイモ漬物床「イモ床」	料理教室（2） 恵方巻、おかゆ 魚さばき ローフード講座 石釜ピザ焼き	柏餅 クッキー カップケーキ	新酒完成記念蔵人トーク 季節の食養生（話と食事）
近畿 計	21	10	7	2	2
京都府		餅つき（2） うどん 梅酒	各種料理、寿司 ベジ料理 スリランカ料理	カカオ豆から板チョコレート アイシングクッキー ブレンドコーヒー	日本酒講座 『聖者たちの食卓』上映会
京都府 計	13	4	4	3	2
中国		餅つき（6） 蕎麦打ち うどん 味噌（2） 納豆 豆腐 万能酵母液 甘酒 塩麹 漬物＆料理 キムチ 梅酒	笹巻 炭火料理 おむすび あるもので作る キス釣り＆調理 「下関焼き」作り＆トーク 広島名産品をヒッチハイクで集めて料理 焼き・揚げ・茹で等餃子 スパイス料理 ぱんちょりカレー スープカレーと各種カレー	和菓子 ローチョコレート ベジタリアンのカップケーキ 身近な食材とスパイスのドリンク 日本酒講座（2） 日本酒「もと擦り」体験 御燗講座	日本酒講座（2） おいしいもので復興支援 スリランカの暮らしの話とスパイス 『聖者たちの食卓』上映会 『遺伝子組み換えルーレット——私たちの命（いのち）のギャンブル』上映会
中国 計	43	18	11	8	6
四国		うどん（2） パン 燻製	各種料理 沖縄料理 カレーバトル	和菓子 饅頭	
四国 計	9	4	3	2	
九州		餅つき（2） 蕎麦打ち 味噌（4） ぬか床 醤油 麹の話 醤（ひしお）仕込み 発酵基礎講座 釜戸炊きご飯 縄文釜戸体験（ご飯、ピザ） 燻製	味噌汁、味噌玉 かつお節削り・出汁取り・味噌汁 佃煮 出汁料理教室 塩教室 恵方巻（2） 辛子蓮根 玉葱づくしの料理 麹を使った料理 発酵 × 薬膳フレンチ料理 発酵×ローフード野菜手巻き	ロースイーツ バームクーヘン ガレット 釜炒り茶 コーヒー豆焙煎 コーヒーの淹れ方	世界の旅を料理で語る

九州			ローフードマイスター講座 さけるチーズ 親子で「お子様ランチ」 スパイスカレー タイ料理 ベトナム料理 スウェーデントーチで料理		
九州 計	41	16	18	6	1
沖縄県		餅つき（2） 蕎麦打ち（2） 味噌 パン	沖縄料理（2） 有機野菜ピザ		『キング・コーン――世界を作る魔法の一粒』上映会
沖縄県 計	10	6	3		1
全国 計	338	142	123	47	26

利用した器具による料理などもおこなわれている。マクロビオティック料理、精進料理、食養生料理、ビーガン料理、ローフード、アーユルヴェーダ料理など、自然の摂理を生かした健康に寄与する料理体験や講座がおこなわれていることも特徴である。また、タイ料理、スリランカ料理、ギリシャ料理といった海外の料理講座もおこなわれている。

「菓子作り等」では、柏餅、ずんだ餅、ちまきなどの和菓子作り、お茶、薬膳茶、ジュース、コーヒーなどの飲み物作り、日本酒講座などがおこなわれている。

食生活関連全体をとおして、地域の特性を生かした各種の料理や菓子作り等の体験もおこなわれている。北海道では、畜産地域を反映して、バターやチーズ、ハムなどの食品作り、秋田県の「きりたんぽ鍋」、福島県の「凍み餅」、新潟県の「笹団子」、山梨県の「ほうとう」、岐阜県の「ねずし」、沖縄県の「沖縄料理」などである。

「トーク・上映会等」では、日本酒講座、生産現場を学びさらに美味しくいただく、狩猟体験報告とジビエ食事会、家畜写真展と「いただきます」を世界へ広めるトーク、自然栽培米と発酵の話、おいしいもので復興支援、世界各国の料理と暮らしなどといった食に関するさまざまな講座等が実施されている。

また、ドキュメンタリー映画も6本上映されている。『キング・コーン――世界を作る魔法の一粒』は、大学生2人が自分たちの食生活を見直そうと、アメリカを代表する農産物である「トウモロコシ」の栽培をはじめたところ、遺伝子組み換え種子や強力な除草剤によって農業初心者でも簡単に育てられることに驚愕、そうして作られたトウモロコシは、あらゆる食品の甘味料や家畜の飼料として使われており、肥満や糖尿病をもたらしていることを知るなど、飽食の時代が抱える問題を鋭く描き出している。また、『遺伝子組み換えルーレット――私たちの生命（いのち）のギャンブル』は、遺伝子組み換え食品と健康問題との関係を実証しようとした作品である。
『ある精肉店のはなし』は、人と動物とが互いに生き物として向き合い、育て、屠畜して、肉や肥料を生み出すというなりわいをとおして、いのちを食べていのちは生きるという生の本質を見つめ続け懸命に生きる一家の姿をとらえた作品である。『聖者たちの食卓』は、インドのシク教の「カーストや信条に関係なく、みな平等である」という教えにもとづき、総本山で毎日振るまわれる約10万食の食事の準備と人びとの様子をとらえたもので、近代的な調理器具や冷蔵庫はなく新鮮な食材が無数の料理に変わっていく様、巡礼者たちが一つの家族になったかのような食卓の風景、人びとが公平に満たされることで心穏やかになる世界、無償で働く人びとの厳かな存在などを描き出している。
『0円キッチン』は、ジャーナリストで“食料救出人”のダーヴィドが食料廃棄をなくすため、廃油で走れるように自ら改造した車にゴミ箱でつくった特製キッチンを取り付け、ヨーロッパ5カ国をめぐる廃棄食材クッキングの旅を描いている。『料理人ガストン・アクリオ――美食を超えたおいしい革命』は、ペルーを代表する料理人ガストン・アクリオが、母国のすばらしい文化を世界へ発信するという揺るぎない夢と情熱をもって、美食というカテゴリーをはるかに超え、国家と人びとに誇りと希望を与え、ペルーの食文化に一大革命をもたらした物語である。

なお、表5-3-2に示したイベント等の他に、地域の食材や無農薬有機栽培を生かした料理、世界各国の料理などを食するイベントも多くおこなわれているが、ここでは、何らかの形で体験を含むもの、あるいは講座形式のものを取り上げている。

住生活

住生活関連のイベント等を一覧したものが表5-3-3である。「建物改装」「住関連モノ作り」「住生活」「屋外関連」「空き家関連・上映会等」に大別でき、

表 5-3-3　住生活関連

		建物改装	住関連モノ作り	住生活	屋外関連	空き家関連・上映会等
北海道		一階の改装 ペンキ塗り DIY	DIYBBQ（火焚き台、カウンターなど）	薪割り（3） 内窓作りとエネルギーの話		
北海道 計	8	3	1	4		
東北		壁塗り DIY（3）	本棚 ミニ門松 月山和紙の灯り	薪割り 庭の整備	東屋 カマクラ テントサウナ体験	
東北 計	12	4	3	2	3	
関東			掘りごたつ ミニ門松 鯉のぼり	オフグリッドソーラー講座		
関東 計	4		3	1		
東京都		土壁作り 壁塗り（2） ワックス塗	囲炉裏 しめ縄		穴窯小屋の再生	シェアハウスのつくりかた
東京都計	8	4	2		1	1
北陸			ミニ門松 しめ縄	薪割り 片付けから始める生前整理の話	ピザ窯	空き家見学会・対策セミナー（2） 空き家・移住相談 まちなかぐらし応援隊住まいの見学会
北陸 計	9		2	2	1	4
甲信		古民家改修 あずみの家づくり応援隊（壁塗りなど）		薪割り ウッドガスストーブ ロケットストーブ作り＆使い方講習	タイニーハウス見学 人工林の皮むき間伐＆お話会 土蔵の土壁を使ったピザ窯	
甲信 計	8	2		3	3	
東海		家の修繕（床張り） 床板張替 貝殻漆喰の話＆壁塗りワーク	竹灯り	薪割り（2） 障子張替え、畳干し、備品手入れ、大掃除など 愉しい5A生活 非電化な暮らしを語る合宿 オフグリッドソーラー講座	庭手入れ 炭焼き	高山空き家見学会＆トーク 空き家ツアー
東海 計	17	3	1	9	2	2
近畿		土蔵内装整備 柿渋塗装 DIY	椅子ファブリック張替 本棚	大掃除 縁側クリーニング 電磁波＆アーシングセミナー オフグリットの話 フリーエネルギーの話＆ガンズワーク	芝生貼り 井戸掘り フィンランドの暮らしとサウナトーク＆体験 イングリッシュガーデン	尾道空き家再生プロジェクトが和歌山にやってくる！ 建築家「西村伊作」について学ぶ 『モバイルハウスのつくりかた』上映会
近畿 計	17	3	2	5	4	3
京都府		建築内覧ツアー ゲストハウス改修の話		軟水銭湯体験 山のお香		
京都府 計	4	2		2		

中国		古民家改装 土壁塗り ペンキ塗り 断熱性向上 DIY（2）	しめ縄＆門松 竹灯り（2） ぬいぐるみの懐中電灯 杉玉	障子張替え（2） 「箒」作り＆丁寧に暮らす話	焚き火 ピザ土窯	「まちの不動産」トーク 奉還町空き家めぐりツアー 空き家活用ミーティング 間取り図トーク 小学5，6年生のための建築塾 尾道建築塾（町歩きツアー） 尾道の蔵巡りツアー＆トーク 尾道空き家再生プロジェクトトーク 尾道空き家再生夏合宿 旅する建築家の辺境探訪 建築愛トーク（台湾日式建築への旅など） アルプスの築250年牛小屋再生プロジェクトの話 『BOOKSTORE ～移住編～』上映会
中国 計	29	6	5	3	2	13
四国			ファブリックパネル		ログハウス	
四国 計	2		1		1	
九州		改装 漆喰塗り 土壁塗り	糸島杉の棚 門松 しめ縄 ひょうたんランプ	街のお掃除隊		
九州 計	8	3	4	1		
沖縄県						
沖縄県 計						
全国 計	126	30	24	32	17	23

日本の伝統的な住まいや暮らしに関連するさまざまなプログラムが各地で実施されている。イベント等の種類数は、計126であり、「住生活」(32)、「建物改装」(30)、「住関連モノ作り」(24) の順に多く、地域別では、中国 (29)、東海と近畿 (17) に多い。

「建物改装」では、古民家改修、土壁塗り、漆喰塗り、柿渋塗装、土蔵の整備、民家の断熱性能向上などに関する講習や体験などがおこなわれている。

「住関連モノ作り」では、門松作りやしめ縄作りが各地のGHでおこなわれている。その他には、棚、こたつ、囲炉裏、ひょうたんランプ、竹灯りなどもある。「竹灯り」は、その美しさに加えて、ともに作る喜び（人と人、人と自然がつながる感覚）や、竹林整備の必要性、循環型資源としての竹の有用性を再認識させてくれるイベントとして、GHに限らず各地に広がっている。地域の特性を生かした山形県の月山和紙灯り、福岡県の糸島杉を使った棚、沖縄県の「シーサー」作り・色塗りや、古民家などに設けられている「本を引くと隠し扉が開く本棚」の製作・設置体験もおこなわれている。

「住生活」では、薪割りのほか、各種の掃除や片づけ、箒の作り方使い方、障子の張替え、畳干しなど、昔ながらの家と暮らしの手入れ法の体験がおこなわれている。また、オフグリッドソーラー、5A生活、非電化な暮らし方、フリーエネルギー&ガンズ（ガンズとは、フリーエネルギー装置マグラブの核となるもので、海水と金属から作ることができ、小さな太陽ともいわれる）、ウッドガスストーブやロケットストーブの作り方使い方など、省資源省エネルギーや、再生可能エネルギーの利用をうながすようなプログラムが実施されていることも特徴である。

「屋外関連」では、ログハウス作り、東屋作りのほか、シンプル&スモールライフにつながるタイニーハウスの見学や体験、女性や子どもも参加できる人工林の皮むき間伐体験と話（放置された人工林の森に光を入れ、下草を育て、広葉樹も混じった自然の森へと蘇らせる活動）、大阪都心に井戸を掘る（いのちの水脈をたどり、蛇口をひねるだけではない水のあり方を体験して考える）、土蔵の土を使ったピザ窯作り、地域の特性を生かしたカマクラ作り、地域に存在してきた穴窯小屋の再生などが実施されている。

「空き家関連・上映会等」では、空き家の見学や活用法、移住相談のほか、「尾道空き家再生プロジェクト」関連のまち歩きやトーク、建築家「西村伊作」の功績と自邸の保存・修復の話、古民家の活用や再生に関するお話会などがおこなわれている。DIY密着ドキュメンタリー映画『BOOKSTORE～移住編～』は、鳥取に移住して、自給自足の暮らしと本屋のオープンをめざす若者の本屋づくり奮闘記である。『モバイルハウスのつくりかた』は、学生時代に路上生活者の家と出会い、家とは何か、暮らしとは何か、なぜ私たちは身の丈に合った巣のような家を建てることができないのかという疑問を持った「建てない」建築家坂口恭平氏の活動を追ったドキュメンタリー映画である。土地に固着せず、巣のように小さいモバイルハウスの制作をとおして、これからの住まいのあり方を問いかけている。

5-4　モノ作り、生産・収穫、暮らし総合関連

モノ作り

モノ作り関連のイベント等を一覧したものが表5-4-1である。「衣食住関連

モノ作り」「その他のモノ作り」「トーク・上映会等」に大別でき、自然の素材を使ったモノ作りや、日本の伝統的なモノ作りに関連するさまざまなプログラムが各地で実施されている。イベント等の種類数は計146、「その他のモノ作り」が81、「衣食住関連モノ作り」が63である。地域別では、中国（24）と東京都（21）に多い。

「衣食住関連モノ作り」では、木、竹、草、和紙など自然の素材を使ったオリジナルな手作り品制作がおこなわれている。木を加工したスプーン作りは最も多く、緑豊かな地球を残せるように、人が森とつながるようにとの願いが込められている。ツキ板を貼ったミニ行燈、竹籠、竹風鈴&うちわ、稲わら円座、い草コースター、和紙のうちわ、てぬぐい、紙クラフト、ダンボールクラフトなども実施されている。その他、金鎚で銅をたたいて鍋を作るというかなり高度なモノ作りも合宿形式でおこなわれている。また、壊れた陶磁器を修復させる金継ぎや、コーヒー麻袋とTシャツヤーンをアップサイクルしたラグ、漁具ロープの飾り結びコースター、蜜ろうやテキスタイルで作るエコラップなど、モノを長く大切に使おうとするプログラムもある。

「その他のモノ作り」では、水引や熨斗袋、折り紙、手毬、甲冑、盆栽、古来からある接着剤「ニカワ」を使った紙箱、蒔絵ストラップなどといった伝統的なモノ作りや、伊勢型紙など日本の型染めを源流とするシルクスクリーン（印刷）などがおこなわれている。また、植物を生かしたさまざまなモノ作り——ハーバリウム、リース、スワッグ、コケテラリウム・苔玉、ドライフラワーなどが多いことも特徴である。

モノ作り関連全体をとおして、地域の特性を生かしたプログラムもおこなわれている。岡山県早島町の手織りコースター作りや機織りは、戦後の畳需要の変化の中で途絶えてしまったい草の生産を復活させたものである。へんぼり焼きは、東京都人里集落での薪窯による焼き物体験、ブドウ皮小物は、奥会津の伝統工芸体験である。その他、奈良県の飛鳥の木の実を使ったリース、だるまの生産地である倉敷市玉島地区の玉島だるまの絵付け、海の街「呉」だからこそ手に入る廃盤海図と呉のお寺で使っていた廃材ろうそくで作った財布・ブックカバー、山口県をデザインしたシルクスクリーンの手ぬぐいなどである。

「トーク・上映会等」では、丸木舟作りの技術と精神世界を描いたドキュメン

表 5-4-1 モノ作り 関連

		衣食住関連モノ作り	その他のモノ作り	トーク・上映会等
北海道		箸 木のスプーン 陶芸 シルクスクリーン ディッシュプレートに絵付け キャンドル (2)	レザークラフト ヌメ革パッチワーク ハーバリウム (2) 「シエラレオネ」の話 & 現地布と日本5円玉を使ったキーホルダー 蒔絵ストラップ	熊本の民芸品展示会 & トーク
北海道 計	14	7	6	1
東北		野菜スタンプバッグ 銅をたたいて作る小鍋 すだれのつくり方で作る鍋敷き 稲わら円座	ブドウ皮小物 リース、稲わらリース ハーバリウム (2) 鎮魂の願いを込めた仏花 マクラメ編み 甲冑	
東北 計	11	4	7	
関東		紙クラフトのバッグ・小物 陶芸 銀の菓子切り 鍵針網のミニコースター 普段使いの竹籠 キャンドル フックドラグ(コーヒー麻袋とTシャツヤーンでラグをアップサイクル)	アフリカの布「カンガ」を使った日傘 消しゴムハンコ	
関東 計	9	7	2	
東京都		消しゴムはんこのトートバック トートバック 木のスプーン (3) へんぼり焼、陶芸 鍵針網のミニコースター ツキ板で作るミニ行燈 ポーセリンアートで食器・グラス	マクラメプラントハンガー ウォールハンギング 紙刺繍 革小物 ペーパークラフト (リース、うちわ) リース (2) スワッグ ハーバリウム フラワーアレンジメント	
東京都 計	21	10	11	
北陸		ソーサー・スプーン・ぐい飲み絵付け ひめだるま箸置き絵付け 漁具ロープの飾り結びコースター 竹風鈴&うちわ	スワッグ ハンコ	
北陸 計	6	4	2	
甲信		スプーン (2) アイススプーン バターナイフ 手ぬぐい サコッシュ	水引×熨斗袋 紙箱 和傘ペイントワーク ぬいぐるみ ガーランド 消しゴムハンコ	
甲信 計	12	6	6	
東海		スプーン (2) 桃の節句の木工教室		
東海 計	3	3		
近畿		和紙で作るあじさいうちわ & 葉書 グラス 鎚起銅器の鍋	スパイラル ドリームキャッチャー キャンドル (2) 槻の木の盆栽教室 ボンボンリース 飛鳥の木の実のリース ディスプレイ講座 姫路みやげパッケージ 消しゴムハンコ (2)	『丸木舟』上映会
近畿 計	15	3	11	1

京都府		革素材のミニバック ダンボール時計等 ドライフラワースワッグ（壁飾り） フィンランドの機織り（コースター・ミニタペストリー）	ヌメ革、真鍮、コケ玉 折り紙教室 手毬 だるま絵付け キャンドル クリスマスリース 北欧モビール「ヒンメリ」	
京都府 計	13	4	9	
中国		親子で作るエコバック 箸 い草手織りコースター い草の機織り 陶磁器修復（金継ぎ） 座布団募集＆プリントワーク ぬいぐるみの懐中電灯 キャンドル（3.11に向けて）	水引 コケテラリウム 苔玉・苔アート リース（2） 森の素材のクリスマスクラフト シルクスクリーン（3） さまざまなモノつくりマーケット 玉島だるまの絵付け だるま ひょうたんのスノーマン サングラス染色 ブックカバー 海図によるオリジナル財布・ブックカバー 木製ポストカード	
中国 計	24	8	16	
四国		オリジナルうちわ みつろうorテキスタイルで作るエコラップ	ハーバリウム 道後の森 もくもくプランター（クリスマス風のプランター、木琴など）	
四国 計	4	2	2	
九州		スプーン（2） 波の型染めコースター 金継ぎ ステンドグラス	バブーシュリメイク 革細工 コケ玉 ドライフラワーアレンジ ハーバリウム 紙のフラワーベース シルクスクリーン	
九州 計	12	5	7	
沖縄県			革細工 宝貝ストラップ	
沖縄県 計	2		2	
全国 計	146	63	81	2

タリー映画『山人の丸木舟』『アイヌの丸木舟』の２本が上映されている。舟は、共同体の大切な共有財産であり、樹齢数百年の木を伐採して、山の神に祈りをささげ、手作業で木をくり抜いて作り、完成した舟を川へ運んで舟おろしをするのである。機械化と個人化が進む今日のモノ作りや暮らしのあり方を再考させてくれる映画である。

生産・収穫

生産・収穫関連のイベント等を一覧したものが表5-4-2である。「農林漁業」「野菜等収穫」「トーク・上映会等」に大別でき、機械を使わない手作業による農業や、自然の恵みを収穫して食するといったプログラムが各地で実施されている。イベント等の種類数は、計138で、「農林漁業」（74）と「野菜等収穫」

表 5-4-2　生産・収穫関連

		農林漁業	野菜等収穫	トーク・上映会等
北海道		畑耕す ワカサギ釣り	山菜・行者にんにく・コクワ採り ブルーベリー狩り ハスカップ・山ブドウ・カシス狩り 栗拾い	「自分らしい農ライフ」トーク
北海道 計	11	2	8	1
東北		田植え、稲刈り 農業体験（2） じゃがいもの種芋植え付け（2） とっきび種まき・収穫 大豆の苗植えと笹巻き作り 定置網漁体験 イワナ釣り	野菜収穫・調理（2） 雪堀大根 枝豆収穫とピザづくり ジャガイモの花摘み・収穫（2） 山菜教室、山菜採り きのこ採り 果物狩り さつまいも掘り	田んぼの水中除草ロボット試運転＆解説
東北 計	22	10	11	1
関東		田植え（2）、稲刈り（2） 草刈り等農業体験	オーガニック野菜収穫 じゃがいも収穫 さつまいも掘り（2） 被災農家支援ビニールハウス片付けとトマト収穫	
関東 計	9	5	4	
東京都		農業体験 林業体験	茶摘み・檜原紅茶作り	「半農半X」トーク
東京都 計	4	2	1	1
北陸		田植え（3）、稲刈り（3） 農業体験 お泊り農業体験 渓流釣り	野菜収穫 収穫＆ゆず風呂体験 収穫＆かぼちゃ料理 山菜採り、キノコ狩り	
北陸 計	13	9	4	
甲信		田植え（2）、稲刈り（2） 米作り 緑農体験 野菜の種まき えごま栽培 落ち葉を農園に撒き焼き芋	野菜収穫 柚子狩り＆イカと柚子の塩辛 りんご狩り ブドウ狩り ブルーベリー狩り 根曲がり竹を掘って食べる	『モンサントの不自然な食べもの』上映会 『パパ、遺伝子組み換えってなあに？』上映会
甲信 計	17	9	6	2
東海		農業体験、自然農体験 農業・稲刈り 畑作業 自然循環農業体験 月のリズムで有機野菜を作る農園と一緒に種から野菜を植える	野菜収穫 芋ほり 筍掘り（2）、山菜摘み とるたべる畑モーニング はちみつ収穫 ハーブ収穫と料理 鮎釣りと料理	
東海 計	15	6	9	
近畿		田植え（2）、稲刈り 耕作放棄地開墾（古代米・薬草）	黒枝豆狩り、いちご狩り 野菜収穫型八百屋さんへ行く ひじき摘み、釣り	
近畿 計	9	4	5	
京都府		漁師体験	ハーブを積んで食べる	
京都府 計	2	1	1	
中国		田植え（4）、稲刈り（4） 稲こぎ 農業体験（2） い草の植え付け・先狩り・収穫 釣り	ブルーベリー狩り	百姓シンガーソングライターライブ 湯梨浜町農園めぐりツアー 『よみがえりのレシピ』上映会
中国 計	19	15	1	3
四国		農業体験	有機栽培果樹の受粉作業＆まるごと果実のジャム ヤギの乳搾り	農民ロッカーの「土水空 ツアー」
四国 計	4	1	2	1

九州		有機農業体験、農村体験 田植え、イチゴの苗植え 漁業体験 船釣り、釣り、カヤックフィッシング		
九州 計	8	8		
沖縄県		ゴーヤーの収穫・受粉作業	みかん狩り 潮干狩り、釣り	
沖縄県 計	5	2	3	
全国 計	138	74	55	9

(55) が多く、地域別では、東北 (22)、中国 (19)、甲信 (17)、東海 (15)、北陸 (13) の順に多い。

「農林漁業」では、田植え、稲刈りなどの米作り、大豆やトウモロコシの栽培、各種の野菜や果物作りといった農業体験が各地のGHでおこなわれている。このほか、耕作放棄地の開墾体験や、先に述べた、い草の植え付け・先狩り・収穫体験などもある。各地で自然指向の農業が体験できることも特徴であり、例を挙げると、合鴨農法による米作り (長野県)、種から有機野菜を植える (静岡県)、有機循環農業による米・野菜・卵の育成 (静岡県)、耕さず、肥料・農薬を用いず、草や虫を敵としないことを3原則とする自然農による米作り (愛知県) などである。林業体験や漁業体験もおこなわれている。

「野菜等収穫」では、その土地で育った野菜、果物、山菜、きのこ、筍、茶などを収穫して食べるプログラムが多く、自然の恵みのありがたさを実感できる貴重な体験だといえる。有機栽培果樹の受粉作業&まるごと果実のジャム作り、茶を摘み紅茶を作る、ゆずを収穫してゆず風呂に入る、ハーブやはちみつを収穫して料理といったプログラムもある。魚釣りや潮干狩り、ヒジキ摘みなどの漁業関連体験もおこなわれている。

「トーク・上映会等」では、「半農半X」トーク、湯梨浜町農園めぐりツアー、漁師・百姓・詩人 (詩集「つまづく地球」など) のシンガーソングライターによるライブ、土と水と空から生まれた命を歌う農民ロッカー (無施肥無農薬自然米作りなど) の「土水空ツアー」などがおこなわれている (音楽ライブはイベント等には含めていないが、この2件は生産に関するメッセージが込められているのでイベントとして含めた)。

また、3本のドキュメンタリー映画が上映されている。『モンサントの不自然な食べもの』は、世界の遺伝子組み換え作物 (不自然な食べもの) 市場の9割を占める「モンサント社」の1世紀にわたる歴史を、貴重な証言や機密文書によって検証している。生物の根幹である「タネ」を支配し、遺伝的多様性や食の安全、環境への影響、農業に携わる人びとの暮らしを意に介さず利益を追求するグローバル企業の姿や、現在の「食」の経済構造に強い疑問を投げかけている。『パパ、遺伝子組み換えってなあに？』は、アメリカで3人の子どもを育てる監督が、遺伝子組み換え食品に疑問を持ち、家族と共にその謎を明かす旅に出て、どんな食べ物を選択するかを家族でみつけるまでの物語である。モンサント本社や、ノルウェーにある種子銀行の巨大冷凍貯蔵庫、遺伝子組み換え食品の長期給餌実験をおこなったフランスの教授、遺伝子組み換えに反対し命の種を守る農民などへの取材を通じて、食産業の驚くべき実態を浮かびあがらせている。『よみがえりのレシピ』は、「在来作物」に光をあて、栽培者自身が種苗を管理し守ってきた「生きた文化財」といえる存在でありながら、大量生産、大量消費に適応できずに忘れ去られてしまった「在来作物」を、今日によみがえらせ継承していこうとする人びと（山形の、イタリア料理店シェフ、在来作物研究者、手間を惜しまず種を守り続ける農家の人たち）の姿を描いた作品である。

暮らし総合

衣食住などの暮らしに総合的に関連するイベント等を一覧したものが表5-4-3である。「フリーマーケット等」「暮らし体験等」「トーク等」「上映会等」（トーク等と上映会等には、出産・子育て関連を含む）に大別でき、「スロー」「ミニマル」「ローカル」な暮らしの再生にかかわるトークや上映会が多数開催されていることが特徴である。イベント等の種類数は、計190であるが、このうち、「トーク」（75）と「上映会等」（37）を合わせると112種類となり、他の分類と比べて際立って多い。「フリーマーケット等」も51種類ある。地域別では、中国（37）、関東（28）が多く、次いで、北海道・北陸・東海・九州（17）である。

「フリーマーケット等」では、モノを大切に使い続けることをねらいとして、「物とモノ交換市」「必要のないものを必要とするひとへ届ける素材市」「お金が介在しないフリマ」といったぶつぶつ交換、地域の特産品やこだわりの品、古道具、古本等を出展する各種マルシェなどが開催されている。

「暮らし体験等」では、半自給自足生活、里山生活、田舎暮らし、パーマカルチャーなど、地域の特性を生かして自然と一体化した暮らしを体験するプログラムが実施されている。その他にも、テント張り・食器手作り・ロケットストーブ・焚き火しながら発電・簡易トイレ作り・簡易寝袋作りといった防災対策も含めたキャンプ生活体験、太陽系を1兆分の1に縮小した暦を用いて、地球規模での自分の立ち位置やすべての生き物が共有する時の流れを感じる「地球暦」ワーク、地球の暦・養生・エネルギーなど、豊かで持続可能な命について考える「衣・食・住」ワークなどが実施されている。

「トーク等」では、自転車で世界を巡る旅、近代化が進行していない国や地域での暮らし方、農的暮らし、半農半X、地方での仕事のつくり方や暮らし方、シンプルライフ、ミニマルライフ、スローライフ、21世紀が求める豊かさ、「持つ」こだわりから解き放たれた人間らしい暮らしや生き方、「食べ物」「仕事」「エネルギー」を自分たちでつくる自給自足的な暮らし方、オフグリッド生活とエネルギーの未来、水資源の保護、エコヴィレッジなど、持続可能な暮らしに関するさまざまなテーマが取り上げられている。出産・子育て関連としては、気持ちのいい自然な出産、おむつなし育児、自然の中で子どもが仲間とともに育ち合う「青空自主保育」、子育てに関する各種講座（認知の仕方と限界、怒りの正体、子どもを受容する、学校の先生や医師の話など）、世界一周子育ての旅などのトークや講座がおこなわれている。

「上映会等」では、ドキュメンタリー映画が多く上映されており、概ね、①自然と深くかかわる暮らしやそれらを守ろうとする人びとの活動（12）、②シンプルライフ（6）、③さまざまな生き方と幸せの形（4）、④フェアトレード（1）、⑤出産・子育て（6）などに分けることができる。以下では、分類順に主なものについて言及しておきたい。

まず、①の「グランテッド」フィルムシリーズは、パタゴニア社が支援する「土地や文化や地域に生気を与えるつながりを保護し回復するために戦う人びとの物語」シリーズである。その中の『シー・オブ・ミラクルズ（奇跡の海）』は、絶滅危惧種や数々の希少な生物が生息する「奇跡の海」でありながら、原発計画によって危機にさらされている山口県上関町の周辺海域を守り、100年後の子どもたちにつなぐ活動をしている人びとの姿を描いたものである。同じ

表 5-4-3　暮らし総合関連

		フリーマーケット等	暮らし体験等	トーク等	上映会等
北海道		フリマ	半自給自足生活イベント	イマ世界が求める本質的なモノって何？トーク 十勝で躍動するライフ・シフト100年人生時代トーク マダガスカル原始生活体験記 南極での暮らし方の話 157カ国を自転車で巡った小口さんの話 南アフリカ・イギリス・日本までの自転車旅トーク 「Small is Beautiful」ニュージーランド写真展＆トーク シュタイナー教育ワーク これからの教育×コミュニティトーク	『simplife』上映会（2） 『お金を使わずに生きれるのか』関連の上映会 「グランテッド」フィルムシリーズ上映会 『幸せはどこにでもある！』関連の上映会 『バレンタイン一揆』上映会
北海道 計	17	1	1	9	6
東北		ぶつぶつ交換市 マルシェ	里山生活体験 中高生向け朝日町体験旅	旅するように暮らす生活の理想と現実トーク	
東北 計	5	2	2	1	
関東		フリマ（2） ガレージセール マルシェ 必要のないものを必要とするひとへ届ける素材市 パーマカルチャーフェス	里山から学ぶ 寺体験と造園家のお宅訪問＆森のご飯会 パーマカルチャーフェス サバイバルワーク 地球暦ワーク	半農半Xトーク 自転車旅を語る会 半径10 mの小宇宙と暦の話 テンダー「明るい未来を描くチカラ～持続可能なライフスタイルを探る旅」トーク 地球のうえでのんびり暮らそうよトーク 動物と人とが楽しく幸せに暮らせるためにあなたができること講座 自分の人生を楽しむお母さんになる！お話会 「青空自主保育」お話会	『365日のシンプルライフ』上映会（2） 『simplife』上映会 『ダムネーション』上映会 『カンタ！ティモール』上映会 『シェーナウの想い』上映会 『うまれる』上映会 『玄牝（げんぴん）』上映会 『トントンギコギコ図工の時間』上映会
関東 計	28	6	5	8	9
東京都		フリマ マルシェ	田舎暮らし体験	「暮らしを作る」トーク 旅するように暮らすトーク	
東京都 計	5	2	1	2	
北陸		フリマ	地方移住・田舎暮らし とやまの暮らし体験 凍み渡り体験 パーマカルチャーワーク	田舎で自分らしく暮らすお話会 秋の薬草ワーク＆「僕たちが農的暮らしをはじめた理由」トーク 哲学カフェ「豊かさって？私たちは豊かになっているのか？」 てぶら革命ーてぶらで暮らす・生きるトーク 糞土師伊沢正名さんトーク 「昆虫食の可能性、地域資源の再発見、地域の循環」トーク 南北アメリカ縦断自転車旅お話会 子ども語り部教室 おむつなし育児講座	暮らしかた冒険家『別れかた 暮らしかた』上映会＆トーク 『幸福は日々の中に』上映会 『オーガズミックバース』気持ちいい お産の秘密』上映会
北陸 計	17	1	4	9	3

甲信		フリマ 蚤の市		「いのちのもり響命プロジェクト」お話会 「安曇野スタイル」出展＆ワーク 自転車で世界一周松本英揮さんトーク 子育て談話室 嫉妬や怒りの感情から「子育て」を考える講座 子どもを受容するワーク	『simplife』上映会 『ハーメルン』上映会 『Given 〜いま、ここ、にあるしあわせ〜』上映会 『かみさまとのやくそく』上映会 『こども哲学―アーダコーダのじかん―』上映会
甲信 計	13	2		6	5
東海		フリマ マルシェ（3） マーケット（2）	田舎のいろいろな仕事体験	半農半X講演会 ミニマリスト佐々木典士さんトーク（2） パーマカルチャー講座 130か国を旅するエコロジストのお話会 南北アメリカ自転車縦断トーク 林業と地域電力のお話会 「森本家世界一周子育ての旅」トーク	『アラヤシキの住人達』上映会 『こどもこそミライ』上映会
東海 計	17	6	1	8	2
近畿		フリマ 物とモノ交換会 こどものもの交換会 古本市 マルシェ（2） 農家さんの語り部 マルシェ 青空やさい市（2）	下町体験	自転車世界一周トーク 絵本や子育てについて交流 熊野スカラーシップ高校生海外単独渡航報告会	
近畿 計	13	9	1	3	
京都府		フリマ		防災教室 いつもの備え座談会 認知症勉強会	『SIGNS FROM NATURE――気候変動と日本』上映会
京都府 計	5	1		3	1
中国		フリマ（5） 蚤の市 古本市 マルシェ（2） やまのうえのマルシェ	「衣・食・住」ワーク＆トーク Eleven Village 文化祭 ゆりはま暮らし体験 ふんどしゴミ拾い 旅の話（タンザニア、インド、台湾） キャンプマーケット お庭で防災デイキャンプ 虎の市こどもスタッフ	自分の素敵を発見するトーク 好きなことを仕事にして生きていく方法トーク 「継続すること、作ること、暮らすこと」トーク せとうち暮らしトーク 昔の山陰の芸術家はどうやって暮らしていたか？トーク どうしたら楽しく幸せに暮らせるのか？トーク てぶら革命－てぶらで暮らす・生きるトーク 裏からの政治トーク（消費税・エネルギー・戦争の記憶フィールドワークなど） 世界中を和服で旅したサムライ冒険家講演会 「旅とロシア生活文化」トーク サイクリストによるトーク 「家族四人極貧世界一周」松井家の旅トーク ネパールから世界を知ろう講演会 テンダーと語るエネルギーの未来	『つ・む・ぐ――織人は風の道をゆく』上映会＆監督トーク 『365日のシンプルライフ』上映会 『いのちの海 辺野古大浦湾』上映会 『シェーナウの想い』上映会 『できる――セ・ポシブル』上映会＆監督来日トーク
中国 計	37	10	8	14	5
四国		古本市 ガレージセール	哲学対話体験 まかぜ海道ポタリング――本当の豊かさを探す旅	ノマド的節約術座談会 「家族四人極貧世界一周」松井家の旅トーク 世界を旅する写真家のトーク	『カンタ！ティモール』上映会
四国 計	8	2	2	3	1

九州		お金が介在しない フリマ ミニマルシェ 古道具マルシェ 朝市	電気を使わない暮らし体験 キャンプ生活体験	「大人の寺子屋」ワーク（幸せはどこにある？感謝から生まれることなど） あなたの生活をちょっと良くする」会（ネガティブの重要性と活用法、学習） 暮らしのスタイル―― じぶんの生き方を見つめる合宿 しごとの話わたしの話～聴く、話すことで見えてくるもの スローライフ 一輪車世界一周講演会 フィリピンの村写真展＆トーク 「家族四人極貧世界一周」松井家の旅トーク	『simplife』上映会 『リトル・フォレスト』上映会 『かみさまとのやくそく』上映会
九州 計	17	4	2	8	3
沖縄県		フリマ（3） マルシェ（2）		自転車日本一周旅応援	『久高オデッセイ 第一部　結章』上映会 『天空の棚田に生きる～秘境　雲南～』上映会
沖縄県 計	8	5		1	2
全国 計	190	51	27	75	37

く『ダムネーション』は、アメリカ全土にある多数のダムが、発電等の効果は低く、川の変貌や魚の絶滅など、むしろ負の面の方が大きい存在であることから、ダムを撤去しようとする人びとの挑戦と撤去にいたる姿を描いたものである。ダムが撤去された時、川は本来の姿を取り戻していき、人間も自然の一部、技術によって自然を征服するのではない新たな未来づくりの方向を示唆してくれる。さらに、『SIGNS FROM NATURE――気候変動と日本』は、パタゴニア環境助成金を得た映画で、北海道から沖縄まで全国5か所の気候変動の現状とこれからできることを、そこに住む人の視点から描いたもの、『できる――セ・ポシブル』は、フランス人のカップルが、日本各地の15か所を旅して持続可能な未来の暮らしのヒントを集めていく姿を描いたもの、『つ・む・ぐ――織人は風の道をゆく』は、自然の命とともに生きる3人の日本人（タイ移住の服飾デザイナー、東洋医学や補完代替医療等を取り入れた医師、有機農法実践家の歌手）の姿を描いたものである。

②の『simplife』は、アメリカ西海岸に手作りの小さな家「タイニーハウス」を建てて住むパイオニアたちを訪ね、モノを手放したことで、個性的で、たくさんの自由を手に入れることに成功した暮らしを紹介している。同じく『365日のシンプルライフ』は、フィンランドのヘルシンキ在住の若者（監督自身）が、自分の持ち物を一端全部倉庫に預け、一日に一つずつ必要なモノを取り出す実験をおこない、最も「モノを消費することによって自分を表現する」世代

である若者が、モノは自分の幸せとは結びついていなかったと深いレベルで気づくプロセスを描いたものである。

③の『アラヤシキの住人たち』は、長野県小谷村の山奥にある大きな茅葺きの家「アラヤシキ（新屋敷）」（真木共働学舎）で、ハンディのある人や生きづらさを感じた人などさまざまな人たちが、農業と酪農をしながら生き物とともに生き、「人間はみんな違う。違う人間が同じ時間を共有し、共に生きよう」という思いを込めて互いを認め合い支え合って暮らす日々を追った作品である。

⑤の『こどもこそミライ』は、「きみたちこそ未来、みんなで手をつなぐともっと大きくなるよ！」というメッセージを込め、その日に園で起こったさまざまな出来事を子どもたちが自分の言葉で話し合い、ともに考える「りんごの木」（横浜）、一日中、自然のふところに抱かれて全力を出し切って遊ぶ「森のようちえんピッコロ」（山梨）、ハンディのある子もない子もみんな一緒に育ち合う「保育所聖愛園」（大阪）を紹介し、新しい保育の形、そして、人を育てるとはどういうことかを問いかける作品である。

5-5　地域おこし、健康・癒し関連

地域おこし

地域おこしに関連するイベント等を一覧したものが表5-5-1である。「地域おこし一般」「各地域関連」「移住関連」に分けることができ、地方での仕事と暮らしを成り立たせ、地域を活性化させることに関するさまざまなトークや講座、活動報告などがおこなわれている。イベント等の種類数は計143で、「各地域関連」（77）、「地域おこし一般」（45）、「移住関連」（21）の順に多く、地域別では、中国（40）、東京都（20）、東海（17）の順に多い。

「地域おこし一般」では、成果を挙げている活動の事例や地域の事例を取り上げ、講師を招いて話を聞き、学び、ともに語り考えるといったプログラムが多いことが特徴である。各地の例を挙げると、「ローカルで想いをカタチにする」講座（クラウドファンディングを使った20代の3人を関東から招く）、「まち歩きガイド講座――まち歩きブームの先駆け「長崎さるく」から学ぶ」、「街×ヒト×コト / 自分の街を自分で創ろう」（地域活性化や環境、食育などの活動をしてい

表 5-5-1　地域おこし関連

		地域おこし一般	各地域関連	移住関連
北海道		「ほしい未来のつくり方」トーク 「ローカルで想いをカタチにする」講座 「"編集" という魔法」トーク 世界の祭から考える——地域で愛され続ける祭とは！？トーク 地域おこし協力隊トーク 米国ポートランド市都市再生事例など「都市」と「街」の話 若者 x 地域のこれまでとこれから	北海道の借り暮らし・まちの可能性 「北海道」×「ライフスタイル」×「仕事」 「昭和の帯広駅前ジオラマ」展示 & トーク 拓殖鉄道廃線探検ツアー	移住者の集まり
北海道 計	12	7	4	1
東北		地域交流会・地域つくり 「ポイトラ」トーク まち歩きガイド講座——まち歩きブームの先駆け「長崎さるく」から学ぶ	まちの魅力発信フリーペーパー作り 上野尻演芸会参加 地域の魅力発信スキル向上講座ー荒町商店街の魅力に迫る	移住者会 移住者を尋ねるツアー
東北 計	8	3	3	2
関東		街×ヒト×コト / 自分の街を自分で創ろう 市民主導で地域経済を作る——イギリス・トットネスの経験お話会 地域おこし協力隊お話会	佐倉ミライ会議——デザインは佐倉を行きたい街にできるか、空き屋や空きスペース活用方法、民間主導のまちづくりなど エコロジスト松本英揮さんと「エコの街、鎌倉」の未来を描くトーク	IU ターン者によるとちぎ暮らしトーク
関東 計	7	3	3	1
東京都		地域となりわいトーク 若者と地域イノベーションで創る未来 地域創生・場作り・二拠点居住 つながり方改革——コミュニティの仕事 新しい場のつくり方——コミュニティ作りの達人トーク 地域の食の魅力を伝える「マルシェスト」とは？ 古民家活用の仕方——医療と福祉への活用 SDGs de 地方創生ゲーム体験 江戸時代から考える現代のコミュニティづくり 地方の仕事や暮らしに興味がある人のコミュニティ 「サードプレイス」——「心地よい場」を実際につくりあげる体験	しいなまちのかるたとり 奈良奥大和地域等各地の地場料理店が来て味わえるイベント 沖縄なんじょうゆるゆるナイト Local Stand（日本各地のローカル紹介） ローカルラウンジ（地域の課題を考える）	食べながら移住を語る 香住町移住相談会 & トーク 淡路島移住体験トーク 屋久島で暮らす・働く リアルシェア会
東京都 計	20	11	5	4
北陸		「地域×カフェ×つくる」トーク 「若者×地域×キャリア」トーク	かまくら茶もっこ・夏宵の行灯茶もっこ 佐渡友つくらナイト 花咲く湯涌まるごとフェスタ 茶屋街かわいい建物ツアー 「金沢民景」を作る金沢町歩きツアー 鯖江市ものづくりツアー & トーク	移住定住促進 移住ツアー in 十日町市 鹿児島移住計画・新潟移住計画
北陸 計	11	2	6	3
甲信		「縄文 ZINE に相談だ」トーク 地域おこし協力隊員 3 年後	飯田の農家民泊が Cool Japan Award 2017 を受賞した理由に迫る	移住よもやま話 移住〜須坂サイズのまちで店を持つ
甲信 計	5	2	1	2
東海		暮らしたい町のつくり方 田舎で自分らしく暮らすお話会 地方で小さな仕事を創っている人の話 ドイツ・ライプツィヒでのワークショップ参加報告	昭和レトロ青空お茶会・まちあるき 石和酒店で角打ち・まちあるき 熱海まち歩きとトーク 東京にいながら熱海とつながる「atameet」 勝手に！地元を自慢しナイト 「地域ブログ」のお話し会 in 愛知県 山車を上階格子窓から観る会 竹灯りイベント 東海道関宿・街道まつり出展 関宿祇園夏祭り参加 『郡上スゴロク』上映会	I ターン・U ターンの夕べ ひだマンデー
東海 計	17	4	11	2

近畿		「なぜ尾道に人が集まるのか」の話 尾道空き家再生プロジェクトがやってくる！ 街ぐるみで観光客を増やすためのコツ講演会 『40㎡のフリースペース――ライプツィヒ「日本の家」2015-2017』上映会＆トーク	福住まちなみ探訪 大宇陀を素敵な街にする方法を考える 宇陀の穴場巡りツアー 環濠集落今井町まち歩き 仏像講座・合宿 ＪＲ紀勢線から紀南のミライを考える	
近畿 計	10	4	6	
京都府		プノンペンのまちづくり	Local Stand（日本各地のローカル紹介） パトラン京都、ナイトウォーク 丹後女子会	
京都府 計	5	1	4	
中国		地方をちょっぴり豊かに暮らすidea会議 自分が暮らしてきた場所と時間トーク 地域となりわいを作るセミナー 「シゴトとセイカツとワタシ」トーク 地方創生イベント「竹灯りで繋がり広がるコミュニティ」「パーリー建築の考えるまちづくりとは」「地域から生まれる新しい価値とは」 ゲストハウスで働くぼくらが地域のためにできること 畠山千春的コミュニティのつくりかた 介護保険でまちづくり？ 今日からはじめるまちづくりトーク 山形の"いま"を聴く 『バベる！』出版記念岡啓輔トーク ドイツライプツィヒ街づくりトーク 「夢と経営ー地域の想い」合宿セミナー 地域と生きるゲストハウスサミット 「震災」にみる参加型コミュニティ・アーカイブ講座	やわらかく瀬戸内で暮らす事 湯梨浜町松崎・東郷エリアツアー 鳥取のまちと物件をまわるツアー 地域の記憶を記録するメディアプロジェクト 大田市の未来を語る 出雲研究会 うんなん恵沢塾（雲南市の仮題と解決案を考えるなど） 地域課題勉強会、わがとこ政治探検カフェ 遊休資源で地域をイノベーションするセミナー 自分と岡山の将来を考える 「小さな場所からはじめるまちのマネジメント・岡山編」研究発表 美観地区周辺クリーンプロジェクト 早島マルシェ・倉敷三斎市出展 奉還町よみとき妄想散歩 奉還町ローカルサミット ポートランド＆岡山トーク 山村エンタープライズ報告会 「Nawate Project」夜の茶話会 西粟倉から世界を考える 尾道まちづくり発表会 広島×対話×平和をテーマにした平和公園ガイド 『希望のレール』出版記念トーク	移住者交流会 山口移住計画のキックオフイベント 隠岐の島移住の話
中国 計	40	15	22	3
四国			ビーチクリーン＆ビーチコーミング せとうちスローサイクリング シクロ女子旅（地野菜収穫とピザ、菊間瓦で鬼瓦作り、浜辺ヨガなど） １日体験歩き遍路	夏の移住体験ツアー
四国 計	5		4	1
九州		観光地域づくり講座（農山魚村に泊まる魅力の創り方とムラまるごと地域づくり、イタリアから学ぶこれからのツーリズムなど） 旅に行きたくなるまちのつくりかたトーク	まちのお掃除隊 糸島×ライフスタイル トーク 平戸自転車同好会（ポタリング） 水俣で野菜を売る理由トーク 現代版百姓が限界集落を救うプレゼン ローカルメディアリリース記念トーク	糸島移住体験
九州 計	9	2	6	1
沖縄県		外国人観光客を喜ばせるおもてなし講座	ビーチクリーン 戦後沖縄の歩みと基地の影響体験	移住を考える
沖縄県 計	4	1	2	1
全国 計	143	45	77	21

る人の話)、「地域×カフェ×つくる」(この三つのテーマに関する人のトーク)、「縄文ZINEに相談だ」(縄文ブームの火付け役となった「縄文ZINE」編集長の話)、「地方で小さな仕事を創っている人の話」(非電化工房卒業生の近況報告:ソーラーパネルの組み立て講座開催、綾部に移住してアースデイを企画など)、「尾道空き家再生プロジェクトが和歌山にやってくる!」などである。

個別のテーマを取り上げた例としては、コミュニティ関連の仕事やコミュニティづくり、仕事(なりわい)づくり、地方創生と食、古民家の活用法、サードプレイスづくり、建築や祭りや観光客とまちづくりといった講座やトークなどがある。海外からの学びでは、トランジション活動の発信地であるイギリスの田舎町トットネスから講師を招いて市民主導の地域経済づくりの話を聞く会、衰退したドイツの地方都市ライプツィヒの再生に寄与した「日本の家」についての報告や映画上映会、イタリア南地方の研修報告とアグリツーリズムの話などがある。

「各地域関連」は、大きく四つに分けることができる。1.講師を招いて自分たちの地域のあり方を考える例として「「北海道」×「ライフスタイル」×「仕事」」「佐倉ミライ会議」「「エコの街、鎌倉」の未来を描く」「JR紀勢線から紀南のミライを考える」「西粟倉から世界を考える」など、2.自分たちで地域のあり方を考える例として、「荒町商店街の魅力に迫る」「勝手に!地元を自慢しナイトin愛知県」「大宇陀を素敵な街にする方法を考える」「丹後女子会」「出雲研究会」「尾道まちづくり発表会」「糸島×ライフスタイル」「水俣で野菜を売る理由」など、3.地域の祭りをつくるあるいは加わる例として「かまくら茶もっこ・夏宵の行灯茶もっこ」「東海道関宿街道まつり出展」「早島マルシェと倉敷三斎市出展」など、4.まちを巡るあるいは活動する例として、「「金沢民景」を作る金沢町歩きツアー」「湯梨浜町松崎・東郷エリアツアー」「奉還町よみとき妄想散歩」「広島×対話×平和をテーマにした平和公園ガイド」「1日体験歩き遍路」「大濠花火大会翌朝お掃除活動」「戦後沖縄の歩みと基地の影響体験」などがある。この他に、東京あるいは京都で地方の魅力を伝える「Local Stand(日本各地のローカル紹介)」、地方の課題を考える「ローカルラウンジ(地域の課題を考える)」などもおこなわれている。

「移住関連」では、移住体験・移住相談・移住計画、実際の移住者の体験談、移住者の交流会、地域おこし協力隊に関する話などがおこなわれている。

健康・癒し

健康や癒しに関連するイベント等を一覧したものが表5-5-2である。「ヨガ・体操等」「癒し・治療等」に分けられる。現代生活の中で、疲れ切った心身をリラックスさせ、自然とともに生きる人間本来の姿を取り戻そうとする体験プログラムが実施されていることが特徴である。イベント等の種類数は計150で、「ヨガ・体操等」が83、「癒し・治療等」が67である。地域別では、九州（24）、中国（22）、近畿と四国（17）、関東（16）の順に多い。

「ヨガ・体操等」では、まず、各種のヨガが各地のGHで広くおこなわれている。朝ヨガ、海辺ヨガ、湖畔ヨガ、山ヨガ、キャンドルヨガ、ネイチャーヨガなど、宿の立地や特性を生かして効果を高めようとしているものや、ヨガを取り入れたピラティス（ヨガの動きに、深層部筋肉の鍛錬を加えて心身の活性化をはかる）、同じくジャイロキネシス（ヨガ，太極拳、気功、バレエ、水泳をもとにした滑らかな動きにより、関節や筋肉を人間本来の姿に整える）といったエクササイズ、楽健法（二人ヨガ）（互いに足の付け根や足裏などを踏み合う健康法）などである。また、瞑想に力点をおいた音（ナーダ）ヨガ（「声」や「音楽」をとおして自らの内側を見つめ、魂の本質へと深くつながる）、眠りのヨガ（仰向けに寝て、眠りと覚醒の狭間で瞑想する）、マインドフルネス瞑想（いま、この時に意識を集中して瞑想する）&ヨガや、ヨガの瞑想を原点とする座禅、超越瞑想（ヒマラヤの伝統的瞑想法で、リラックスした状態で短い言葉—マントラ—を唱える）などもおこなわれている。

体操では、テラノ式手ぬぐい体操（手ぬぐいを使って全身の筋肉・関節・経絡をゆるめ身体の力を抜く）、アヘアホ体操（北海道発祥で、「あへあほ」と発しながら腹筋を動かし全身の筋肉を鍛える）、ストレッチ、筋トレなどがおこなわれている。

「癒し・治療等」では、東洋的な全体観をもとにした癒しや治療がおこなわれていることが特徴である。身のまわりにある宇宙エネルギー（気）を取り込むレイキ（霊気）ヒーリング（手のひらをあてて気の流れをよくする）、里山サイクリングによるヒーリング、ソウルヒーリング（自分の本質に回帰する）、音波に

表 5-5-2　健康・癒し関連

		ヨガ・体操等	癒し・治療等
北海道		ヨガ（3） アヘアホ体操、トレーニング＆ストレッチ トレーニング＆ストレッチ	リフレクソロジー 音楽と整体
北海道 計	7	5	2
東北		ヨガ、ヨガ合宿	
東北 計	2	2	
関東		ヨガ（3）、こどもヨガ ジャイロキネシス（2） バレエストレッチ 遊体法 / テラノ式手ぬぐい体操 合気道呼吸法	和の心でほぐしとレイキ 酵素ファスティング 快医学講座 インド体験 米ぬかオイルのハンドオイルケア エイトケア体験、ヒマラヤ蜜蝋バーム・ミントスプレー作り
関東 計	16	9	7
東京都		ヨガ（4） 座禅 リフレッシュ体操	レイキヒーリング体験 アーユルヴェーダ ハワイ伝統マッサージ チェアロミロミ体験 アロマキャンダル・ミスト作り
東京都 計	10	6	4
北陸		ヨガ（2）	スピリチュアルお話会 整体、痛み解消、タイ式マッサージ 心体魂・衣食住ホリスティックカウンセリング
北陸 計	7	2	5
甲信		ヨガ（5） ピラティス ストレッチ	ヒーリング ことだまメソッド まなゆい からだについてじっくり探る、お灸講座、タイ式マッサージ（2）
甲信 計	13	7	6
東海		ヨガ、山ヨガ、海ヨガ合宿 ピラティス	ココロとカラダをリセットする２日間 my 箱灸作ってお灸するワーク ヘナとカラダのお話会
東海 計	7	4	3
近畿		ヨガ（5）、アラビアンヨガ 座禅 魂振り合宿（寺社拝観・ヨガ・呼吸）	リラックス体操（フェルデンクライス）と瞑想 プチローフード健康チェック 足つぼマッサージ（2） 和のアロマで香り作り、香水作り アロマハンドクリーム作り、みつろう作り 薬草ソムリエ＆ハーブ薬膳講座
近畿 計	17	8	9
京都府		ヨガ（3） 木刀トレーニング	姿勢教室
京都府 計	5	4	1
中国		ヨガ（6）、湖畔ヨガ 楽健法（二人ヨガ） マインドフルネス瞑想＆ヨガ 座禅 ストレッチ＆筋トレ ラジオ体操	屋久杉玉磨き＆おとのわライブ（祝詞×クリスタルボウル） 五穀塩たち 断食体験 簡単にできる骨盤修整講習 カイロプラクティック ハンドマッサージ 台湾式足つぼマッサージ 足つぼ＆もみほぐし アロマの香水、リップバーム
中国 計	22	12	10
四国		ヨガ（4）、 音（ナーダ）ヨガ 眠りのヨガ 瞑想ワーク（2） 座禅 テラノ式手ぬぐい体操	ヒーリングを求めて里山サイクリング 音楽演奏＆瞑想会＆万華鏡ワーク 『天鹿乃路ししかみのみち』上映会 整体「気血循環法」 お灸講座、 指圧マッサージ タイ式マッサージ
四国 計	17	10	7

九州		ヨガ（7） パワースポットを巡るヨガ旅 寺体験（坐禅、瞑想など） 朝トレ ふらっと健康体操 大人の運動会	龍氣ヒーリング＆日本式靈氣療法の話 ヒーリング・メディテーション あなたの木（氣）をかくワーク 音波セラピー 糸掛け曼荼羅作り（瞑想、セラピー等） いとよりマルシェ（循環ケア体験、ヴォイスヒーリング、ホリスティックヒーリングなど） 縁側でほぐれる リフレクソロジー リラクゼーションマッサージ オイルマッサージ（2） タイ古式マッサージ
九州 計	24	12	12
沖縄県		ヨガ（2）	足マッサージ
沖縄県 計	3	2	1
全国 計	150	83	67

よるセラピー、糸掛け曼荼羅を作るアートセラピー、ホリスティックヒーリング、心体魂・衣食住ホリスティックカウンセリング、屋久杉玉磨き＆おとのわライブ（祝詞×クリスタルボウル）、音楽演奏&瞑想会&万華鏡ワークなどがおこなわれている。

また、アーユルヴェーダ（心身の調和をはかり、健康の維持向上と、自己治癒力を最大限生かした健康増進をめざすインド大陸の伝統医学）、快医学（呼吸、飲食、身体活動、精神活動、環境の五つのバランスを修正する）、フェルデンクライス（身体にここちよい動きによって脳を活性化し、心身の緊張をほぐす）、酵素ファスティング・断食・五穀塩絶ち・ローフード食・薬膳などによる健康回復や健康増進、お灸、整体、指圧、足つぼマッサージ、リフレクソロジー（反射療法）、タイ式マッサージ、ハワイ伝統マッサージ、オイルマッサージ、ハンドマッサージ、蜜ろうバーム作り、アロマの香り作りなどがおこなわれている。

5-6 地域別の特徴とまとめ

本章では、日本各地の自然系GHにおいて、多彩なイベントや体験プログラムが実施されている様子をとらえてきたが、最後に地域別の特徴をまとめておきたい。

地域別にイベント等の種類数を示したものが表5-6-1である。全国計1370種類のうち、中国が231と際立って多く、次いで九州131、近畿119、東海115、東京都113、関東108、北陸107、東北104、甲信103、北海道96と続

表 5-6-1　地域別にみたイベント等の内容

	計	衣生活	食生活	住生活	モノ作り	生産・収穫	暮らし総合	地域おこし	健康・癒し
北海道	96	8	19	8	14	11	17	12	7
東北	104	7	37	12	11	22	5	8	2
関東	108	10	25	4	9	9	28	7	16
東京都	113	21	24	8	21	4	5	20	10
北陸	107	11	33	9	6	13	17	11	7
甲信	103	4	31	8	12	17	13	5	13
東海	115	7	32	17	3	15	17	17	7
近畿	119	13	21	17	15	13	13	10	17
京都府	60	13	13	4	13	2	5	5	5
四国	231	2	43	29	24	19	37	40	22
中国	51	17	9	2	4	4	8	5	17
九州	131	12	41	8	12	8	17	9	24
沖縄	32		10		2	5	8	4	3
全国計	1370	125	338	126	146	142	190	153	150

く。先にも述べたが、これはイベント等の種類を示した数であり、これらの中には繰り返し実施されているイベント等も多数あるため、実際の開催数はさらに多い。

中国は、前出の表 5-2-1 に示したように、イベント等を実施している自然系 GH 自体が他地域に比べて多く（25 軒）、それらのうち、イベント等を盛んに実施している宿も多い（第 6 章表 6-1 参照）。イベント等の内容でみても、「衣生活」から「健康・癒し」まで、いずれの分類でも多く実施されており、特に、暮らしを総合的に考えるトークや映画上映会、各種体験、地域おこしやまちづくりに関するトークなど、「暮らし総合」や「地域おこし」が活発におこなわれていることが特徴である。

九州もイベント等実施の自然系 GH が多く（21 軒）、イベント等の内容では、発酵関連の食品作りや料理、ヒーリングやセラピーなど、「食生活」と「健康・癒し」のプログラムが多いことが特徴である。近畿も同じく 23 軒で、着物着付けやお譲り会、餅つき、蕎麦やうどん打ち、フリーエネルギーの話、地域にちなんだ各種モノ作り、ヨガや座禅、アロマ作りなど、「衣生活」「食生活」「住生活」「モノ作り」「健康・癒し」が幅広くおこなわれていることが特徴である。

東海は、イベント等実施の自然系 GH 自体は 13 軒と多くはないが、ねずし

(郷土料理)、精進料理、野菜等を収穫して料理、非電化な暮らし、農業体験、世界の自転車旅、地域行事応援など、各宿で「食生活」「住生活」「生産・収穫」「暮らし総合」「地域おこし」に関する多彩なプログラムが実施されていることが特徴である。東京都も同じく15軒と多くはないが、衣服作りや草木染、木のスプーンや植物リース作り、コミュニティづくりや日本各地の魅力を伝えるイベントなど、「衣生活」「モノ作り」「地域おこし」が多いことが特徴である。関東も同じく15軒で、マクロビオティック、ローフード、アーユルヴェーダといった健康指向の料理体験、持続可能なライフスタイルに関する各種トーク、各種エクササイズなど、「食生活」「暮らし総合」「健康・癒し」が多い。

北陸、東北、甲信はよく似た傾向を示しており、イベント等実施の自然系GHは、いずれも14軒であるが、各宿で多くのプログラムが実施されていることが特徴である。イベント等の内容では、米作りをはじめ農業の盛んな地域特性を生かして、各種の米作り、野菜や山菜の収穫、地元の食材を使った郷土料理など、「生産・収穫」と「食生活」関連の体験プログラムがおこなわれていることが特徴である。

北海道は、イベント等実施の自然系GHは17軒で、各種のプログラムが実施されており、酪農・畜産を生かしたバター・アイスクリーム・ソーセージ等作り、世界各国自転車旅や海外の暮らし、地域に生気を与えるつながりを保護し回復するために戦う人びとの映画上映会など、「食生活」と「暮らし総合」が多いことが特徴である。

残る3地域のイベント等種類数は、他地域と比べると相対的に少なく、京都府60、四国51、沖縄32であった。これは、3地域の圏域が一府県であるなど狭いためでもあるが、イベント等実施の自然系GHをみると、京都府13軒、四国11軒、沖縄11軒と必ずしも少ないわけではなく、各宿で実施されるイベント等が全般に少ないためでもあるといえる。イベント等の内容をみると、京都府は、着物着付け、餅つき、手毬作りなどの「衣生活」「食生活」「モノ作り」、四国は、うどん打ち、ヨガ・瞑想・ヒーリングなどの「食生活」「健康・癒し」、沖縄は、沖縄料理、沖縄県久高島の姿やそこに暮らす人びとの営みを描いた映画上映会など「食生活」「暮らし総合」が相対的に多いことが特徴である。

以上で述べてきたように、全国の自然系GHでは、それぞれの地域の特性を生かしながら、「衣生活」から「健康・癒し」に至るまでの暮らし方に関する多彩なイベント等が実施されていることがわかった。そして、これらのイベント等には共通する特徴点がみられた。第一は、着物や浴衣の着付け、味噌仕込みや餅つき、壁塗りといった日本の伝統的な暮らしへの指向、第二は、地域の伝統産業や伝統工芸、郷土料理といった地域の特性を生かした暮らしへの指向、第三は、自然素材、自然食、有機農業、自給自足といった自然と共生する循環型の暮らしへの指向であるということができる。こういった暮らしの指向は、第２章の末尾や第３章の冒頭で言及したような「永続性（持続可能性）の追求という根本的な価値観の転換、パラダイム転換」の希求を基底とした「スロー、ミニマル、ローカルな脱消費の暮らし」の模索であり、また、太陽エネルギーと植物の恵みを最大限利用した日本の伝統的な循環型の暮らしを再評価し、今日的な形で再生しようとする動きとして位置づけることができるだろう。

映画のHP・FB

『アイヌの丸木舟』https://www.facebook.com/1589550734592252/videos/1653292344884757/
『麻てらす～よりひめ 岩戸開き物語～』http://asaterasu.com/index.html
『アラヤシキの住人たち』http://arayashiki-movie.jp/
『ある精肉店のはなし』https://www.seinikuten-eiga.com
『遺伝子組み換えルーレット――私たちの命（いのち）のギャンブル』http://www.geneticroulette.net/
『キング・コーン――世界を作る魔法の一粒』http://www.espace-sarou.co.jp/kingcorn/top.html
「グランテッド」フィルムシリーズ https://www.patagonia.jp/granted-series.html
『こどもこそミライ』http://kodomokosomirai.com/
『SIGNS FROM NATURE――気候変動と日本』https://world.350.org/ja/signs-from-nature/
『ザ・トゥルー・コスト――ファストファッション 真の代償』http://unitedpeople.jp/truecost/
『365日のシンプルライフ』http://365simple.net/
『シー・オブ・ミラクルズ（奇跡の海）』https://www.patagonia.jp/sea-of-miracles.html

『simplife』http://simp.life/
『聖者たちの食卓』https://www.uplink.co.jp/seijya/
『0円キッチン』http://unitedpeople.jp/wastecooking/
『ダムネーション』http://damnationfilm.net/
『つ・む・ぐ――織人は風の道をゆく』http://tsumugu-movie.com/
『できる――セ・ポシブル』https://www.cinemo.info/72m
『パパ、遺伝子組み換えってなあに？』https://www.uplink.co.jp/gmo
『久高オデッセイ 第一部　結章』https://www.kudakaodyssey.com/
『BOOKSTORE ～移住編～』http://toriikuguru.com/tkpress/2013/12/10.html
『モバイルハウスのつくりかた』http://mobilehouse-movie.com/
『モンサントの不自然な食べもの』https://www.uplink.co.jp/monsanto
『山人の丸木舟』https://www.facebook.com/1589550734592252/videos/1659076527639672/
『よみがえりのレシピ』http://y-recipe.net/
『料理人ガストン・アクリオ 美食を超えたおいしい革命』https://www.cinemo.info/42m

第6章　自然系ゲストハウス一覧および特徴的な50事例

この章では、自然系のイベントあるいは体験プログラム（以下ではイベント等と略記する）を実施している全国の自然系ゲストハウスの名称と、それらで実施されている暮らし方関連イベント等を一覧するとともに（表6-1）、イベント等を活発に実施している宿、あるいはイベント等の実施において特徴的な宿を50事例取り上げ、ホームページ（HP）やフェイスブック（FB）などを参照しながら、簡単な宿紹介および暮らし方に関する主なイベント等の紹介をしていきたいと思う。

いずれも、自然系の暮らしを指向し、地域おこしに寄与する宿であるが、以下の各節では、特徴的であると思われるイベント等に着目して、「衣生活」「食生活」「生産・収穫、田舎暮らし」「暮らし総合」「地域おこし」「住生活、健康・癒し」に区分したうえで、一覧表と対応しやすいように、北から順に記述している。これらの宿を地域別にみると、北海道4、東北3、関東4、東京都4、北陸4、甲信3（＋1）、東海6、近畿4、京都府3、中国10、四国1、九州4の計50軒（＋1軒）である。

なお、ゲストハウスの名称については、HPとFBとで表記が異なる場合や、英語と日本語が併記されている場合などがあるが、本章ではHPで使われている主たる名称を用いて記載することとした。また、本章で取り上げるイベント等の種類や内容などは、2019年11月末までの時点で把握できた情報等にもとづいて示したものである。表6-1（本書228ページ～）には、諸般の事情で休業中の宿、2019年途中で閉業した宿、個室化した宿、移転予定の宿なども含めている。

紹介文中では、ゲストハウスをGHと略記することとする。

6-1　衣生活を特徴とする事例

衣生活に特徴のある事例として、４軒を挙げておきたい。暮らしの中のお裁縫、着物や帯の現代的活用法、和装撮影会、アンティーク着物の醍醐味を楽しむといったイベント等をとおして、手作りの豊かさや着物の魅力を伝えようとしている事例である。

東京都豊島区の**シーナと一平**は、下町商店街の民家をリノベーションしたGHである（第４章4-4でも言及）。宿を拠点にまちを散策し、地元の人と交流するなどして「あたりまえの東京ローカルの日常」を体験してもらい、地域を活性化することをねらいとしている。1階には、「布で世界とつながりミシンでまちとつながる」をコンセプトにした「ミシンカフェ」があり、「手作りの愛着」を大切にする地元の人たちの世代を超えた憩いの場ともなっている。ミシンカフェでは、衣生活関連のイベント等もおこなわれており、例えば、「はじめてさんのベレー帽作り」、初心者でもOK「かぎ針で網むかわいいコースター作り」、なんとなく気に入らなくなった、汚れたなどで「愛せなくなった」服を、「藍」の力で復活させ、もう一度「愛」してもらうための「藍染」ワーク、福祉・多世代間の出会いが生まれる場所づくりの「長崎二丁目家庭科室」（子どもの服をチクチク縫う会、つくりかけの物を持ち寄って縫う会等）などである。

石川県小松市の**ゲストハウス三日市**は、三日市商店街にある築約80年の町家を利用した古民家GHである。和装で街を盛り上げたいとの思いから、GHのオーナーが会長となって「石川県和装愛好会」を立ち上げ、和装関連のイベント等が開催されている。曳山と子供歌舞伎で知られる小松市の「お旅祭り」の日におこなわれる「石川和装撮影会」と「お旅まつりフォトコンテスト」、浴衣で短冊に願い事を書き神社に奉納し宿に帰って食事する「七夕まつり」などである。和装以外にも、地域おこし関連として、地方移住・田舎暮らし・リモートワーク・パラレルワーク・情報発信などをテーマとした、矢野大地氏（高知県の中山間地域で、年間のべ1,000人以上の滞在者を受け入れる拠点を運営するNPO法人ONEれいほくの代表）との交流会、空き家対策セミナーなどもおこなわれている。

大阪府富田林市の**ご婦人乃宿 泊や**は、大阪府で唯一、重要伝統的建造物群保存地区に指定されている富田林寺内町の築100年を超える古民家を、できる限り手を加えずに利用した女性専用GHである。江戸期から昭和初期頃までの建物が立ち並ぶひっそりと落ち着いた佇まいと昔ながらの日本家屋を堪能することができる。女性向けの着物や布に関するイベント等が多く、切らないで作り帯ワーク（箪笥に眠っている手持ちの帯を、切らない方法で活き返らせる）、浴衣着付け講座、きものアレンジ講座（洋服に使う帽子、服飾小物を使って普段着感覚で着物をアレンジするコツ）、浴衣おゆずり会、布を使ったコサージュ作り、毛糸ボンボンでリース作りなどがおこなわれている。

長崎県長崎市の宿の**アンティーク着物 長崎かゞみや**は、世界の放浪を生きがいとしていた女将が、30代でキモノに目覚め、アンティークキモノが似合う長崎の街ではじめたGHである。旅の醍醐味（出会いの喜び）とアンティーク着物の醍醐味（西洋でもなく東洋でもないミックスカルチャーとの戯れ）を楽しむことをコンセプトにしており、着物のレンタルや着付けをおこない、着物姿での街の散策や写真撮影、祭りへの参加などのイベント等がおこなわれている。具体的には、長崎キモノ迷宮時間（大正から昭和期の着物を着て出島やグラバー園散策、浴衣を着て洋館訪問と宴）、レトロアンティーク着物体験（復元出島で繰り広げられる「でじマルシェ」でのワーク）、レトロ着物撮影会（大正浪漫の着物で、築130年の町家ヌイやレトロ電車みなとなどで撮影、街の散策）、長崎みなと祭り（長崎夏の一大イベントへ浴衣で出かける）、てんやわんや浴衣まつり（出島ワーフを浴衣で埋め尽くす）、キモノで豆まき（長崎各地の神社でおこなわれる豆まきに参加）、浴衣1 dayレッスン（3時間の集中レッスン）などである。

6-2　食生活を特徴とする事例

食生活に特徴のある事例として、6軒を挙げておきたい。命をいただき生きているということに感謝してさらにおいしく食べる、発酵食品づくり、地域の特産品や郷土料理、自然栽培米による新酒づくり、無農薬・無化学肥料の食材を使ったビーガン料理、ローフード作りなどによって、日本の伝統食や地域食、自然食のおいしさと魅力を伝えようとしている事例である。

山形県村山市の**KOMEYAKATA GUESTHOUSE**は、「生粋のやまがた人がいる米屋＋百姓の宿、山形人の日常はあなたの非日常、エアコンもテレビも無いけれど静かな夜とさわやかな朝があなたを待っています」というGHである。宿が作っている「こしひかり」「つや姫」「はえぬき」や、知り合いの農家が作っている珍しい品種のお米などの「新米を味わう会」、国内外のさまざまな料理を味わう食事会などもおこなわれている。暮らし方関連のイベント等では、とっきび（とうもろこし）の種まき・収穫と食、じゃがいもの種芋植え付け・花摘み・収穫と食、雪の下に埋めて甘くなった大根を掘り出して食べる「雪堀大根」、生産者を招いて現場の声を聞きながら、命をいただき生きているということに感謝してさらにおいしく食べるというプログラムなど、「食」にゆかりある宿らしいさまざまなプログラムが実施されている。

同じく神奈川県鎌倉市の**発酵ゲストハウス耳日**は、旅好き子育て中の夫婦が営むGHである。「耳日」とは、「今日は耳が日曜なので、都合の悪いことは聞こえません」という意味で、日常の嫌なことを忘れてのんびりしに来てほしいとの趣旨である。子どもを遊ばせながら親が語り合う会もあり、他のイベント等も子ども連れ歓迎で開催されている。宿名にある「発酵」という面からは、発酵旅人てらじさんによる「味噌作り」が定期的におこなわれている。お味噌人形劇で、大豆と麹と塩がどのように味噌になっていくのかなどの説明や、安心安全、信頼できて思いのある生産者の材料を使った講習などである。薬膳料理研究家山田奈美さんによる、無農薬無化学肥料のぬか、安心安全な塩、昆布、唐辛子などを使った「ぬか床作り」教室も開催されている。子育て面では、宿主自身も通った自然出産をめざす愛知県の吉村医院の話である『玄牝（げんぴん）』上映会&トークなどがおこなわれている。

愛知県名古屋市の**ゲストハウスMADO**は、重要伝統的建造物群保存地区に指定された有松にある築100年の古民家GHである。旅人や地域の人びとと通りを結ぶ玄関口となることをめざして運営されている。カフェも営業しており、自然農法による地産地消の安心食材を使ったランチ（植物系タンパク質中心のおかず、自然野菜と発酵調味料のおかず、発芽玄米やもち麦入りのご飯など）を提供している。宿のイベント等でも、新酒「雑混」を飲みながら自然栽培と発酵の話（無農薬・無肥料の「自然栽培」農家と宿のオーナーによる米作り&蔵元による酒づくり）、無農薬・無肥料栽培の大豆による味噌仕込みワークなどがおこなわれている。また、自然栽培や自然食関連と有松関連の両者を盛り込んだ「MADOマルシェ」も定期的に開催されている（第7章7-2参照）。

東京都中央区のIRORI Nihonbashi Hostel and Kitchenは、ラウンジに広々としたキッチンと「囲炉裏」があるGHである。これらを活用して、「ローカルの魅力あふれる旅を届ける」「地方と都会をつなげる拠点をつくる」をコンセプトに、地域おこしにかかわる地元の人、移住者、地域おこし協力隊員などを招いて、特産品や郷土料理を味わうといった食を絡めたさまざまなイベント等が開催されている。例を挙げると、秋田県で安心安全のこだわり米を届ける「とら男」（トラクターに乗る男前農家集団）による「きりたんぽ」ワーク、福島県西会津町の地域活性化活動グループNishupによるトーク、奈良県奥大和地域の移住者等による地域の魅力を伝えるトーク、海辺の地域（徳島海陽町、京都宮津市、神奈川逗子）で移住促進に取り組む人びとによる移住や暮らしのトーク、長崎県五島列島を食べて知ってつながるをテーマとした移住や二拠点居住に関するトーク、沖縄県南城市の移住者や二拠点居住者による地域づくりトークなどである。

京都市下京区のLen KYOTO KAWARAMACHIは、70名が泊まれる大型GHである。1階は、あらゆる境界線を越えて人びとが集えるラウンジスペース（カフェ、バー、ダイニング）となっており、さまざまな国籍や年齢の訪問者に合わせて、ベジタリアン向けなど、多様なフードが用意されている。こだわりの食に関するイベント等も開催されている。ベジ料理教室（自然農法、有機農法による野菜作りにも取り組む菜園料理家によるビーガン料理教室、牛乳やバターを使わない濃厚なホワイトソース、動物性食材不使用の濃厚で美味しいブラウニーなど）、Local Stand（日本全国のさまざまなローカル紹介）の福島バージョン（無農薬・無化学肥料米と天然水を使用した生酛仕込による純米酒、砂糖・油脂・カカオを使用していない「こうじチョコ」などの紹介）、無農薬・無化学肥料、放射能チェックをクリアした野菜を使って五感で楽しみながら味を作り上げていくスリランカ料理、京都のチョコレート専門店による、カカオ豆の皮を剥くところからはじめるチョコレート作りなどである。

福岡県福岡市のSEN&CO.HOSTELは、点と点、面と面が交わるところに「線」＝Senがあるように、「ヒト・モノ・コトをつなぐ、地域とつながりヒトをつなぐ、大好きな福岡と世界をつなぐ」ことをコンセプトとしているGHである。カフェも併設されており、発酵食やローフードなど、食に関するイベント等が多くおこなわれていることが特徴である。味噌作り、ひよこ豆で味噌作り（無農薬もち麦で作った麦麹使う）、味噌汁LIVE教室（禅ビーガンシェフ指導、出汁は使わずお野菜の旨味を最大限に引き出す調理法で、身体と心に染みるお味噌汁を作る）、発酵×薬膳フレンチ料理教室（料理をとおして、その先に見える本質―想いやエネルギー―が伝わってくる講座）、カインチュア（塩と魚を発酵させた魚醤を使ったベトナム料理）作り、ロースイーツ・ローカレー作り（卵・乳製品・白砂糖不使用、グルテンフリー、酵素たっぷりでヘルシー）などである。この他にも、水俣でオーガニック野菜を売る理由トーク、お金が介在しないフリーマーケットなどもおこなわれている。

6-3　生産・収穫、田舎暮らしを特徴とする事例

生産・収穫、田舎暮らしに特徴のある事例として、8軒を挙げておきたい。四季折々の自然の恵みを収穫していただく、農業や林業を体験する、衣食住にかかわるさまざまな田舎暮らしを体験する、のんびりと田舎の時間を過ごすなどによって、田舎の仕事と暮らしの魅力を伝えようとしている事例である。

北海道清水町の**大草原の小さな宿 こもれび**は、西に日高山脈、北に大雪山系を望む十勝平野の酪農地域に立地しており、農家の建物を宿主自らリフォームしたGHである。宿の庭は自然に囲まれていて、春には福寿草と桜、初夏にはフジの花、お盆頃にはあじさいの花、秋には楓と落葉松の紅葉、冬には草原が雪原になって時々霧氷を見ることができるなど、四季折々の自然現象を楽しめる。こういった自然環境のなかで、春夏秋冬の自然の恵みを採取することができる体験プログラムが用意されている。春には行者にんにく採り、夏にはハスカップ狩り、ブルーベリー・カシス狩り、秋には山ブドウ・コクワ採り、栗拾い、冬にはワカサギ釣りなどである。

山形県朝日町の**ゲストハウス松本亭一農舎**は、築100年の歴史ある古民家をリノベーションしたGHで、坂をのぼれば「大朝日岳」を含む朝日連峰へつながり、坂をくだれば「最上川」へといたる自然豊かな地域に立地する「里

山の暮らしに触れる宿」である。GH内には、午後は誰でも自由に使うことができる14畳のコミュニティスペースが設けられている。庭や畑では、山菜や木の実の採取、野菜の収穫などもできる。暮らし方関連のイベント等では、古民家などに存在するといわれる「本を引くと隠し扉が開く本棚」の製作・設置という古民家宿ならではの講習、りんご農家・デザイナー・飲食店経営者など朝日町に移住した人から話を聞くツアー、朝日町主催で松本亭一農舎に宿泊する里山暮らし体験ツアー（りんご収穫、りんご温泉入浴、蜜ろうそく作り、古民家改修など）などがおこなわれている。

福島県昭和村の**古民家ゲストハウスとある宿**は、築180年の古民家GHである。奥会津の山間部に位置する昭和村は、懐かしい田園風景、あたたかな人、湧き出る清水、そして、自然とともに暮らす習慣や文化が根づいている村である。こういった魅力を少しでも知ってもらいたいという思いから生まれた「とある宿」では、からむしの糸・布作り、カンジキ作りと雪中ウォーキング（衣生活）、釜戸炊きご飯・笹巻き・冬の保存食・凍み餅・麦芽飴・団子さし・玄米コーヒー・大豆コーヒー作り（食生活）、カマクラ作り（住生活）、じゃがいもやさつまいも作りと食、大豆の苗植え→畑の管理→収穫と豆腐・味噌作り（一粒の大豆が保存食になるまでの物語体験）（生産・収穫）、ぶつぶつ交換市（暮らし総合）など、「衣生活」から「暮らし総合」に至るまで、昔ながらの暮らしの知恵を生かした多彩な体験プログラムが実施されている。

新潟県五泉市の**五泉ゲストハウス『五ろり』**は、田んぼと山に囲まれた里山にある築60年の民家を利用したGHである。冬は囲炉裏と薪ストーブで暖をとり、布団には豆炭アンカ、夏は扇風機で涼をとる。そして、庭で採れた野草茶を飲み、産みたて卵の卵かけご飯というようなちょっぴり昔の生活、田舎暮らしが体感できる。餅つき、蕎麦打ち、味噌作り、囲炉裏・薪ストーブ・七輪での調理、笹団子とちまき作り、薪割り、田植え、稲刈りなどのさまざまな体験もできる。また、みんなで話す「暮らしの哲学対話」、昆虫食について考え食べてみる「昆虫食の可能性、地域資源の再発見、地域の循環」トーク、排泄物（ノグソ）と自然の循環を考える「糞土師 井沢正名」トークなどのイベント等もおこなわれている。

新潟県十日町市の**山ノ家 カフェ＆ドミトリー**は、松代駅近くの街道筋にある民家をリノベーションしたGHである。東京でアートやデザインの活動をしているメンバーが、仕事の拠点としての都市生活と、ローカルの自然資源を堪能できる田園生活という多拠点ワーク&ライフスタイルの「山」の拠点として生み出したものである。四季折々の里山暮らしが堪能できるように、季節に即した恒例のイベント等が開催されている。3月：巨大なかまくらで「茶もっこの宴」（街道筋を訪れる旅人等を温かく招き入れてもてなす風習「茶もっこ」を地元の有志と山ノ家とで新しいお祭りとして復活させたもの）と雪灯籠作り、凍み渡り体験、5月：松代の棚田の田植え、8月：夏宵の「茶もっこの宴」、9月：秋の味覚を味わう「茶もっこの宴」、棚田での手作業による稲刈り（なるべく農薬を使わずに育てた魚沼産こしひかり）、11月：収穫した新米の米ワーク（新米飯、餅つき、甘酒・塩麹作り）、2月：「豆」ワーク（無農薬で育てた越後妻有の在来種「サトイラズ」で味噌仕込み、藁筒納豆作り）などである。

東京都檜原村の**東京ひのはら村ゲストハウス へんぼり堂**は、イベントスペースを併設した築100年以上の古民家GHである。檜原村の凄い人、檜原村に興味がある人、檜原村で活動している人・できるコト・したいコトが、つながり、つどえる「バショ」、そのつながりから、ちょっとした「シゴト・オカネ」が生まれる「バショ」をつくることをねらいとしている。その実現のため、寺子屋のように、さまざまな師匠のもと、色んな習い事が開かれる「寺子宿」という形をとっている。例を挙げると、染め職人から学ぶ「草木染め」体験、おばあちゃんから学ぶ「村の暮らしの知恵」体験（蕎麦・うどん・こんにゃく・おやき）、造園家・農業コンサルタントの指導による「耕作放棄地開墾・再生と循環型農業」体験、林業家と普通に「山仕事（枝打ち）」をする体験、子ども向けの「田舎暮らし」体験（農作業体験・林業体験・みんなで火おこしバーベキュー・竹でごはんを炊く・お寺で座禅）などである。

長野県小谷村の**古民家 noie 梢乃雪**は、地域でも特に大きな築150年の古民家GHである（第7章7-1参照）。信州再北西の村で、都会では感じることができない「たくさんの本物」を体感することができる。宿では、チェックアウトの時間は定められておらず、お昼の時間帯も、ひたすらのんびり過ごすことができる。雄大な北アルプス山脈を眺めながら縁側や居間で過ごす、畑で土遊びや収穫、山菜採り、薪割り等々、思い思いの田舎の時間を体験できる。暮らし方関連のイベント等としては、「いちからおみそ」（宿の畑で、大豆を植え育て収穫して干して豆を採って、その豆でお味噌を仕込む）、手植えで田植え、手狩りで稲刈り、縁側でヨガ、縁側でタイ古式マッサージ（自然の空気を吸いながら、風を感じて太陽にあたって、生きていることを感じながら自分の体と対話する）などがおこなわれている。

愛知県東栄町の**体験型ゲストハウス danon** は、東栄町の暮らしを体感できる築150年の古民家GHである。都市部から来た人には、不便でも時間や手間がかかっても、シンプルな暮らしの中で充分に楽しめる田舎暮らしの体験などによって東栄町の魅力を知ってもらい、地域の人には、訪れた人との交流をとおして元気になってもらって、地域を活性化したいとの思いで生み出さた宿である。農家宅を訪れて農業体験、ノルディックウォーキングで町の散策、地域の暮らしに触れる宿泊体験などが用意されている。暮らし方関連のイベント等としては、地域や人に触れ食を楽しむ「オーベルチュ」（ハーブ、日本ミツバチはちみつ、鮎などの食材の収穫体験→シェフによる料理教室→コース料理を楽しむ）、薪割り、炭焼、竹でモノ作り、筍掘り、田舎で自分らしく暮らすお話会（GHのオーナー3名のトークと参加者の交流から田舎で暮らすヒントを探る）などがおこなわれている。

6-4　持続可能な暮らしを特徴とする事例

持続可能な暮らしに特徴のある事例として、13軒（＋1軒）を挙げておきたい。使い捨てしない暮らしとモノ作り、環境に負荷をかけない小さな暮らし、自然体の暮らし、本当の豊かさを探すポタリング、ゆっくりと過ごす時間、人工林の皮むき間伐、水資源を守るお話会、気候変動に関する映画上映などをとおして、持続可能な暮らしのあり方を伝えようとしている事例である。

北海道帯広市の **HOTEL NUPKA** は、5階建てのビルをフルリノベーションして生まれたGHである。HP上の 'EVENT' Archives にある「吹田良平氏トークセッション」の紹介では、米国オレゴン州ポートランド市の存在を日本に知らしめた氏の著書『グリーンネイバーフッド』を目にした衝撃が、NUPKA開業につながったことが記されている。ポートランド市は、1970年代からのさまざまな取り組みによって、全米で最も「住みたい街」「サステナブルな都市」として世界的に注目されている地方都市であり、コンパクトシティ化と農地・森林の保全、公共交通や自転車利用、住民の自治意識とコミュニティ活動、地元指向、安全な食の地産地消等々、「消費や所有を越えたところの何か」（吹田氏の言葉）を楽しむ暮らしという価値観が根づくまちである。市の代表的再生地区であるパールディストリクトを参考にしながら、NUPKAでは、「ホテルで街をつくる」「ガストロシティ帯広」「クラフトフード運動」などを指針として、ローカルで持続可能な街づくりと暮らしづくりに関するさまざまなイベント等がおこなわれている。

北海道札幌市の**GUEST HOUSE WAYA**は、築60年の民家をリノベーションしたGHである。「新しい価値の創造」をテーマに、音楽や食、映画、アート、学びなどのさまざまなイベント等が開催されている。暮らし方関連では、スモールやシンプルをテーマにした写真展や映画会、土地や文化や地域に生気を与えるつながりを保護し回復するために戦う人びとの映画会、世界の奇祭ハンターと「人と人、人とまち、人と自然」をつなぐ「竹灯り」プロデューサーによるトーク、グリーンズ（「一人ひとりが『ほしい未来』をつくる、持続可能な社会」をめざす非営利組織）の植原正太郎氏を招いての「北海道」×「ライフスタイル」×「仕事」をテーマにした「green drinks」（世界中で開催されているグリーンやサステナビリティをテーマにした飲み会）など、持続可能性を指向したイベント等が実施されている。

北海道札幌市中心部の**SOCIAL HOSTEL 365**は、「ソーシャル（社会的）」をキーワードとして、旅人はもちろん、地域の人とも交流できることをねらいとしたGHである。暮らし方関連のイベント等では、蚕の繭から糸を紡ぐ体験をとおして、触感を研ぎ澄まし、丁寧に暮らすことを考える「純白の繭を紡ぐ会」、ひもを交差して結ぶという大昔からの技術（獲物捕獲、布の端部補強、張帆などに用いられた技術）をもとにした「マクラメアクセサリー作り」、「人はどうしたら幸せになれるか」「就職どうしよう」という疑問から、アメリカ暮らしと、電気・ガス・水道のないマダガスカル暮らしという両極を体験して答えを見出した新関裕二氏の「マダガスカル原始生活体験記」トークなど、原初的な人の暮らしや感覚に触れることができるプログラムがおこなわれている。

千葉県大多喜町の**古民家ゲストハウスわとや**は、大正時代に建てられた古民家 GH である。過疎地域に指定されている大多喜町は、都心から車で一時間半という好立地にあるが、高速道路開通以前は、房総半島内陸部の陸の孤島状態であったことから、清流や滝、温泉など豊かな自然が残され、かつての城下町には古い町並みも残る。宿開業の趣旨は、以下のようにまとめることができる。こういったまちに可能性を感じて、休耕田を復活させ、大正時代に建てられた古民家を再生して新しい暮らしのあり方をみんなで創造する場を生み出し、和：互いに協力し合い穏やかに調和する、輪：地域に溶け込み輪を作り、人との繋がりの中で生きる、環：持続可能な循環を作り出し、その環の中で暮らす、話：声に出し、言葉を交わし対話する、という四つの「WA」を共通認識として仲間を集め、WA-NOCHIKARA（わ・のちから）により、このまちで、未来を創造するために自然との共生を図り、失われつつある文化や伝統を受け継ぐ人びとを育てたいとのことである。この趣旨のもとに、パーマカルチャーの概念を根底にした「わとやフェス」、化学肥料や除草剤を一切使わない安全なコメ作りなどがおこなわれている。

千葉県佐倉市の**おもてなしラボ**は、コワーキングスペースやレンタルスペースを併設している GH である。旅人のみならず、働く・学ぶ・遊ぶ人などが集い、シェアすることができる「新しいものが生まれる場（ラボ＝実験室）」をめざしている（第 4 章 4-4 でも言及）。暮らし方関連のイベント等では、マスク作り（洗濯にも強く長く使える）、布ナプキン作り（環境にも体にもよい）、友禅染・型染め・茜染体験、必要のないものを必要とするひとへ届ける素材市（布・糸・毛糸・ボタン・ビーズ・木・紙等々）、『ザ・トゥルー・コスト』（第 5 章 5-3 参照）、『365 日のシンプルライフ』『ダムネーション』などの上映会（いずれも第 5 章 5-4 参照）など、使い捨てや大量消費ではないモノ作りや暮らし方、自然と調和する暮らし方や生き方が指向されている。

神奈川県鎌倉市の**亀時間**は、築 90 年以上の古民家 GH である（第 7 章 7-1 参照）。「亀時間」という宿名には、時間泥棒に盗まれた時間を人間に取り返してくれた女の子の物語『モモ』に登場する、「オソイホドハヤイ」といいながらひたすらゆっくりと歩く亀のカシオペイアに思いを馳せながら、「鎌倉の暮らしを亀時間で旅する宿」「あなたの大切な時間を取り戻す場所」であるようにとの願いが込められている。櫻井雅之氏（オーナー）の著書『亀時間』第三章には、「『お金』をどう稼いでどう使うかよりも、『時間』をどのようにとらえてどんな風に過ごすかに、人生の大切なものが隠されている」という仮説を実証してみたいと記されているが、こういった考えのもとに、多彩なイベント等がおこなわれている。例えば、「インド時間」は、インド食やアーユルヴェーダ、ヨガの体験であり、「地球のうえでのんびり暮らそうよ」は、南アフリカでコサ族の夫と暮らすバンベニ桃さんのトークで、桃さんは、「消費が少なければたくさん働く必要もなく自由な時間が増える。平均的アフリカ人は、経済的には貧しいがたっぷりと時間をもっている。私はアフリカの暮らしで自分の時間があることの豊かさを学んだ」と記している。その他、持続可能な地域のあり方や暮らし方に関するトークや講座などが多数おこなわれている。

長野県安曇野市の**地球宿**は、国内外の人と人とが出会い心を通わせることを願って生まれた「農のあるライフスタイルを実践する出会いと体験の宿」、築80数年の古民家GHである。宿主家族は、自給と宿のために、合鴨農法による米、麦、えごま、そば、大豆、小豆などの穀類、さまざまな野菜、ブルーベリーなどを栽培しており、一緒に農業体験やブルーベリー狩り体験などもできる。また、単なる宿泊施設ではなく、地域や国内外の人たちとつながり、嬉しいこと、幸せなことが展がっていく活動をしたいとの願いから、『地球宿プロジェクト』と称するアートからアウトドアにいたるまでの多彩なイベント等もおこなわれている。暮らし方関連の例を挙げると、味噌作り（米麹作りからおこなう、お米は地球宿産、大豆・黒豆は地球宿産＆不足分は友人農家産、すべて無農薬・無施肥栽培）、「いのちのもり響命プロジェクト」お話会（水資源を守る思いを広める水の話、伏流水の試飲会など）、教育実践家の子育て講座（怒りの感情から「子育て」を考える）などである。

愛知県南知多町の**南知多ゲストハウスほどほど**は、築50年の民家を利用したGHである。旅が好きで、環境に負荷をかけない小さな暮らしが好きで、田舎暮らしがしたくて南知多町に移住した夫婦が、急ぎすぎ求めすぎな世の中に、ギモンを感じたアナタとワタシがつながる場となることを願って開業した宿である（第4章4-3でも言及）。こういった思いから、さまざまなイベント等もおこなわれている。いくつか例を挙げると、130か国を自転車で旅するエコロジストのお話会（地球環境のいま、環境先進国のまちづくりなど）（第7章7-2参照）、南北アメリカ自転車縦断トーク（各地の持続可能な社会に向けた取り組みや現地の人たちの暮らし、先住民の知恵や技術など）、目指せオフグリッド！電力使用量と独立型発電機講座＆ワーク（家電の節電のポイント、ソーラー発電で作った電気を自分で使う方法、発電機制作）、耕さず、肥料・農薬を用いず、草や虫を敵とせず、生命に寄り添う「自然農」体験（第7章7-2参照）などである。

鳥取県湯梨浜町の**たみ**は、多くの人の協力を得ながら、元国鉄寮を改装して生まれたGHである（第4章4-4でも言及）。湯梨浜町は、日本海の魚介、野菜、山採などの食材や、山陰八景の一つである東郷湖と湖畔の温泉郷など、自然の恵み豊かなまちである。この地で、宿泊やカフェ利用、催しなどを通じて、本当に必要なものをみつめ、新たな暮らしを創造する機会を提供することが宿のねらいである。この視点から多彩なイベント等が催されている。例として、「冬の文化教室」シリーズでは、「そめのじかん」（野山で採取した生木を煮出し、飽きてしまったシャツなどを染めて命を吹き込む）、「あるもんでつくる」（家にある食材などを持ち込んで、みんなで考え、調理する）、「うつわの教室」（直したい陶磁器を持ち込み、もう一度使えるようにする）などがおこなわれている。

岡山県岡山市の**KAMP**は、岡山駅すぐ「奉還町商店街」の路地裏にあるビルをリノベーションしてつくられたGHである。2010年より開催されている2日間の「牛窓ナチュラルキャンプ」での出会いを、年間を通じて拡げたいとの思いから宿が開業されるに至り、KAMPには、仲間や同志（camp）といったニュアンスが込められている。牛窓ナチュラルキャンプの〈ナチュラル〉とは、「自然体」（足るを知り、無理をせず、自然のリズムと歩調を合わせる心豊かな暮らし）を意味しており、こんな暮らしにふさわしい素朴な自然が残る瀬戸内市牛窓の無人島で、〈ナチュラル〉に秘められた魅力を楽しんでもらおうという催しである。こういった考えをベースにして、さまざまなイベント等が開催されているが、暮らし方についても、「岡山の未来トーク」（米国ポートランドの実践家＆岡山市議とともに、市民参加のまちづくりや自然との共生、岡山のあり方などを語り合う）、「テンダーと語るエネルギーの未来」（未来のエネルギー、先住民技術と対話、自給自足生活などがキーワード）など、多数おこなわれている。

岡山県高梁市の**ゲストハウス ELEVEN VILLAGE 吹屋**は、廃止されていた外国人向け宿泊施設「国際交流ヴィラ」（建築家石井和紘氏設計）を改装し、よみがえらせたGHである。「人と人のつながりを大切にしながら、大きなあったかい家族で、自給自足しながら作る世界」をコンセプトとして、みんなが本当に自分らしく生きることができるような村（Eleven Village）づくりを指向している。高梁市吹屋地区は、標高550mの山間の地にあり、ベンガラ製造で富を得た豪商たちが江戸末期から明治にかけて創り上げた町並みが残る（重要伝統的建造物群保存地区）。この古きよきまちを歩き、満喫することができ、地球環境と身体に優しく、手作りの物に囲まれたオーガニックなライフスタイルを体験することができる。村づくりの活動（宿が主催するイベント）としては、毎月1回開催の「やまのうえのマルシェ」（山間部の村で、ゆっくりした時間の流れを感じながら、豊かなモノを求める人と作る人が出逢う場。オーガニックなアクセサリー・食品・暮らし雑貨の販売、ソーラーバッタ作りなどのワーク&癒し）、年1回開催の「Eleven Village 文化祭」（田舎の暮らしを大阪や鎌倉などの都市部に届ける。各種のマルシェやワーク、トーク、移住相談）などがおこなわれている。

岡山県西粟倉村の**あわくら温泉 元湯**は、閉鎖されていた日帰り温泉兼宿を、老若男女が集える食の場と、子ども連れ家族が滞在しやすいGHとして復活させたものである（第4章4-4でも言及)。西粟倉村は、面積の95%（うち84%が人工林）を占める森林を適切に管理し有効活用し、持続可能な経営をおこなう「百年の森構想」を持ち、バイオマスや太陽光などの「再生可能エネルギー」によるエネルギー自給率100%をめざす村である。森林管理の過程で生み出される間伐材等を利用した薪ボイラーの先駆的導入に関わったのが、「あわくら温泉 元湯」運営者のエネルギー会社「村落エナジー」である。宿は、薪ボイラーで温めたラジウム温泉、薪で炊いたご飯、地元材を使った家具や内装などをとおして、地域資源を活用した心地よさを伝える存在でもある。イベント等では、味噌作りや納豆作りなど食に関するワーク、「在来作物」を今日によみがえらせる『よみがえりのレシピ』上映会（第5章5-4参照）などがおこなわれている。

愛媛県今治市の**しまなみゲストハウス「シクロの家」**は、旅人どうしが出会い、交流できるリーズナブルな宿として、「NPO法人シクロツーリズムしまなみ」が運営しているGHである。シクロツーリズムしまなみは、「島の豊かな自然と、その自然に支えられた地域の暮らしが織り成すアーティスティックな風景を「風景アート」ととらえ、自転車で「風景アート」を楽しむ中で、地域の自然・歴史・伝統を守り、伝える感性、さまざまな事象と人びととのつながりを熟成させる新しい価値観を生み出し、持続可能な地域の暮らしを実現すること」を目的としている。こういった趣旨からさまざまな自転車ツアーが実施されており、例を挙げると、はまかぜ海道&いまばり街なかポタリング――本当の豊かさを探す旅（有機農家で果樹の受粉作業&まるごと果実のジャム作り）、はまかぜ海道をポタリング――本当の豊かさを探す旅（里山に生きる多様多種な生物を観察、シクロ農園でヨガ体験など）、せとうちスローサイクリング（しまなみ海道の里山と里海を巡る）、女子目線ぶらりプチ山岳サイクリング（まぼろしのお饅頭づくり、ヒーリングを求めて里山クライムなど）などである。

なお、山梨県富士川町のWorld Cafe Guest Houseは、食・住・エネルギーの自給をめざす、築150年の古民家GHであるが、残念ながら、現在、無期限営業ストップ中のため、50事例外の補足として紹介することとしたい。宿のコンセプトは、「地域活性の拠点」「持続可能な暮らしを実践・発信する“エコハウス”」「心と身体と地球にやさしい食をみんなで作る」「農的な暮らし」であり、体験プログラムとして、薪割り、薪窯ピザ、ソーラークッカー調理、空き缶を利用したウッドガスストーブ作り&使い方、釜戸での食事作り、薪風呂などが用意されている。その時々のイベント等もおこなわれており、味噌作り（無農薬栽培の山梨特産「あけぼの大豆」と山梨の五味醤油さんの米麹と麦麹）、柚子のフルコース料理作り（富士川町高下の特産品である柚子を手作り釜戸で調理）、「きらめ樹」（人工林の皮むき間伐）お話会&体験会（日本と世界の森で起きていること、きらめ樹で自然やわたしたちの暮らしがどう豊かになるかという話と皮むき作業）、田植え、手刈りの稲刈りなどである。

6-5　地域おこしを特徴とする事例

地域おこしに特徴のある事例として、16軒を挙げておきたい。地域の特色や特産物などをとおして地域の魅力を伝える（北陸の食とものづくり、飛鳥の歴史風土、宇田市の薬草、早島町のい草）、まちと旅人をつなぐ（善光寺門前、関宿、下関、糸島)、移住や二拠点居住をうながす(熱海、高山、奉還町)、地域の暮らし創出(宮津)、地域資源を活かしたビジネスの創造による地域創生(東京)、GHの開業促進(倉敷)などによって、地域おこしに寄与しようとしている事例である。

東京都台東区の**Little Japan**は、"COME AS A GUEST, GO AS A FRIEND 帰るときには友達で"世界各地、日本各地の人びとが集うことをねらいに、空き家をDIYして生まれたGHである。代表の柚木理雄氏は、世界40か国を巡り、農林水産省で、国際交渉、6次産業化、バイオマス等に携わった後、「地域資源を活かしたビジネスの創造による地域創生」をミッションに株式会社Little Japanを創設したとのことである。こういった趣旨にもとづき、「シェアハウスのつくり方」「古民家活用の仕方――医療と福祉への活用事例」「つながり方改革――コミュニティの仕事」「東京で地方の仕事を語る会(地域の仕事に興味のある人のコミュニティ)」「蔵前ローカルラウンジ(地域の課題を考える)」といった、地域創生、二拠点居住、地方移住、空き家利用等に関するトークなどを多数開催している。

石川県金沢市の**HATCHi 金沢―THE SHARE HOTELS―**は、北陸各地の土地・文化・産業・人に焦点をあて、その魅力を伝え、ここでの出会いをきっかけに旅人をディープな北陸へ誘いたいという「北陸ツーリズムの発地」をコンセプトにしたGHであり、さまざまなイベント等が催されている。例を挙げると、地元金沢市関連では、伝統的発酵食「こんか漬」(魚のぬか漬)作り、茶屋街から和菓子職人を招いての和菓子作り、茶屋街・主計町・森山周辺などを巡るツアー、富山県南砺市関連では、全国に10軒あまりしかない種麹店店主による麹の話と塩麹作り、合掌集落で知られる五箇山の和紙を使ったピンバッジ作り、福井県関連では、福井市の味噌・麹製造所による味噌と甘酒作り、ものづくりのまち鯖江市の漆器店店主とデザインディレクターによる「ものづくりのいまとこれから」トークと「ものづくりの産地を巡るツアー」、北陸以外では、金沢近江町市場の地元食材を使ったさつま揚げ作り(鹿児島県関連)、国産ジーンズ発祥の地である瀬戸内の高い技術を生かしたデニムブランド「EVERY Denim」の試着・トーク・インディゴ染め体験(岡山県関連)などである。

長野県長野市の**1166バックパッカーズ**は、善光寺門前にあるGHである(第4章4-4でも言及)。まちと旅人とをつなぐパイプ役でありたいとの思いから、近隣の喫茶店、蔵のギャラリー、酒造などを巡る「朝の門前案内」、月に一度、近所の人や旅人が一品持ち寄って交流する「みんなで朝ごはん」、移住した人、したい人、地元の人が交流会する「移住よもやま話」などのイベント等がおこなわれている。いずれも、朝早くから営みがはじまる門前まちに合わせた午前の時間帯に設定されており、HPには、地域のオススメ情報や門前散策マップなども掲載されている。その他に、ラウンジでは、定期的に映画上映会もおこなわれている。『ある精肉店のはなし』(第5章5-3参照)、『モンサントの不自然な食べもの』『パパ、遺伝子組み換えってなあに?』(第5章5-4参照)、『Given ～いま、ここ、にあるしあわせ～』(難病を患う3組の家族の「生きる歓び」を映し出し、「生きる」とは?「本当のしあわせ」とは?など、大きな気づきを与えてくれる物語)、『ハーメルン』(日本の原風景とも言われる奥会津昭和村を舞台に、廃校となった学校で一人静かに暮らす年老いた元校長先生と過疎が進む村に暮らす人びとの記憶を描く)などである。

静岡県熱海市の**guest house MARUYA**は、銀座通り商店街にある築65年の倉庫(元パチンコ店)を改装して、倉庫オーナーをはじめとするまちづくり活動NPOメンバーの「熱海を立て直したい」との思いから生まれたGHである(第4章4-4でも言及)。都会の暮らしをしつつも、熱海が「もう一つの日常」となるといった二拠点居住の入口として、「泊まると熱海がくせになる」ことをねらいに、熱海ツアー(ディープな熱海発見「まち歩き」とトークの2日間)、達人による「まち歩き」(熱海を知り尽くす達人と温泉や歴史を探る「熱海銀座のルーツ」ツアーなど)、昭和レトロ青空お茶会・まちあるき(昭和レトロな街並みが残る元遊郭街の有楽町周辺街歩きとお茶会)、石和酒店で角打ち・まちあるき(「熱海の三大別荘」のひとつ起雲閣近くの酒店で角打ちをするべく、おつまみ集めで街中の商店を巡る)といったまちを楽しむイベント等がおこなわれている。また、自然に触れ、味わうイベント等として、南熱海の畑とベジご飯(伊豆の無農薬野菜でベジカレーを作り、自然豊かな南熱海の畑を耕す2日間ツアー)、種から野菜を植える(自然との共存と循環をめざして、植物性の肥料のみを畑に入れ、虫が付かず腐りにくい丈夫な野菜を育てている農園でのワーク)などもおこなわれている。

三重県亀山市の**旅人宿 石垣屋**は、江戸から明治のはじめにかけての建物が200軒ほど残る東海道の宿場町「関宿」（重要伝統的建造物群保存地区）にある築130年の大きな町家を利用した古民家GHである（第4章4-3でも言及、第7章7-1参照）。日本全国から、車、自転車、電車、徒歩などを利用した旅人が集う。リピーターも多く、11月におこなわれる「関宿街道まつり」では、旅人自身によってさまざまなイベント等が催され（音楽ライブ、ライブペイント、革細工・飴細工などの出店、着物着付けて古民家で写真、ガラスエッチング、フリーマーケット等々）、地域の祭りを盛り上げている。また、宿仕事のお手伝いをすれば宿泊料が軽減される「丁稚くん」システムもあり、宿の掃除や古道具の手入れ、障子の張り替えや建物の修繕、庭手入れなど、古民家町家での暮らしを実体験することもできる。

岐阜県高山市の**飛騨高山ゲストハウスとまる**は、高山駅近くにある築80年の古民家を利用したGHである。宿で毎月1回開催されている交流食事会「ひだマンデー」は、旅人や地域の人などが一品持ち寄り、食事をしながら地域への理解を深め交流することをねらいとしたイベントである。飛騨は、田舎暮らしやスローライフでも注目されはじめ、多くのIターン、Uターン者が暮らす地域であるが、「ひだマンデー」は、それらの人びとをつなぐ場となっている（第7章7-2参照）。他にも、高山空き家見学会&トーク（高山の空き家やセルフリノベーション例の見学、I・Uターン者が空き家を利用してさまざまな店を営む長野市門前の事例トーク）、暮らしたい町のつくり方（高山と長野市の活動事例報告と意見交換）などがおこなわれている。

奈良県明日香村の**ASUKA GUEST HOUSE**は、明日香村商工会を中心にGHの運営会社を設立し、築150年の古民家をリノベーションして生み出されたGHである（第4章4-4でも言及）。飛鳥時代の歴史風土や、謎めく石造物が織り成す異空間を体感してもらうとともに、里山を彩る四季折々の風景やそこでの暮らしに触れるなどして明日香村を満喫してもらうことをねらいとしている。明日香に因んだイベント等もおこなわれており、「ものづくり」の地、飛鳥で吹きガラス体験（飛鳥時代には大陸から建築や貨幣の鋳造などさまざまな技術が導入され、硝子加工の工房跡も発掘されている）、槻の木（ケヤキの木の古称）の盆栽教室（古代日本で精霊が宿るとされたケヤキの大木を抱き、神聖な空間として大切に守られた「槻の木の広場」が飛鳥にあったといわれている）、田植え体験（明日香盆唄に合わせて田植えをおこない、五穀豊穣を祈る「田植え祭り」参加）、明日香村真弓地区で育てた野菜をその場で収穫・購入できる「畑の八百屋さん」体験などである。

奈良県宇陀市の**ゲストハウス奈の音**は、宇陀松山城の城下町である松山地区（重要伝統的建造物群保存地区）に建つ醤油醸造の蔵元を利用した築120年の古民家GHである。宇陀市は、推古天皇の時代から続く薬草のまちであり、松山地区では、薬問屋であった細川家跡の「薬の館」や日本最古の「森野旧薬園」を見学することができる。宿のイベント等でも、薬草とハーブのチーズ作り（薬草とハーブの体への働きかけを学びながら薬草チーズを作る）、耕作放棄地開墾体験（薬草を育てる）、和のアロマで香り作りなどがおこなわれており、早稲田大学の薬草ワークの場として利用されたりもしている。他にも、大宇陀を素敵な街にする方法を考える（まちづくりの成功事例である伊勢河崎の取り組みの話を聞きながら、みんなで考える）、街ぐるみで観光客を増やすためのコツ講演会（三重県の小さな漁村に開設されたGHの事例を学ぶ）など、地域おこしに寄与するイベント等もおこなわれている。

京都府宮津市の**宮津ゲストハウス・ハチハウス**は、倉庫となっていたバイク店のガレージを利用し、宮津町家再生ネットワーク（町家の再生と活用、丹後ならではの暮らしを創造できるまちづくりの推進）のアドバイスを受けながら、ワークショップ形式で地域の人びとともに生み出されたGHである。丹後の暮らしに密着したイベント等が行われている。防災教室（2018年の豪雨被害の状況、土嚢の作り方・並べ方、被災飯、ビニール袋を使ったカレーライス作りなど）、いつもの備え座談会（1927年の北丹後地震などの状況、常備すべきもの、仮設トイレや簡易皿の作り方、防災体操など）、丹後女子会（地元の人や移住者など丹後に住む女性の交流会）、認知症勉強会（認知症の人とのつきあい方、予防法など）、「えびす横丁」（昔の賑やかだった宮津を再現したい、宮津で商売していた人やしている人をつなげたい、閉められ使われていない建物を開きたい、有効活用したい、という思いから、宿が発案したイベント等。飲食店、作品販売、フリーマーケット、クイックあんま、ハンドマッサージなど）などである。

京都市上京区の**HOSTEL NINIROOM**は、空き家になっていた印刷会社オフィス兼倉庫ビルをリノベーションしたGHである。京都は、代表的な観光地としてだけではなく、ゆるりとした生活の豊かさを感じられるまちでもあり、宿が立地する丸太町界隈も、昔からのコミュニティが息づき、リアルな暮らしに触れることができる。宿名には、そんな「京都に住む友達の部屋」(NINI姉妹のROOM)を訪れ、京都の日常を一緒に楽しんでほしいとの思いが込められている。暮らし方に関するさまざまなイベント等がおこなわれているが、代表的なものは、日中の観光とは違う目線で夜の京都の町並みを楽しむことをねらいにしたランニング「NINIRUN」である。宿を拠点に、その時々で、南禅寺、鴨川、下鴨、くろ谷、北山などを巡る。パトラン京都(地域をランニング等で見守ることで、子どもや女性、お年寄りが安心して暮らせる地域社会を実現することを目的とする)との共同開催もおこなわれている。また、1周年パーティの一環として、近隣のおすすめのお店紹介など京都の日常を感じられる「朝さんぽ」、『SIGNS FROM NATURE──気候変動と日本』(第5章5-4参照)の上映会などもおこなわれている。

島根県雲南市の**佐世だんだん工房**は、大東町佐世地区にある靴工場であった施設をリノベーションして生み出された、薪ストーブやカマドのあるGH&カフェである。「だんだん」とは、出雲弁で「ありがとう」を意味している。地域を元気にする場、若い世代の挑戦の場づくりを主なねらいとしており、高校生や大学生などが集まり、ともに雲南の地域課題を考える月1回の「うんなん恵沢塾」を開催している他、他地域から人を招いて、雲南地域を活性化する勉強会・情報交換会などをおこなっている。また、地域の米作りを活性化させることをねらいに、地域のお米を使った玄米麺(農薬化学肥料不使用・添加物不使用)の普及にも力を入れている。この他にも、宿の「だんだん農園」では、農業体験もでき、JA雲南の食育スクールの一環としてサツマイモの植え付けや収穫などもおこない食育に貢献している。映画『つ・む・ぐ──織人は風の道をゆく』(第5章5-4参照)の上映会と監督トークもおこなわれている。

岡山県岡山市の**とりいくぐる**は、奉還町商店街にある築60年以上の大きな空き家(入口に鳥居がくっついている不思議な建物)を活用するプロジェクトによって生み出された複合施設「NAWATE」の一角にあるGHである(第4章

4-4でも言及)。すぐ近くには、飲食のできるラウンジがあり、ここでもさまざまなイベント等がおこなわれている。宿泊者には移住希望者が多く、移住の窓口的役割を果たしたり、地域と旅行者をつなぐ媒介者、地域コミュニティを支える担い手となるなど、地域おこしに寄与する存在となっている。地域に関するイベント等では、奉還町よみとき妄想散歩(古く味わいのある姿と、新旧ともに個性的なお店が軒を連ねる商店街をみんなで歩き、まちに潜む面白さをみんなで発見・共有・妄想する)、奉還町空き家めぐりツアー、すまい・まちのリノベーションに関する「まちに居場所をつくる」トーク、「ナワテの広場をつくろう」ワーク(屋外家具作り)、「すまいのビジョンをつくる」相談会などがおこなわれている。

岡山県倉敷市の**有鄰庵**は、倉敷美観地区にある築100年の古民家を利用し、「心の豊かな暮らしを創る」ことを理念に生まれたGHである。「体にやさしい食事をする、その土地の成り立ちや歴史とともに暮らす、昔からあるものと新しいもの両方の良さを知る、大切にしたいと思う人をきちんと大切にする」、そんな暮らしを少しでも増やしていきたいとのことである。イベント等では、地元に関連して、だるま生産地である倉敷市玉島地区の「玉島だるま絵付け体験」、倉敷美観地区周辺クリーンプロジェクト、地域おこしを成功させ継続させるためのあれこれを2日間で学ぶ「夢と経営——地域の想い」合宿セミナーなどがおこなわれている。また、地域で活躍するGHオーナーが集まり、GHの未来と地域の未来を語り合う3日間の「地域と生きるゲストハウスサミット」、本気でGHを開業したい人のための「地域に必要とされるゲストハウス開業のための合宿」を開催するなど、地域活性化と、自然系GHを含むGHの開業促進に大いに寄与する存在となっている。

岡山県早島町の**岡山ゲストハウスいぐさ**は、有鄰庵の姉妹店で、昭和中期に建てられた元民宿を利用したGHである。早島町は、かつて、い草栽培と畳表の生産で知られるまちであったが、現在は途絶えてしまっている。この伝統文化を復活させ、地域を活性化し、町の魅力を世界に発信するために、この宿では、い草の栽培や、い草によるものづくりに取り組んでおり、い草育成(植え付け、苗植え、先刈り、収穫など)、い草の機織り、い草ものづくり(コースター、ミニ箒、しめ縄など)などの体験プログラムをおこなっている。

山口県市下関市の**uzuhouse**は、関門海峡を間際に臨む場所にある割烹旅館をフルリノベーションして生まれた、カフェ&バー、シェアオフィス、イベントスペースを併設する複合型GHである。「歴史と現在」「住民と旅人」「アイデアとアイデア」が交差して渦となるような場をつくり、まちを元気にすることをめざしている。地域づくりに関するイベント等では、それぞれの専門家等を招いて地方創生についてともに学ぶことをねらいに、「竹灯りで繋がり広がるコミュニティ」「パーリー建築の考えるまちづくりとは」(空き家に住み着き改修しながら全国を旅する集団とまちづくり)「地域から生まれる新しい価値とは」などのトークや、「畠山千春的コミュニティのつくりかた」(食べ物、エネルギー、仕事を自給する「いとしまシェアハウス」の持続可能な暮らし方)トークがおこなわれている。また、地域の魅力を発信するイベント等として、山口県をデザインした手ぬぐいシルクスクリーンワーク、「下関焼き」作り&トーク(大正10年から続くソース会社代表による地域貢献の取り組み、ソースを使った下関独自のお好み焼き作り)などもおこなわれている。

福岡県糸島市**ゲストハウスいとより**は、築100年の古民家を利用し、糸島に生まれ育った糸島大好きの女性オーナーが営むGHである。女性やビギナーにも優しい敷居の低い宿をコンセプトにしており、糸島で旅人や地元人が寄り合える場所という意味を込めて「いとより」と名づけられた。移住検討の候補地として人気の糸島で、地域の生の情報が詳しく聞ける宿でもある。地域にかかわるイベント等としては、糸島産のもち米ときな粉を使った餅つき、麹菌をはじめとした「発酵基礎講座」(「いとしまシェアハウス」で「何でも自分でつくる暮らし」を実践している講師の暮らしの話も交えて)、糸島の醤油醸造元の指導による醤油仕込み、糸島の杉や檜を切り出し加工品にしている木工家による棚作り、糸島産の無農薬ひょうたんを使ったひょうたんランプ作りなどのワーク、糸島が「地元」「移住」「デュアルライフ」である3人によるトークなどがおこなわれている。

6-6　住生活、健康・癒しを特徴とする事例

住生活に特徴のある事例として、空き家再生とまちづくりに取り組む2軒

を、健康・癒しに特徴のある事例として、ヨガや各種ヒーリングをおこなっている1軒を挙げておきたい。

和歌山県和歌山市の**Guesthouse RICO**は、リノベーションスクールをきっかけに設立された「ワカヤマヤモリ舎」(和歌山市内の遊休不動産を活用したエリアマネジメント、リノベーションを通じたまちの再生をめざす会社)により、地域に通う学生や地域の人びとの協力を得て生み出されたGHである。問屋街の一角にある5階建てビルを、シェアハウスやGHとしてリノベーションしたもので、まちづくりのプラットホームとしての役割も担っている(前田有佳利リノベ記事より)。運営会社の特性を反映して、イベント等も建築やまちづくりに関するものが多く、建築家「西村伊作」について学ぶ(和歌山県新宮市出身で住宅革新に功績のあった西村伊作の思想や活動、保存・修復作業中の自邸の様子や作風、現場見学など)、『モバイルハウスのつくりかた』上映会(第5章5-3参照)、尾道空き家再生プロジェクトが和歌山にやってくる!などである。

広島県広島市の**尾道ゲストハウスあなごのねどこ**は、「尾道空き家再生プロジェクト」の再生物件の一つで、尾道商店街の一等地にある大型町屋を再生して生み出された古民家GHである(第4章4-4でも言及)。旅人は、宿を起点に尾道のまちを回遊して、まちを気に入った旅人がまちに住みつくというように、この宿が、まちに入り込む最初の一歩となっている。空き家再生と地域おこしの成功例として、注目を集める存在である。空き家再生プロジェクト主催のものも含め、空き家再生や建築に関するイベント等がおこなわれており、例を挙げると、尾道建築塾たてもの探訪編(尾道独特の建築や町並み、再事例等を専門家が紹介しながら歩く)、尾道蔵めぐりツアー&トーク(尾道旧市街地の東側に残る土蔵に着目して、まちづくりに生かす)、尾道まちづくり発表会(空き家問題についての理解を深め、市民とともに考えるミニシンポジウムで、毎回テーマを変えながら、専門家や若者、学生などが発表する)、アルプスの築250年牛小屋再生プロジェクトの話、空き家から出た古物市などである。

長崎県長崎市の**NAGASAKI HOUSE ぶらぶら**は、かつて居留地に住む外国人の避暑地だった漁港町・茂木へ、また世界中の人びとに来てほしいとの想いから、元料亭を改装して生まれたGHである。豊かな自然と昔ながらの景色が残り、ゆっくりとした時間が流れ、長崎で一番古い裳着神社や、隠れたパワースポットもあるといったまちで、日常から離れてゆっくりぶらぶらできる場所にしたいという思いから「……ぶらぶら」と名づけられている。イベント等でも、ヨガやSUP YOGA（水上のスタンドアップパドルボード上でおこなうヨガ）、各種のヒーリングがおこなわれていることが特徴である。カフェキネシ（アロマを使って人間が本来持っている自然治癒能力を引き出す健康法：キネシオロジー）、龍氣ヒーリング＆日本式靈氣療法の話（宇宙の根源的エネルギーに意識を向け、本来ヒトが持っている潜在的な力を活性化する）、ソウルトラベルヒーリングメディテーション（本来の自分を活性化させる瞑想誘導）などである。

以上で述べてきたように、50事例の宿のコンセプトや実施されている暮らし方関連のイベント等からは、これらの自然系ゲストハウスが、第5章でも述べたような、暮らしのパラダイム転換等を指向する存在であることが一層明瞭に読み取れてくるといえる。

表 6-1　自然系ゲストハウス一覧および暮らし方関連イベント・体験プログラムの内容

(【衣】、【食】、【住】、【モ】、【生】、【暮】、【地】、【健】は、衣生活、食生活、住生活、モノ作り、生産・収穫、暮らし総合、地域おこし、健康・癒しの略)

地域	県	市町村	ゲストハウス名	暮らし方関連イベント等
北海道		旭川市	宿・レトロハウス 銀座旭川	【暮】半自給自足生活イベント、「お金を使わずに生きられるか」「幸せはどこにでもある！」等に関連する上映会
		小樽市	舎 とまや	【住】薪割り、畑耕す
		帯広市	**HOTEL NUPKA**	【食】コーヒー淹れ方講座、ハーブティー講座、『0 円キッチン』『料理人ガストン・アクリオ 美食を超えたおいしい革命』上映会、【モ】陶芸、【暮】自分らしい農ライフトーク、南アフリカ、イギリス、日本までの自転車旅トーク、『バレンタイン一揆』『simplife』上映会、【地】いま地方に必要な「編集」という魔法トーク、「ほしい未来、持続可能な社会のつくり方」トーク、北海道の借り暮らし・まちの可能性トーク、十勝で考える「イマ、世界が求める本質的なモノって何？」トーク、米国ポートランド市再生事例など「都市」と「街」の話、「昭和の帯広駅前ジオラマ」展示＆トーク
		釧路市	ゲストハウス コケコッコー	【モ】ヌメ革パッチワーク作り
		札幌市	ゲストハウス雪結 (yuyu)	【衣】EVERY Denim 展示会＆トーク、【モ】シルクスクリーン、熊本の民芸品展示会＆トーク
		札幌市	**GUESTHOUSE WAYA**	【衣】シルクスクリーン、【食】餅つき、家畜写真展＆トーク（「いただきます」を世界共通語へ）、【住】一階の改装体験、内窓作りとエネルギーの話、【モ】蒔絵ストラップ、【暮】ニュージーランド写真展＆トーク「Small is Beautiful」、『simplife』上映会、『グランテッド・フィルム』上映会＆トーク、シュタイナー教育ワーク、【地】世界の祭から考える－地域で愛され続ける祭とは!? トーク＆交流会、「北海道」×「ライフスタイル」×「仕事」をテーマにした green drinks（世界中で開催のグリーンやサステナビリティをテーマにした飲み会）、若者 x 地域のこれまでとこれから、【健】朝ヨガ、アヘアホ体操、音楽と整体
		札幌市	THE STAY SAPPORO	【衣】コーヒー染めハンカチ作り、【食】寿司にぎり体験、【モ】箸作り、ディッシュプレートに絵付け
		札幌市	さっぽろゲストハウス 縁家	【健】ヨガリラクゼーション、リフレクソロジー（反射療法）
		札幌市	札幌ゲストハウス やすべえ	【衣】シルクスクリーンで T シャツ作り（Earth Friends Camp 参加用）、【食】コーヒー豆焙煎体験
		札幌市	**SOCIAL HOSTEL 365**	【衣】純白の繭を紡ぐ会、マクラメ作りワーク、【食】和菓子作り、チョコムース作り、【住】ペンキ塗り、【暮】「マダガスカル原始生活体験記－就活恐怖症の僕に起業の扉が開いた旅」トーク、【地】地域おこし協力隊トーク
		札幌市	Erry's Guesthouse Sapporo	【食】餅つき
		札幌市	Wagayado 晴 -Hale- (閉業)	【衣】デニム生地でエプロン作り
		猿払村	ゲストハウス 北極星	【食】田舎体験多数（蕎麦打ち、アイスクリーム・バター・チーズ・ベーコン・ハム・ソーセージ・スモークチキン等）
		佐呂間町	サロマ湖ゲストハウス さろまにあん	【食】餅つき、蕎麦打ち
		清水町	**大草原の小さな宿 こもれび**	【住】薪割り、【生】ワカサギ釣り、山菜採り、行者にんにく採り・ハスカップ狩り・山ブドウ狩り・カシス狩り・コクワ採り・栗拾い・ブルーベリー狩りなど自然の恵み採取、【地】拓殖鉄道廃線探検ツアー、移住者の集まり
		函館市	SMALL TOWN HOSTEL Hakodate	【食】味噌作り、【住】薪割り、DIYBBQ（火焚き台、カウンターなど）、【暮】フリーマーケット
		函館市	Tune Hakodate Hostel & MusicBal	【衣】シルクスクリーン、【食】韓国料理教室、コーヒー淹れ方、【住】建物 DIY、【モ】キャンドル作り、体験型マーケット - モノクラモノ作り教室（レザークラフト、木のスプーン、キャンドル、ハーバリウム）、【地】ローカルで想いをかたちにする講座、【健】モーニングヨガ、トレーニング＆ストレッチ

地方	県	市町村	ゲストハウス	内容
東北	宮城県	石巻市	ロングビーチハウス（Active Life -YADO- へリニューアル）	【食】鯖のオレンジソース作り、炊き込みご飯作り、【生】定置網漁体験、【地】地域交流会（これからの石巻について語る）、東北復興応援プロジェクト、【健】ヨガ
		角田市	GUESTHOUSE66	【地】地域つくり（交流空間ギャラリーあり）
		気仙沼市	気仙沼ゲストハウス“架け橋”	【住】庭の整備、【地】夜な夜な架け橋（さまざまな題材で旅人や地元の人が交流、食あり、スポーツあり）
		仙台市	ゲストハウス梅鉢	【食】ピザ作り、【住】東屋制作体験、【健】ヨガ
		仙台市	欅 KEYAKI ゲストハウス	【衣】和服体験、【食】蕎麦打ち、ずんだ餅作り
		仙台市	Hostel KIKO	【食】手作りソーセージ教室、New York 発身体が喜ぶ料理教室（Clean Eating）、仙台市近辺の食材を使ったスリランカカレー作り、ピザ作り、和×洋のスイーツ作り、【モ】稲わらリース作り、甲冑作り、【暮】旅するように暮らす生活の理想と現実トーク、【地】地域の魅力発信スキル向上講座 ── 荒町商店街の魅力に迫る、まち歩きガイド講座 ── まち歩きブームの先駆け「長崎さるく」から学ぶ、まちの魅力発信フリーペーパー作り
		登米市	フリースタイルゲストハウス松葉（廃業）	【食】草餅つき、蕎麦打ち、持寄り燻製作り、芋煮作り、【生】野菜収穫・調理（フリースタイル農園作物）、農業体験
	秋田県	鹿角市	プラチナ ゲストハウス ゆきの小舎	【衣】織と草木染め、【食】ピザ等石釜体験、手作りきりたんぽ鍋、【生】山菜教室、収穫体験（山菜取り、きのこ採り、イワナ釣りなど）
		横手市	Hostel & Bar CAMOSHIBA	【食】発酵を学び調理体験、手作りジャム教室（横手産のりんご or キウイで）、【住】DIY、【モ】リース作り
	山形県	**朝日町**	**ゲストハウス松本亭一農舎**	【住】DIY 体験、本棚作り（古民家などの「本を引くと隠し扉が開く本棚」）、庭づくりワーク（ファイヤープレイス、芝張り、植樹）、【生】田んぼの水中除草ロボット試運転＆解説、【暮】里山生活体験、中高生向け朝日町体験旅、【地】移住者を尋ねるツアー
		村山市	**KOMEYAKATA GUESTHOUSE**	【衣】野良着作り、【食】餅つき、しそ巻き作り、フレッシュジュース作り、生産現場を学びさらに美味しくいただく、おいしいマルシェ、【モ】銅をたたいて小鍋作り、稲わらで円座を編む、月山和紙の灯り作り、ハーバリウム体験教室、【生】とっきび種まき、じゃがいもの種芋植え付け・花摘み、雪堀大根
	福島県	**昭和村**	**古民家ゲストハウスとある宿**	【衣】からむしの糸・布作り、カンジキ作り、【食】餅つき、蕎麦打ち、味噌・豆腐・カマドご飯・笹巻き・冬の保存食・凍み餅・焼き芋・麦芽飴・団子さし、玄米コーヒー・大豆コーヒー作り、【住】カマクラ作り、【モ】ブドウ皮小物作り、すだれのつくり方で作る鍋敷き、【生】稲刈り、大豆の苗植え、枝豆収穫とピザ作り、じゃがいも種芋植えと収穫、さつまいも堀り、【暮】ぶつぶつ交換市
		西会津町	ゲストハウス ひととき	【衣】ALL YOURS（着たくないのに毎日着てしまう）トーク、【住】テントサウナ体験、【モ】野菜スタンプバッグ作り、ハーバリウム（ドライフラワー）作り、【生】野菜収穫体験、【地】上野尻演芸会参加、「ポイトラ」トーク、【健】ヨガ合宿
		福島市	ユースゲストハウス ATOMA	【住】薪割り、【生】農業体験、果物狩り
関東	茨城県	石岡市	ゲストハウス jicca（個室化）	【食】餅つき、味噌作り、【住】ミニ門松作り、陶芸、【生】田植え、【暮】お寺1日体験と造園家のお宅訪問＆森のご飯会（和ビーガン）、『365日のシンプルライフ』上映会
	栃木県	那須町	那須ゲストハウス DOORz（休業中）	【衣・生】里山から学ぶ（布草履作り、田植え、稲刈り、草刈り、じゃがいも収穫など）、食・【モ】暮らしのがっこう（地元の人が先生になって、季節の恵みをいただく料理、保存食の作り方、日々の暮らしを彩る手仕事など）、【地】IU ターン者によるとちぎ暮らしトーク
		那須塩原市	ゲストハウス「ネコノジムショ」	【食】デコ巻き寿司教室、【モ】紙クラフトのバッグ・小物作り、普段使いの竹籠作り、【暮】ガレージセール
		日光市	日光ゲストハウス巣み家	【食】蕎麦打ち、七草粥作り、【住】ミニ門松作り、【モ】消しゴムハンコ作り、【暮】マルシェ
	群馬県	みなかみ町	冒険小屋ゲストハウス	【衣】草木染め体験、【食】スムージー作り、こんにゃく作り

関東	千葉県	**大多喜町**	**古民家ゲストハウスわとや**	【食】かまどでご飯炊く、【住】五右衛門風呂体験、【モ】銀の菓子切り作り、キャンドル作り、【生】田植え、稲刈り、【暮】わとやフェス「WA-NO CHIKARA」(パーマカルチャーの概念を根底にした調和・輪・循環・会話の四つの「WA」のフェス、マルシェあり)、動物と人とが楽しく幸せに暮らせるためにあなたができること講座
		勝浦市	お茶の間ゲストハウス	【衣】アンティーク着物でひなめぐり、【食】こしがにの味噌汁作り、ピザ焼き&アウトドアクッキング、【住】掘りごたつ作り、【生】さつまいも掘り、【健】ビーチヨガ
		佐倉市	**おもてなしラボ**	【衣】オリジナルサンダル作り、布ナプキン作り、マスク作り、友禅染・型染め・茜染体験、必要のないものを必要とするひとへ届ける素材市、『ザ・トゥルー・コスト』上映会、【生】被災農家支援ビニールハウス片付けとトマト収穫、【暮】ガレージセール、『365日のシンプルライフ』『ダムネーション』『Simplife』『トントンギコギコ図工の時間』上映会、自分の人生を楽しむお母さんになる!お話会、『うまれる』上映会、【地】佐倉ミライ会議-デザインは佐倉を行きたい街にできるかなど、【健】エイトケア体験、ヒマラヤ蜜蝋バーム・ミントスプレー作り
	神奈川県	鎌倉市	IZA鎌倉ゲストハウス&バー	【食】テクノ餅つき、【健】ジャイロキネシス、IZAパフォーマーズFESTA(ほぐしとレイキ、日本の神様カードなど和の心で癒し、和の米ぬかオイルを使ったハンドケア)
		鎌倉市	鎌倉駅前ゲストハウス月の宿	【健】バレエストレッチ、合気道呼吸法、酵素ファスティング
		鎌倉市	鎌倉ゲストハウス	【食】餅つき
		鎌倉市	**亀時間**	【衣】鎌倉の植物で染めもの体験、【食】味噌作り、オーガニック・タイ料理教室、アーユルヴェーダ料理教室、季節に合った食養生法(マクロビ)トーク、【住】「フックドラグ」ワーク(コーヒー麻袋とTシャツヤーンでアップサイクルラグ作り)、【暮】インド時間(インド食、アーユルヴェーダ、ヨガなど)、フリーマーケット、自転車旅を語る会、地球暦ワーク、「地球のうえでのんびり暮らそうよ」バンベニ桃ワーク&トーク、サバイバルワーク、「半径10mの小宇宙と暦の話-身近に存在する自然の美を観ながら」スライド&トーク、テンダーの「持続可能なライフスタイルを探る旅」スライド&トーク、オフグリッドソーラーの楽しみ方講座、『シェーナウの想い』上映会、【地】エコロジスト松本英揮さんと「エコの街、鎌倉」の未来を描くトーク、市民主導で地域経済を作るイギリス・トットネスの経験お話会、【健】お寺ヨガ、快医学講座、宿坊亀時間(瞑想、仏教体験)、など多数
		鎌倉市	**発酵ゲストハウス耳日**	【衣】染色ワーク、【食】ぬか床作り、味噌作り、きりたんぽ鍋、Raw Food料理教室、タピオカ&チェー(ベトナムのココナッツミルクぜんざい)作り、【モ】アフリカの布"カンガ"を使った日傘、【暮】「青空自主保育」お話会、『玄牝(げんぴん)』上映会、【地】地域おこし協力隊お話会、【健】朝ヨガ、こどもヨガ、遊体法/テラノ式手ぬぐい体操
		川崎市	ON THE MARKS	【衣】着物着付け等ワーク
		横浜市	ヨコハマホステルヴィレッジ	【食】餅つき、手作りパン教室、鯉のぼり&柏餅作り、【地】街×ヒト×コト/自分の街を自分で創るトーク(地域活性化や環境、食育などさまざまな問題に楽しく彩る切り口を持って活動している人々のお話)
東京都		足立区	エンブレムホステル西新井	【衣】着物着付け
		大田区	328 HOSTEL&LOUNGE	【食】餅つき、【住】壁塗り、【モ】革小物作り、【地】新しい場のつくり方——コミュニティ作りの達人たちトーク
		台東区	toco.	【衣】花びら染、シルクスクリーンワーク、【食】味噌作り、抹茶点てワーク、【モ】木のスプーン作り、紙刺繍体験
		台東区	Nui. HOSTEL & BAR LOUNGE	【モ】カレースプーン作り、各種手作りワーク(藍染、しめ飾り、リース、ハーバリウム、マクラメプラントハンガー、ウォールハンギングなど)、【地】Local Stand(日本全国のさまざまなローカル紹介)、朝ヨガ
		台東区	BUNKA HOSTEL TOKYO	【衣】ビニールわらのわらじ作り、【食】どらやき作り
		台東区	LYURO 東京清澄 -THE SHARE HOTELS-	【衣】ステンシルで巾着作り、「ワラーチ」(メキシコ先住民族のサンダル)作り、【モ】ポーセリンアートで食器・グラス作り、ペーパークラフト、ペーパークラフト「クイリング」のクリスマスリース作り、同うちわ作り、クリスマススワッグ作り、トートバッグ作り、【暮】フリーマーケット&ワーク、【健】ヨガ、リフレッシュ体操、ハワイ伝統マッサージ チェアロミロミ体験、アロマキャンドル・ミスト作り

東京都		**台東区**	**Little Japan**	【食】コーヒー入門講座、吉野の食材を使った料理教室、【住】壁塗り、「シェアハウスの作り方」トーク、【暮】旅するように暮らすトーク、【地】「地域の食の魅力を伝えるスペシャリスト「マルシェスト」とは？地方創生×食×複業」「古民家活用の仕方－医療と福祉への活用事例」「サードプレイス」「つながり方改革 ── コミュニティの仕事」「東京で地方の仕事を語る会」「若者と地域イノベーションで創る未来」「蔵前ローカルラウンジ」（地域の課題を考える ── 兵庫県養父市、秋田県羽後町など）、「地方の仕事や暮らしに興味がある人のコミュニティ」「SDGs de 地方創生ゲーム体験」「江戸時代から考える現代のコミュニティづくり」「淡路島移住体験トーク」「屋久島で暮らす・働くリアルシェア会」など、地域創生、場作り、二拠点居住、地方移住、空き家利用などに関するトーク等多数
		台東区	レトロメトロバックパッカーズ	【住】日曜大工（ワックス塗り）
		中央区	**IRORI Nihonbashi Hostel and Kitchen**	【衣】藍染、【食】味噌・甘酒作り、日本の伝統的食養生精進料理が元になった料理、きりたんぽ鍋、ほしいも炙ろう語ろう（茨城県ひたちなか市より）、島根県雲南市「木次酒造」の話、【モ】消しゴムはんこでトートバック作り、【暮】マルシェ、「暮らしを作る」トーク（福岡県糸島市で「食べ物」「仕事」「エネルギー」を自分たちで作る「いとしまシェアハウス」を運営する新米猟師、畠山千春さん）、【地】奈良奥大和地域の魅力に触れるトーク、沖縄なんじょうゆるゆるナイト、各地の地場料理を食べながら地域の魅力や移住を語る会など
		中央区	WISE OWL HOSTELS TOKYO	【健】ヨガ
		豊島区	**シーナと一平**	【衣】Tシャツ、はじめてさんのベレー帽作り、藍染、シルクスクリーン、家庭科室（服作りなど）、こども家庭科教室、しましまミシンの会、【モ】鍵針網のミニコースター、ツキ板で作るミニ行燈、【健】アーユルヴェーダ施術体験、地域となりわいトーク、しいなまちのかるたとり
		中野区	グレープハウス高円寺	【食】ファラフェル（ひよこ豆の揚ボール）作り、ギリシャ料理教室、【健】レイキヒーリング体験
		中野区	やどやゲストハウス・フォー・バックパッカーズ	【衣】和服体験
		港区	KAISU HOSTEL	【衣】型染め体験
		檜原村	**東京ひのはら村ゲストハウス へんぼり堂**	【衣】草木染、藍染め、手ぬぐいで赤ちゃんの甚平作り、自分で染める浴衣作り、【食】餅つき、村のくらしの知恵ワーク（こんにゃく・蕎麦打ち・うどん打ち・おやき作りなど）、【住】囲炉裏作り、穴窯小屋の再生、土壁作り、【モ】陶芸体験、檜原焼作り、【生】茶摘み・檜原紅茶作り、農業体験、林業体験、檜原村山奥のわさび田の石積み再生、【暮】田舎暮らし体験、半農半Xトーク、【健】座禅、ヨガ
北陸	新潟県	**五泉市**	**五泉ゲストハウス『五ろり』**	【食】餅つき、レトロな製麺機で蕎麦打ち、味噌作り、囲炉裏でお餅焼き薪ストーブで煮込み料理、炭で旬のさんまを焼く、新潟の郷土和菓子笹団子とちまき作り、どんぐりクッキー作り、【住】薪割り、【生】田植え、稲刈り、【暮】暮らしの哲学対話、糞土師トーク（ノグソを真面目に語り合う）、「昆虫食の可能性、地域資源の再発見、地域の循環」トーク
		十日町市	ゲストハウス ハチャネ	【食】バジル摘みとバジルソース作り、【生】野菜収穫・田植え・稲刈りなど農業体験、【地】移住ツアー in 十日町市、
		十日町市	**山ノ家 カフェ＆ドミトリー**	【食】米ワーク（新米飯、餅つき、甘酒、塩麹作り）、豆ワーク（味噌・納豆・豆乳・豆腐作り）、【住】手すき和紙で行灯作り、【生】田植え、稲刈り、山菜ワーク、【地】かまくら茶もっこ（凍み渡り体験、雪灯籠作り体験含む）、夏宵の行灯茶もっこ、「地域×カフェ×つくる」トーク
		新潟市	なり - nuttari NARI -	【衣】農業服として普及した亀田縞試着、【食】幻のおかか作り、カカオとイチゴのジャム作り、【モ】ソーサー・スプーン・ぐい飲み絵付けワーク、【暮】てぶら革命 ── てぶらで暮らす・生きるトーク、南北アメリカ縦断自転車旅お話会、『幸福は日々の中に』『「オーガズミックバース」気持ちいいお産の秘密』上映会、おむつなし育児講座、【地】佐渡友つくらナイト、鹿児島移住計画・新潟移住計画、【健】スピリチュアルお話会、心体魂・衣食住ホリスティックカウンセリング
	富山県	高岡市	ほんまちの家	【衣】着物着付け、【食】餅つき、鏡餅つくり、【住】片付けから始める生前整理の話、空き家見学会、【暮】とやまの暮らし体験、蚕の市、【地】まちなかぐらし応援隊住まいの見学会

北陸	富山県	砺波市	古民家ゲストハウス すどまりとなみ	【食】ピザ作り、【住】空き家・移住相談、ピザ窯作り、【生】農業体験、収穫とかぼちゃ料理体験、収穫＆焼き芋体験、収穫＆ゆず風呂体験、【モ】竹風鈴＆うちわ作り
		富山市	ゲストハウス縁 ～えにし～	【健】笑いヨガ
		南砺市	Guest House YAMASHITA-YA	【衣】布草履作り
	石川県	金沢市	金沢湯涌ゲストハウス	【食】地物キノコ鍋作り、【住】カンジキ作り、【生】お泊り農業体験、山菜採り、キノコ狩り、渓流釣り
		金沢市	ゲストハウス白（個室化）	【モ】ハンコ作り
		金沢市	**HATCHi 金沢 -THE SHARE HOTELS-**	【衣】絹をつかったふんどしパンツ作り、五箇山和紙のピンバッヂ＆ボタン作り、インディゴ染め、EVERY Denim 試着＆トーク、哲学カフェ「オシャレって何？私たちはどうやってオシャレな○○を決めてる？」、【食】味噌・甘酒・塩麹・甘酒で仕込む「かぶら寿司」・金沢こんかこんか・「越中富山幸のこわけ」を使ったお弁当・さつま揚げ・秋の味覚「おばんざい」・和菓子などを作る、幻幻庵のお茶の楽しみ方＆湯呑み作りワーク、【住】しめ縄作り、mini 門松作り、ひめだるま箸置き絵付け、【モ】漁具ロープで飾り結びコースター作り、スワッグ作り、【暮】「僕たちが農的暮らしをはじめた理由」トーク、哲学カフェ「豊かさって？私たちは豊かになっているのか？」、暮らしかた冒険家『別れかた暮らしかた』上映会＆トーク、【地】茶屋街かわいい建物ツアー、「金沢民景」を作る金沢町歩き、鯖江市ものづくりツアー＆トーク、【健】ヨガ
		金沢市	Guest House Pongyi	【衣】糸作り、【食】味噌作り、ぼたもち作り、かしわもち作り
		小松市	**ゲストハウス三日市 Human Scramble**	【衣】和装研究会・撮影会、お旅まつりフォトコンテスト、【食】酵素ジュース教室、【住】空き家対策セミナー、【暮】子ども語り部教室、【地】七夕の集い、地方に住む若者のこれからを探るポットラックパーティ、【健】整体講座、肩・腰の痛み解消勉強会
		七尾市	ゲストハウス北海	【食】餅つき、【健】タイ式マッサージ
甲信	山梨県	甲府市	BACCHUS KOFU GUEST HOUSE	【食】餅つき
		韮崎市	ゲストハウス 空穂宿	【衣】シルクスクリーン刷り、【食】味噌仕込み、手打ちほうとう作り
		富士川町	**World Cafe Guest House（休業中）**	【食】味噌作り、こんにゃく作り、ウッドガスストーブ作って使ってご飯炊き（晴れていればソーラークッカー調理も）、柚子餅つき＆鹿肉料理、おせち料理作り、柚子のフルコース料理＆お話会、薪窯ピザ会、【住】古民家改修、薪割り、ロケットストーブ作り＆使い方講習、【生】きらめ樹お話会＆体験会 in 穂積（女性や子供も参加できる人工林の皮むき間伐）、柚子狩り＆イカと柚子の塩辛作り、田植え、稲刈り、野菜の種まき、野菜収穫
		富士吉田市	停車場ゲストハウス（箱根移転）	【食】味噌仕込み
	長野県	**安曇野市**	**地球宿**	【食】味噌作り、蕎麦打ち、【住】あずみの家づくり応援隊（壁塗りなど）、土蔵の土壁を使ったピザ窯作り、【モ】和傘ペイントワーク、【生】米作り体験、縁農体験、えごま栽培、ブルーベリー狩り、りんご狩り、【暮】「安曇野スタイル」出展＆ワーク、「いのちのもり響命プロジェクト」お話会（水資源の話）、自転車で世界一周トーク、教育実践家の子育て講座、子どもを受容するワーク、子育て談話室、『かみさまとのやくそく』上映会、【健】ヨガ、ヒーリング、ことだまメソッド まなゆい、など多数
		飯田市	Yamairo guesthouse	【モ】クリスマスカラーの苔玉作り、【地】世界から選ばれる Iida トーク、「縄文 ZINE に相談だ」トーク＆質問イベント
		小谷村	**古民家 noie 梢乃雪**	【食】餅つき、「いちからおみそ」（大豆を植え、育て、収穫して、お味噌を仕込む）、梢乃雪の新米を釜戸で炊く、笹寿司作り、恵方巻き作り、小谷杜氏の話とお酒、コーヒー焙煎体験、【モ】水引×熨斗袋作り、【生】手植えで田植えで泥遊び、手刈りで稲刈り、落ち葉を集めてシェアファームに栄養を＆焼き芋、【地】地域おこし未来ラボ「地域おこし協力隊員３年後のリアルを考える」、【健】縁側ヨガ、タイ式マッサージ
		下諏訪町	マスヤゲストハウス	【食】餅つき、【健】マスヤの体育の日（からだについてじっくり探る、からだ遊び、からだのお話、からだの使い方相談室）、ヨガ、ストレッチ、タイ式マッサージ

甲信	長野県	須坂市	ゲストハウス蔵	【食】餅つき、恵方巻作り、薬膳茶作り、【モ】バターナイフ・スプーン作り、【生】根曲がり竹ツアー（山で根曲がり竹を採って頬張り、帰ってからもタケノコ尽くし）、【暮】蚤の市、フリーマーケット、【地】群馬を知らナイトin須坂、移住 ── 須坂サイズのまちで店を持つ、【健】安心・安全のアロマ柔軟剤作り
		中川村	MAARUゲストハウス	【健】ピラティス
		長野市	**1166バックパッカーズ**	【衣】着物体験、チクチク作る、【食】恵方巻き、『ある精肉店のはなし』上映会、【モ】手ぬぐい作り、【生】『モンサントの不自然な食べもの』『パパ、遺伝子組み換えってなあに？』上映会、【暮】『Given ～いま、ここ、にあるしあわせ～』『ハーメルン』『こども哲学 - アーダコーダのじかん -』上映会、【地】移住よもやま話
		長野市	WORLDTRECK DINER & GUESTHOUSE-Pise	【食】世界の料理を食べながら「暮らしと遊び」を語る、狩猟体験報告会とジビエ食事会、【生】ブドウ狩り、【暮・住】『simplife』上映会＆キャンピングカー見学＆交流
		松本市	ゲストハウス 東家	【食】カレー講座、【モ】アイススプーン作り、ぬいぐるみ作り、【暮】フリーマーケット、【健】ヨガ
		松本市	tabi-shiro Guesthouse and Lounge	【モ】サコッシュ作り、スプーン作り、紙箱作り（ニカワを使う）、リース作り 、ガーランド作り、【健】ヨガ
東海	岐阜県	郡上市	郡上八幡ゲストハウス まちやど	【衣】和裁教室、着物で行く飛騨古川三寺参り、【食】マクロビ料理、食・【生】里山暮らし体験（白菜・カブ・大根収穫と漬物仕込み、畑の片付け、干し柿づくり、お正月準備、ねずし仕込み、味噌仕込み）、【住】身体にも環境にもやさしい貝殻漆喰のお話＆壁塗りワーク、【暮】林業と地域電力のお話、【地】『郡上スゴロク』上映会、【健】ヘナとカラダのお話会
		白川村	ゲストハウス たろえも	【生】山菜摘み、【暮】マルシェ
		高山市	**飛騨高山ゲストハウス とまる**	【食】らっきょうワーク、【住】高山空き家見学会＆トーク、【モ】スプーン作り、【暮】フリーマーケット、「森本家世界一周子育ての旅」トーク、【地】暮らしたい町のつくり方（長野市の活動事例等の話や意見交換）、交流食事会ひだマンデー、ドイツ・ライプツィヒでのワークショップ参加報告会、Ｉターン・Ｕターンの夕べ
		美濃市	ゲストハウス 笑び	【食】餅つき、ピザ焼き、薪割り、【暮】半農半Ｘ講演会、【健】ピラティスストレッチ
	静岡県	**熱海市**	**guest house MARUYA**	【食】餅つき、伊豆の無農薬野菜でベジカレー作り、精進料理教室、干物作り体験、【生】南熱海の畑を耕すツアー、畑の日 ── 土と遊ぶ（春野菜収穫、夏野菜準備など）、月のリズムで有機野菜を作る農園と一緒に種から野菜を植えるワーク、芋ほり、【地】熱海ツアー（ディープな熱海発見「まち歩き」とトーク）、達人による「まち歩き」（熱海を知り尽くす達人と温泉や歴史を探る「熱海銀座のルーツ」コース、空き家や物件案内の達人による「リノベーション物件めぐり」）、昭和レトロ青空お茶会・まちあるき、石和酒店で角打ち・まちあるき、東京にいながら熱海とつながる「atameet」、【健】ヨガ
		松崎町	ゲストハウス・イトカワ	【生】自然循環農業の話、衣・住・【生】いなか暮らし体験（ハーブの草木染め、家の修繕（床張り）、田舎のいろいろな仕事体験、農業・稲刈りなど）、
	愛知県	瀬戸市	ゲストハウスますきち	【食】和菓子作り、京のおばんざい作り、魚さばき、餅つき、スパイスカレー作り、ミニ料理教室、【住】漆喰塗り、古民家掃除スキル、【モ】木のスプーン作り、陶芸、【地】大人の学び場「瀬戸の寺子屋」
		東栄町	**体験型ゲストハウス danon**	【食】味噌作り、もち花作り、名古屋コーチンのしゃぶしゃぶと柚子胡椒作り、スパイスからつくる南インドカレー、燻製体験、本と料理 ── ビブリオバトル 、【食・生】Danon de Auberchu（ハーブや日本ミツバチはちみつ収穫、鮎釣りなど食材準備、料理、食事）、お野菜収穫体験と石窯ピザ作り、【住】薪割り、炭焼体験、【モ】竹でモノ作り、【生】筍掘り、農業体験、【暮】田舎で自分らしく暮らすお話会、【健】ヨガ、ココロとカラダをリセットする２日間（レッスン＆ワーク）
		名古屋市	**ゲストハウスMADO**	【衣】浴衣着付け・町並みを浴衣で彩る、有松絞り体験、【食】無農薬・無肥料栽培大豆で味噌仕込み、蕎麦打ち、自然栽培米で生酛造りのお酒を飲みながら自然栽培と発酵の話、、『ある精肉店のはなし』上映会、【暮】マルシェ、ミニマリスト佐々木典士さんトーク、【地】山車を上階格子窓から観る会、竹灯り作り＆イベント
		名古屋市	那古野ハウス	【食】名古屋メシや寿司作りをおこなう料理教室、ピーナッツバター作り

東海	愛知県	**南知多町**	**南知多ゲストハウス ほどほど**	【衣】有松絞りの染色体験、【食】豆味噌（赤みそ）作り、手打ち蕎麦と寅さんを愉しむ会、カモメ型ピザ釜でピザ作り、【生】自然農体験（種おろし、田植え、稲刈り、脱穀等）、山菜男子と山野草を取って食べる、とるたべる畑モーニング、【暮】愉しい5A生活トーク、非電化な暮らしを語り合おう！合宿 、オフグリッドソーラー講座、パーマカルチャー講座、ミニマリスト佐々木典士さんトーク、130 か国自転車旅のエコロジストのお話会、南北アメリカ自転車縦断トーク、『アラヤシキの住人達』『こどもこそミライ』上映会、【地】地方で小さな仕事を創っている人の話を聞く、地元を自慢しナイト（愛知県の地元・移住先大好きっこの自分の地元自慢プレゼン大会）、地域ブログのお話し会
		南知多町	ゲストハウス やどかり	【暮】やどかりマーケット（スプーン作り含む）、【健】海ヨガ合宿、山ヨガ
	三重県	**亀山市**	**旅人宿 石垣屋**	【食】餅つき、【住】丁稚くん（障子張替、庭手入れ、大掃除、DIY などいろいろ）、【生】竹の子掘り、【地】東海道関宿・街道まつり出展（フリマや各種ワークなど）、関宿祇園夏祭り参加、【健】ヨガ
近畿	大阪府	大阪市	大阪ゲストハウス緑家	【暮】自転車世界一周トーク
		大阪市	ゲストハウスおどり（移転）	【食】恵方巻作り、柏餅作り、ローフード講座とプチローフード健康チェック、【住】芝生貼り、【生】釣り、【暮】青空やさい市、フリーマーケット、物とモノ交換会
		大阪市	ゲストハウス松	【食】蕎麦打ち
		大阪市	ゲストハウス木雲	【住】みんなでつくる DIY、大阪の下町生活体験
		大阪市	NPO 法人 こえと ことばとこころの部屋 cocoroom	【衣】ベンガラ染、【食】おかゆ作り、【住】椅子ファブリック張替、アフガニスタンと釜ヶ崎の知恵と経験で井戸を掘る、【地】『40㎡のフリースペース―― ライプツィヒ「日本の家」2015-2017』上映会＆トーク、【健】リラックス体操（フェルデンクライス）と瞑想
		大阪市	HOSTEL 64 Osaka（閉館）	【衣】浴衣ナイト、【暮】ロクヨン夏祭り（フリーマーケット、ボディケアなど）、【健】ヨガ
		富田林市	**ご婦人乃宿 泊や**	【衣】切らない de 作り帯ワーク、和紙の巾着作り、布のコサージュ、ベンガラ染ワーク、浴衣着付け講座、きものアレンジ講座、浴衣おゆずり会、【モ】和紙で作るあじさいうちわ＆葉書、消しゴムはんこ作り、Ｂｏｎ＊Ｂｏｎ！リース作り、【健】アロマハンドクリーム作り、香水作り
	兵庫県	淡路市	ゲストハウス花野	【食】石釜ピザ焼き、【生】田植え、ひじき摘み、【暮】電磁波＆アーシングセミナー、フリーエネルギーお話会＆ガンズワーク、オフグリッドお話会、【健】ヨガ
		神戸市	Guesthouse Geragera	【食】餅つき、【モ】ドリームキャッチャー作り、キャンドル作り、【健】ビーチヨガ
		神戸市	ゲストハウス萬家（MAYA ）	【モ】スパイラル作り、【暮】農家さんの語り部マルシェ
		神戸市	HOSTEL ユメノマド	【食】餅つき
		篠山市	古民家ゲストハウス やなぎ（個室対応）	【住】大掃除、土蔵内装整備、【生】山菜採り＆料理、黒枝豆狩り、【地】福住まちなみ探訪
		姫路市	ヒメジガハハゲストハウス	【食】うどん作り、【モ】ディスプレイ講座（みんなが先生）、姫路みやげパッケージ作り
		南あわじ市	草地家	【健】みつろう作り
	奈良県	**明日香村**	**ASUKA GUEST HOUSE**	【食】新酒完成記念蔵人トーク、【モ】硝子工房「さんぽ」で手づくりグラス作り、飛鳥の木の実を使ったクリスマスリース作り、槻の木の盆栽教室、【生】飛鳥の米作り体験、いちご狩り、【生】野菜収穫型「畑の八百屋さん」訪問＆明日香ビオマルシェ参加、【地】環濠集落今井町まち歩き
		宇陀市	**ゲストハウス「奈の音」**	【衣】Freeform ニッティングワーク、藍の生の葉を使った染め物体験、【食】餅つき、薬草とハーブのチーズ作り、【生】耕作放棄地開墾体験（古代米や薬草育てる）、【暮】古民家マルシェ（フェルト小物・古代米ミニリース・手編みブローチ・みつろうスキンクリーム作りなど）、【地】大宇陀を素敵な街にする方法を考える、街ぐるみで観光客を増やすためのコツ講演会、宇陀の穴場巡りツアー、【健】和のアロマで香り作り、薬草ソムリエ＆ハーブ薬膳講座
		奈良市	古白	【食】季節の食養生（話と食事）、【住】柿渋塗装ワーク、【モ】『丸木舟』上映会、【地】仏像講座・合宿、【健】魂振り合宿（寺社拝観・ヨガ・呼吸）
		奈良市	奈良ゲストハウス３F	【衣】着物お譲り会

近畿	奈良県	奈良市	町屋 ゲストハウス ならまち	【食】餅つき
		奈良市	遊山ゲストハウス	【健】ヨガ
	和歌山県	古座川町	Lacoma	【食】ビーガン料理、ジャガイモの漬物床「イモ床」作り、【住】イングリッシュガーデン作り、【健】座禅
		新宮市	Youth Library えんがわ	【食】餅つき、お魚さばこうの会(他の料理教室もあり)、お菓子作り(クッキー、カップケーキ)、【住】縁側クリーニング、本棚作り、【暮】古本市、こどものもの交換会、絵本や子育てについての交流、自転車日本一周旅の話、スティーブ・ジョブズのスピーチを見よう、熊野スカラーシップ高校生海外単独渡航報告会、【地】JR 紀勢線から紀南のミライを考える、【健】セルフ足つぼマッサージ講座
		田辺市	The CUE	【衣】オリジナルＴシャツ作り、【暮】旅するみなとマルシェ（赤土琉球ハーブの足蒸し、クラニオセイクラピーなどあり）
		和歌山市	**Guesthouse RICO**	【衣】浴衣着付け、草木染め、【食】餅つき、【住】建築家「西村伊作」について学ぶ、「フィンランドのくらしとサウナ」トーク＆体験、『モバイルハウスのつくりかた』上映会、【モ】鎚起銅器の鍋作り、キャンドル作り、【暮】野菜市、【地】なぜ尾道に人が集まるのかの話、尾道空き家再生プロジェクトが和歌山にやってくる！、【健】ヨガ（夏：屋上、冬：室内）、アラビアンヨガ
京都府	京都府	**宮津市**	**宮津ゲストハウス・ハチハウス**	【食】十割蕎麦打ち、【住】ゲストハウス改修の話、山のお香づくり（杉の葉やひのきぼっくり、タブノキなど自然の贈り物で作る）、【モ】ダンボールのモノ作りワーク、【生】漁師体験、【暮】防災教室、いつもの備え座談会、「えびす横丁」（クイックあんま、マッサージ、フリーマーケットなど）、【地】丹後女子会、【健】姿勢教室、認知症勉強会
	京都市	**上京区**	**HOSTEL NINIROOM**	【衣】「服との付き合い方」を考える会、インディゴ染め、シルクスクリーンプリント、サウナハット作り、【食】アイシングクッキー作り、ビギナー向け日本酒講座、ブレンドコーヒー作り、『聖者たちの食卓』上映会、【住】建築内覧ツアー、【モ】レザークラフト、北欧モビール「ヒンメリ」作り、クリスマスリース作り、フィンランドの機織り（コースター・ミニタペストリー作り）、【暮】『SIGNS FROM NATURE- 気候変動と日本 -』上映会、【地】パトラン京都× ninirun、プノンペンのまちづくり、【健】芝生で朝ヨガ、足つぼナイト
		下京区	**Len KYOTO KAWARAMACHI**	【衣】「織りと、編み」の服の話、シルクスクリーンワーク、【食】簡単ベジ料理、スリランカ料理、飲んで食べる植物園（ハーブを積んで食べる）、カカオ豆の皮を剥くところからはじめるチョコレート作り、【モ】ヌメ革ワーク、ドライフラワーワーク（壁飾り、バッグ）、真鍮ワーク、【地】Local Stand（日本全国のさまざまなローカル紹介、福島の例：無農薬・無化学肥料米と天然水を使用した生酛仕込による純米酒、砂糖・油脂・カカオを使用していない「こうじチョコ」など）、ジョイジョイ尾道 in 京都（尾道のクリエーターとモノづくり：革素材のミニバック作りなど）
		下京区	カオサン京都ゲストハウス	【衣】浴衣着付け、【食】手打ちうどん作り、うさぎまんじゅう作り、お月見だんご作り、【モ】だるま絵付け、【健】ヨガ
		下京区	京都ゲストハウス栞庵	【衣】和服体験、【食】料理作り、【地】ナイトウォーク
		下京区	GUESTHOUSE ORIGAMI	【食】餅つき
		中京区	京都ゲストハウスろうじ屋	【衣】和服体験、【食】寿司作り
		中京区	京都ホステル禅	【モ】手毬作り、キャンドル作り、折り紙教室、【健】ヨガ、木刀トレーニング
		中京区	ゲストハウス SENDO	【健】ネイチャーヨガ
		東山区	ゲストハウス雅順	【衣】和服体験、【食】餅つき、【住】軟水銭湯体験
		東山区	ゲストハウスうさぎ・もみじ	【衣】和服体験
		南区	京都ゲストハウス御旅庵	【衣】浴衣着付け
		南区	Kyoto Hostel Ryokan	【衣】和服体験

中国	鳥取県	鳥取市	Y Pub & Hostel	【食】味噌作り、日本酒講座、御燗講座、「たしからしさ」日本酒編講座、身近な食材とスパイスのドリンク作り、【住】箒で丁寧に暮らすお話会、【モ】シルクスクリーン、リース作り、ダルマ作り、【暮】マルシェ、【地】「震災」にみる参加型コミュニティ・アーカイブ講座
		米子市	解放 Guest House 勝造	【食】豆腐作り、和菓子ワーク、【住】しめ縄&門松作り、【健】足でこりをほぐすボディケア
		湯梨浜町	**たみ**	【衣】黒染め友の会、【食】甘酒作り、塩麹作り、【住】土壁塗り、空き家活用ミーティング、**衣・食・モノ・【健】**冬の文化教室（服のリメイク、草木染、あるもんで料理、陶磁器修繕、ヨガなど）、【モ】シルクスクリーン、サングラス染色、【生】農業等体験、湯梨浜町農園めぐりツアー、【暮】「継続すること、作ること、暮らすこと」ワーク、「昔の山陰の芸術家はどうやって暮らしていたか？彼らに学ぶ現代の美術と生活」トーク、湯梨浜町暮らし体験、「てぶら革命」トーク、裏からの政治トーク（消費税・エネルギー・戦争の記憶フィールドワークなど）、【地】松崎・東郷エリアツアー、鳥取のいろんな物件をまわるツアー、自分が暮らしてきた場所と時間トーク、山形の"いま"を聴く、地域の記憶を記録するメディアプロジェクト、【健】湖畔でヨガ、ラマザップ体操、五穀塩たち体験
		八頭町	BASE8823	【住】断熱ワーク（住宅の断熱性を上げる）、ピザ土窯作り、【生】手作業による米作り体験、【地】『希望のレール』出版記念トーク
	島根県	出雲市	出雲ゲストハウス いとあん	【衣】手縫いでスカート作り、【食】餅つき、蕎麦打ち、梅酒作り、日本酒講座、日本酒の「もと擦り」体験、『遺伝子組み換えルーレット』上映会、【住】杉玉作り、【暮】『いのちの海 辺野古大浦湾』上映会、【地】出雲研究会、【健】楽健法（二人ヨガ）、断食体験、筆リンパ&マッサージ
		出雲市	古民家 はまのや	【食】餅つき、【生】釣り、【暮】マルシェ
		大田市	ゲストハウス&カフェ 廻屋	【モ】キャンドル作り、【生】百姓シンガーソングライターライブ、【地】大田市の未来を語る、【健】マインドフルネス瞑想&ヨガ、体感型ストーリーテリング、
		雲南市	**佐世だんだん工房**	【食】餅つき、味噌作り、笹巻作り、漬け物フェスタ（料理教室含む）、【モ】エコバックを親子で作る、水引作り、オリジナル消しゴム判子作り、ひょうたんのスノーマン作り、森の素材のクリスマスクラフト、【生】田植え、ブルーベリー狩り、サツマイモ堀り、【暮】『つ・む・ぐ――織人は風の道をゆく』上映会&監督トーク、『シェーナウの想い』上映会、【地】地方を豊かに暮らす idea 会議、うんなん恵沢塾（雲南市の仮題と解決案を考えるなど）、地域課題勉強会、わがとこ政治探検カフェ、【健】骨盤修整講習会、カイロプラクティックの施術体験
		江津市	ゲストハウス波の音	【食】キス釣り&調理、【モ】コケテラリウム作り、【暮】虎の市こどもスタッフ、【地】まちあるき
	岡山県	**岡山市**	**KAMP**	【衣】和服体験、染物ワーク（茜、藍、玉ねぎ、桃、ユーカリ）、新聞紙でドレス作り、世界初「黒ベンガラ染めジーンズ」試着会、【食】重ね煮で作るスープカレーと各種カレー、ローチョコレートワーク、ベジタリアンのカップケーキ作り、本格スパイス料理作り、中東文化&料理トーク、『聖者たちの食卓』上映会、【住】間取り図トーク、【モ】苔玉・苔アート作り、【暮】「衣・食・住」ワーク&トーク（2014秋は、黒焼き玄米作り・地球の暦・養生・エネルギーの話・自治の話など豊かで持続可能な命のための多様なワーク）、フリーマーケット、テンダーと語るエネルギーの未来、【地】介護保険でまちづくり？、山村エンタープライズ報告会、奉還町ローカルサミット、ポートランド&岡山トーク、【健】さまざまなヨガ、natural100% アロマクリーム作り
		岡山市	**とりいくぐる**	【衣】岡山リアルクローズ研究しちゃう、【食】餅つき、料理教室、【住】「まちの不動産」トーク（コーポラティブ住宅って何だろうなど）、すまい・まちのリノベーショントーク&ワーク&相談会、奉還町空き家めぐりツアー、『BOOKSTORE ～移住編～』上映会、【モ】座布団募集&プリントワーク、【暮】フリーマーケット、【地】せとうち暮らしトーク"もうひとつの直島"海へ出よう、島へ行こう、「Nawate Project 夜の茶話会」（チェコの建築と暮らし、片岡八重子さんトークなど）、「シゴトとセイカツとワタシ」トーク、『バべる！』出版記念岡啓輔トーク、ドイツライプツィヒ街づくりチームの「てぶら革命！」トーク、「小さな場所からはじめるまちのマネジメント・岡山編」研究発表、奉還町よみとき妄想散歩、【健】ヨガ教室
		久米南町	遊民宿 旅のあしあと	【生】北庄棚田の田植え・草刈・稲刈り、【地】移住者交流会

中国	岡山県	**倉敷市**	**有鄰庵**	【衣】糸紡ぎワーク、【食】岡山・倉敷のおいしいもの食べて復興支援、【住】古民家改装、障子張替え、竹あかり作り、【モ】国産ひのき間伐材の箸作り、玉島だるまの絵付け体験、【暮】自分の素敵を発見するトーク、好きなことを仕事にして生きていく方法トーク、倉敷美観地区周辺クリーンプロジェクト、ネパールから世界を知ろう講演会、【地】「夢と経営 ── 地域の想い」合宿セミナー、地域と生きるゲストハウスサミット
		高梁市	ゲストハウス ELEVEN VILLAGE 吹屋	【衣】ベンガラ染め、【食】万能酵母液作り講習会、【生】農業体験、【暮】やまのうえのマルシェ（豊かなモノを求める人とつくる人が出逢う場、オーガニックなマルシェ、ワーク＆癒し）、Eleven Village 文化祭キャンプ（マルシェ、ワーク、トーク、移住相談など）、【健】屋久杉玉磨き＆おとのわライブ（祝詞×クリスタルボウル）
		玉野市	ゲストハウス虎所［lit］	【衣】黒染め友の会、【食】うどん打ち、【住】ぬいぐるみの懐中電灯、【暮】古書店開催、フリーマーケット、【地】やわらかく瀬戸内で暮らす座談会
		西粟倉村	**あわくら温泉 元湯**	【衣】季節の草木染ワーク、【食】餅つき、味噌作り、納豆作り、キムチ作り、日本酒講座、みんなでごはん（手巻き寿司、おでん、餃子、もつ鍋など作って食べる）、スリランカの暮らしの話とスパイス作り、『よみがえりのレシピ』上映会、【住】ペンキ塗り、【モ】ブックカバー作り、【暮】フリーマーケット、西粟倉から世界を考える（世界の戦場をみつめたフォトジャーナリストとこれからの日本を考える）、【地】遊休資源で地域をイノベーションするセミナー、【健】ヨガ、ハンドマッサージ、台湾式足つぼマッサージ
		早島町	**岡山ゲストハウス いぐさ**	【住】い草の機織り、い草ものづくり（コースター、ミニ箒、しめ縄など）、【生】い草育成（植え付け、苗植え、先刈り、収穫など）、【地】早島マルシェ・倉敷三斎市出展、地域となりわいを作るセミナー
	広島県	**尾道市**	**あなごのねどこ**	（尾道空き家再生プロジェクト関連のイベントが中心）【住】障子貼り体験、小学5，6年生のための建築塾、尾道建築塾（町歩きツアー・ミニトーク）、尾道の蔵巡りツアー＆トーク、尾道空き家再生プロジェクトリレートーク、尾道空き家再生夏合宿、旅する建築家の辺境探訪トーク、建築愛トーク（台湾日式建築への旅など）、アルプスの築250年牛小屋再生プロジェクトの話、【暮】蚤の市、【地】尾道まちづくり発表会
		尾道市	みはらし亭	【健】日の出ヨガ
		尾道市	ゲストハウス ヤドカーリ	【食】おむすび作り、【暮】「旅とロシア生活文化」トーク、世界一周サイクリストによるトーク
		廿日市	ホステル＆カフェバー バックパッカーズ宮島	【衣】草木染ワーク、【食】餅つき、【モ】海図で財布やブックカバー作り（海の街「呉」だからこそ手に入る廃盤海図と呉のお寺で使っていた廃材のろうそくで作る）
		広島市	広島ゲストハウス縁	【衣】浴衣の着付け、藍染め、【食】ヒッチハイク鍋作り（広島名産品をヒッチハイクで集め料理を作る）、【暮】フリーマーケット、ふんどしゴミ拾い、どうしたら楽しく幸せに暮らせるのか？──これからの暮らし・コミュニティ・時代を学ぶ、世界中を和服で旅したサムライ冒険家の講演会、『できる──セ・ポシブル』上映会＆監督来日トーク、【地】広島×対話×平和をテーマにした平和公園ガイド、隠岐の島移住の話、【健】リップバーム作り
		広島市	広島ゲストハウス 碌 roku	【食】ぱんちょりカレー講座、【モ】木製のポストカード作り、【健】ヨガ
		若草町	ゲストハウス ラッピー	【衣】浴衣着付け、【食】餅つき、【健】座禅
	山口県	**下関市**	**uzuhouse**	【食】餅つき、「下関焼き」作り＆トーク、【住】竹あかり作り、【モ】山口県をデザインした手ぬぐいシルクスクリーンワーク、キャンドル作り、【暮】「家族四人極貧世界一周」松井家の旅トーク、『365日のシンプルライフ』上映会＆トーク、【地】今日からはじめるまちづくりトーク、ゲストハウスで働くぼくらが地域のためにできることトーク、畠山千春的コミュニティのつくりかたトーク、地方創生イベント「竹灯りで繋がり広がるコミュニティ」「パーリー建築（リノベ集団）の考えるまちづくりとは」「地域から生まれる新しい価値とは」トーク、山口移住計画のキックオフイベント、【健】ヨガ、ラジオ体操、足つぼ＆もみほぐし
四国	徳島県	徳島市	uchincu	【食】大人の部活動（料理など）

四国	徳島県	三好市	ゲストハウスUEDA	【食】菓子・パン作り、和菓子作り、【住】ログハウス作り、【生】ヤギの乳搾り、農業体験
		三好市	ゲストハウス モモンガビレッジ	【食】うどん作り
	香川県	直島市	島小屋	【食】段ボールスモーカーを作って薫製ワーク、ベトナム式コーヒーの淹れ方、【暮】古本市・蚤の市
		直島町	やど Seven Beach	【健】ヨガ
	愛媛県	今治市	オーガニックゲストハウス&カフェ OHANA in 御島	【衣】『麻てらす』上映会&監督トーク、【生】農民ロッカー「土水空ツアー」、【暮】哲学対話体験 ── 聴くってなに？対話ってなに？、ビーチクリーン&ビーチコーミング、『カンタ！ティモール』上映会、【健】瞑想ワーク、音楽演奏&瞑想会&万華鏡ワーク、『天鹿乃路ししかみのみち』上映会
		今治市	**しまなみゲストハウス「シクロの家」**	【生】有機農家で果樹の受粉作業&まるごと果実のジャム作り、【暮】はまかぜ海道をポタリング ── 本当の豊かさを探す旅（里山に生きる多様多種な生物を観察、シクロ農園でヨガ体験など）、【地】せとうちスローサイクリング、シクロ女子旅（地野菜収穫とピザ、菊間瓦で鬼瓦作り、浜辺ヨガなど）、【食・健】女子目線ぶらりプチ山岳サイクリング（まぼろしのお饅頭作り、美容室での本格スキンケア、ヒーリングを求めて里山クライムなど）
		松山市	Sen Guesthouse	【暮】ガレージセール、【健】眠りのヨガ、音（ナーダ）ヨガ、指圧マッサージ講座、日本の文化とお灸講座
		松山市	どうごや	【モ】みつろうorテキスタイルで作るエコラップ、書道家によるうちわワーク、道後の森 もくもくプランター（クリスマス風のプランター作り、木琴作りなど）、【暮】「家族四人極貧世界一周」松井家の旅トーク、【健】座禅、テラノ式手ぬぐい体操、整体「気血循環法」、タイ式マッサージ
		松山市	松山道後ゲストハウスじょじょに	【食】沖縄料理作り、カレーバトル、【暮】ノマド的節約術座談会
	高知県	四万十町	GUEST HOUSE 40010	【衣】浴衣着こなし講座、【食】うどん打ち、【住】部屋のファブリックパネル作り、【モ】ハーバリウム作り、【暮】世界を旅する写真家のトーク、【地】1日体験歩き遍路
九州	福岡県	**糸島市**	**ゲストハウスいとより**	【食】餅つき、玄米糀の味噌仕込み、醤油作り、醤（ひしお）仕込み、発酵基礎講座「暮らしがちょっと豊かになる麹の話」、【住】糸島杉で棚作り、しめ縄ワーク、ひょうたんランプワーク、【モ】バブーシュリメイク、ドライフラワーアレンジ（スワッグ、ブーケ、リースなど）、【地】糸島×ライフスタイルトーク（「地元」「移住」「デュアルライフ」）、糸島移住体験、【健】月巡りヨガ、糸掛け曼荼羅作り（瞑想）、音波セラピー、いとよりマルシェ（循環ケア体験、ヴォイスヒーリング、ホリスティックヒーリングなど）
		糸島市	糸島ゲストハウス小春	【食】コーヒー豆焙煎体験、【モ】スプーン・箸・パン皿作り、【暮】電気を使わない暮らし体験（食材を持ち込み屋外調理、明かりは基本的にろうそく、蚊帳を吊って寝るなど）、【健】縁側でほぐれる
		福岡市	**SEN&CO.HOSTEL**	【衣】刺繍ミシンでハンカチ作り、【食】味噌作り、ひよこ豆で味噌作り、味噌玉作り、味噌汁LIVE教室、発酵×薬膳フレンチ料理教室、カインチュア（ベトナム料理）作り、麹のお話会、カリートーク&スパイスカレー教室、玉葱づくし料理教室、ロースイーツ・ローカレー作り、発酵×ローフードのお野菜手巻き作り、ローフードマイスター講座、【モ】紙のフラワーベース、【暮】お金が介在しないフリマ、【地】ボクが水俣でオーガニック野菜を売る理由トーク
		福岡市	TONAGI Hostel × Café	【モ】革細工ワーク
		福岡市	B&C Gakubuchi （運営者交代）	【衣】博多をキモノで歩こう、刺繍ワーク、くるみボタンワーク、シルクスクリーンワーク、インドネシアの布で「おでかけきんちゃく」作り、刺しゅう糸や毛糸を使ったタッセル作り、【食】発酵料理教室、恵方巻作り、燻製作り、手作り「さけるチーズ」ワーク、コーヒーワーク、【暮】「あなたの生活をちょっと良くする」シリーズ（ネガティブの重要性と活用法、学習）
		福岡市	HOSTEL STAND BY ME	【衣】浴衣着付け&撮影会、【食】親子で「お子様ランチ」作り、タイ料理教室、【地】まちのお掃除隊（大濠花火大会翌朝のお掃除活動）、【健】出勤前朝トレ（筋トレ、ティラピスなど）、大人の運動会

九州	長崎県	**長崎市**	**宿とアンティーク着物 長崎かゞみや**	【衣】浴衣関連イベント（長崎キモノ迷宮時間ー浴衣と洋館と宴、長崎みなと祭りー　浴衣でGO！GO！GO！、てんやわんや浴衣まつり、浴衣1dayレッスンなど）、キモノで豆まき、レトロアンティーク着物体験
		長崎市	NAGASAKI HOUSE ぶらぶら	【衣】布ナプキンちくちく会、型絵染、【モ】ステンドグラスワーク（アクセサリー、ランプ、リース、卓上スタンドなど）、【暮】しごとの話わたしの話 ── 聴く話すことで見えてくるもの、フィリピンの村写真展＆トーク、ぶらぶらマルシェ（雑貨、癒し、ヒーリングなど）、ぶらぶらミニマルシェ（フリマ、ステンドグラス、ハンドマッサージなど）、ぶらぶら朝市（とれたての魚、新鮮な野菜や果物、アクセサリー、染物体験など）、『かみさまとのやくそく』上映会、【地】観光地域づくり講座（農山魚村に泊まる魅力の創り方とムラまるごと地域づくり、イタリアから学ぶこれからのツーリズムなど）、旅に行きたくなるまちのつくりかたトーク、【健】ヨガ、SUP YOGA、ふらっと健康体操、龍氣ヒーリング＆日本式靈氣療法の話、ソウルトラベルヒーリングメディテーション、あなたの木（氣）をかくワーク、未来スケジュール帳を創る会、海の見えるリラクゼーションマッサージ
		平戸市	ヒラドゲストハウス コトノハ	【食】ぬか床作り、世界の旅を料理で語る、【住】土壁塗りワーク、漆喰塗りワーク、ティピ建てワーク、【暮】『simplife』上映会、【地】平戸自転車同好会（ポタリング）、【健】ヨガ
	熊本県	阿蘇市	阿蘇び心 阿蘇店	【食】辛子蓮根作り、【暮】キャンプ体験（電源ないときにも携帯充電できる、水なくても作れる料理技など）
		天草市	天草西海岸バックパッカーズ 風来望	【食】恵方巻作り、ガレット作り、【モ】波の型染めコースター作り、【生】田植え、カヤックフィッシング、【健】ヨガ、リフレクソロジー（反射療法）
		小国町	ゲストハウスそらいろ	【食】麹をつかったお料理教室と味噌作り、かつお節削り・出汁取り・味噌汁と佃煮作り、かまど炊き体験、スウェーデントーチでアウトドアごはん作り、バームクーヘン作り、【住】門松作り、改装ワーク、【モ】スプーン作り、コケ玉作り、【生】農村体験、【暮】「大人の寺子屋」ワーク（幸せはどこにある？、感謝から生まれることなど）、暮らしのスタイル── じぶんの生き方を見つめる合宿、「家族四人極貧世界一周」松井家の旅トーク、【健】タイ古式マッサージ
		熊本市	染物と宿の中島屋	【衣】染物体験（ろうけつ染め、絞り染めでオリジナルハンカチ、手ぬぐい、Tシャツ、スニーカーなど）
		和水町	THE スナフキンズ	【衣】紅茶染め、【食】釜炒り茶作り、【生】イチゴの苗植え、【暮】古道具販売、『リトル・フォレスト』上映会
	大分県	臼杵市	ゲストハウス＆カフェ 臼杵家	【食】縄文かまど体験（ピザ、羽釜ご飯）、【生】自然農業体験（縄文米と真菰筍）、海体験（泳ぐ、釣るなど）、【健】寺体験（坐禅、瞑想、水行、写経など）
		別府市	鉄輪ゲストハウス	【食】蕎麦打ち
	宮崎県	日南市	fan! -ABURATSU- Sports Bar & HOSTEL	【住】壁塗り、【モ】ハーバリウムワーク、【暮】一輪車世界一周講演会、【地】「現代版百姓が限界集落を救う」プレゼン、ローカルメディアリリース記念トーク
		宮崎市	宮崎青島ゲストハウス	【暮】スローライフワーク、【健】ヨガ
	鹿児島県	鹿児島市	鹿児島イルカ ゲストハウス	【食】餅つき、出汁料理教室、塩教室、【モ】あずま袋作り
		瀬戸内町	ゲストハウス・カムディ	【モ】夜光貝磨き、【生】釣り
		西之表市	ZEUS HOUSE	【生】船釣り、【健】ヨガ、パワースポットを巡るヨガ旅、ハワイの伝統的なオイルトリートメント LomiLomi
沖縄県		石垣市	ゲストハウス こねくと	【生】釣り
		石垣市	島宿月桃屋	【生】みかん狩り、【暮】自転車日本一周旅応援、【地】移住を考える
		沖縄市	ごーやー荘	【食】沖縄料理体験、【地】コザまちゼミ36番「外国人観光客を喜ばせるおもてなし講座」、戦後沖縄の歩みと基地の影響体験
		竹富町	民宿マリウド	【生】釣り
		那覇市	柏屋（休業中）	【食】餅つき、『キング・コーン世界を作る魔法の一粒』上映会、【暮】マルシェ、フリーマーケット、『久高オデッセイ 第一部 結章』上映会、『天空の棚田に生きる～秘境 雲南～』上映会
		那覇市	月光荘・つきのわ	【食】餅つき、蕎麦打ち、手前味噌作り、【暮】マルシェ、「へそのをキャンプ」での各種体験、フリーマーケット、【健】ヨガ、足マッサージ

沖縄県		那原町	Guest House Agaihama	【食】蕎麦打ち、パン作り、沖縄料理体験、有機野菜ピザ作り、【モ】宝貝ストラップ作り、【生】釣り
		宮古島市	宮古島ゲストハウス風家	【生】釣り、潮干狩り
		宮古島市	民宿うぃづ	【生】農業体験（ゴーヤーの収穫、受粉作業）
		宮古島市	琉球ゲストハウス鶴美荘	【暮】「へそのをキャンプ」での各種体験、フリーマーケット、【生】釣り、【健】ヨガ
		読谷村	Life is a Journey	【地】ビーチクリーン、【健】海の見えるヨガ、遊体法／テラノ式手ぬぐい体操

文献

書物

櫻井雅之『亀時間』スペースシャワーネットワーク , 2014.

吹田良平『グリーンネイバーフッド――米国ポートランドにみる環境先進都市のつくりかたとつかいかた』繊研新聞社 , 2010.

ミヒャエル・エンデ『モモ』大島かおり訳 , 岩波書店 , 1976（Michael Ende, *Momo*, 1973）.

ゲストハウスの HP・FB

「ASUKA GUEST HOUSE」http://www.asukaguesthouse.com/
https://www.facebook.com/asukaguesthouse/

「あわくら温泉 元湯」http://motoyu.asia/
https://www.facebook.com/motoyumotoyu
https://greenz.jp/2015/09/10/nishiawakura_motoyu/
http://vill.nishiawakura.okayama.jp/

「1166 バックパッカーズ」https://1166bp.com/
https://www.facebook.com/1166backpackers

「ゲストハウスいとより」https://itoyori.wixsite.com/itoshima
https://www.facebook.com/guesthouseitoyori

「IRORI Nihonbashi Hostel and Kitchen」http://irorihostel.com/
https://www.facebook.com/IRORIhostel

「uzuhouse」https://uzuhouse.com/
https://www.facebook.com/uzuhouse
https://readyfor.jp/projects/uzuhouse

「岡山ゲストハウスいぐさ」http://www.igusagh.com/
https://www.facebook.com/igusa.clip/

「あなごのねどこ」http://anago.onomichisaisei.com/
https://www.facebook.com/Anagononedoko

「おもてなしラボ」http://omotenashilab.com/
https://www.facebook.com/sakura.omotenashi.lab
「亀時間」https://kamejikan.com/
https://www.facebook.com/kamejikan/
「KAMP」http://kamp.jp/
https://www.facebook.com/kampjapan
http://natural-camp.jp/2016/
「ゲストハウス ELEVEN VILLAGE 吹屋」https://www.elevenvillage.org/
https://www.facebook.com/elevenvillagefukiya
「体験型ゲストハウス danon」https://danon-toei.com/
https://www.facebook.com/toei.yado.danon/
「ゲストハウス松本亭一農舎」https://1no.jp
https://www.facebook.com/1nojp
「ゲストハウス MADO」https://www.guesthousemado.com/
https://www.facebook.com/guesthousemado/
「guest house MARUYA」http://guesthouse-maruya.jp/
https://www.facebook.com/maruya.atami/
「ゲストハウス三日市」https://www.gh-komatsu.com/
https://www.facebook.com/ ゲストハウス三日市 -GuesthouseMikkaichi-196535117394271/
「Guesthouse RICO」https://www.guesthouserico.com
https://www.facebook.com/guesthouseRICO
「GUEST HOUSE WAYA」https://waya-gh.com/
https://www.facebook.com/waya.guesthouse/
「五泉ゲストハウス『五ろり』」https://gorori.jimdo.com/
https://www.facebook.com/gorori5000
「ご婦人乃宿 泊や」http://tomari-ya.com/
https://www.facebook.com/tomariya.jinaimachi
「古民家ゲストハウスとある宿」http://www.toaruyado.com/
https://www.facebook.com/toaruyadoShowamura
「古民家ゲストハウスわとや」http://watoya.com/
https://www.facebook.com/810ya
「古民家 noie 梢乃雪」http://kominkasaisei.net/
https://www.facebook.com/kozuenoyuki
「KOMEYAKATA GUESTHOUSE」
https://komeyakata-gh.wixsite.com/komeyakataguesthouse

https://www.facebook.com/Komeyakata
「佐世だんだん工房」
https://www.facebook.com/ 佐世だんだん工房 -242012709284955/
「シーナと一平」http://sheenaandippei.com/
https://www.facebook.com/sheenatoippei/
「しまなみゲストハウス「シクロの家」」http://cyclonoie.com/
https://www.facebook.com/gh.cyclonoie
http://www.cyclo-shimanami.com/about/
「SEN&CO.HOSTEL」http://senandco.jp/
https://www.facebook.com/senandco/
「SOCIAL HOSTEL 365」http://socialhostel365.com/
https://www.facebook.com/socialhostel
「大草原の小さな宿 こもれび」http://www16.plala.or.jp/komorebi-yado/top.html
http://komorebi-yado.com/
https://www.facebook.com/pg/ 大草原の小さな宿 - こもれび -367585089988644/
「旅人宿 石垣屋」http://www.ishigakiya.net/
https://www.facebook.com/ishigakiya
「たみ」http://www.tamitottori.com/
「地球宿」http://chikyuyado.com/
https://www.facebook.com/chikyuyado
「東京ひのはら村ゲストハウス へんぼり堂」http://henborido.net/
https://www.facebook.com/hinoharaguesthouse
「とりいくぐる」http://toriikuguru.com/
https://www.facebook.com/toriikuguru
「NAGASAKI HOUSE ぶらぶら」http://nagasakihouse.com/
https://www.facebook.com/nagasakihouseburabura/
「ゲストハウス「奈の音」」https://nanone.net/
https://www.facebook.com/valencia.cocktail/
「発酵ゲストハウス耳日」http://miminichi.com/
https://www.facebook.com/miminichi
「HATCHi 金沢 -THE SHARE HOTELS-」https://www.thesharehotels.com/hatchi/
https://www.facebook.com/hatchithesharehotels/
「飛騨高山ゲストハウスとまる」http://www.hidatakayama-guesthouse.com/
https://www.facebook.com/takayama.tomaru
「HOSTEL NINIROOM」https://niniroom.jp/
https://www.facebook.com/niniroom/

「HOTEL NUPKA」https://www.nupka.jp/
https://www.facebook.com/hotel.cafe.nupka
「南知多ゲストハウスほどほど」https://hodohodo.jimdo.com/
https://www.facebook.com/hodohodo77/
「宮津ゲストハウス・ハチハウス」https://8house.jimdo.com/
https://www.facebook.com/miyazu8house
「宿とアンティーク着物 長崎かゞみや」http://n-kagamiya.com/
https://www.facebook.com/NagasakiKagamiya
「山ノ家 カフェ&ドミトリー」http://yama-no-ie.jp/
https://www.facebook.com/YamanoieCafeandDormitory
「有鄰庵」https://yuurin-an.jp/
https://www.facebook.com/yuurin.an/
「Little Japan」http://www.littlejapan.jp/
https://www.facebook.com/l.japan/
「Len KYOTO KAWARAMACHI」https://backpackersjapan.co.jp/kyotohostel/
https://www.facebook.com/lenkyoto
「World Cafe Guest House」https://www.worldcafeguesthouse.com
https://www.facebook.com/worldcafeguesthouseyamanashi

映画のHP

『Given ～いま、ここ、にあるしあわせ～』http://given-imakoko.com/
『玄牝（げんぴん）』http://www.genpin.net/story.html
『ハーメルン』http://www.hameln-film.jp/

新聞記事等

「ゲストハウスdanon」「山里に人呼ぶ体験型の宿」毎日新聞, 2015.4.23.
バンベニ桃「「物を持たずに豊かに生きる」アフリカ流・引き算の暮らし」
https://afri-quest.com/archives/10668
前田有佳利「旅と暮らしが出逢う、まちの新たな拠点」
https://re-re-re-renovation.jp/projects/875

第7章　自然系ゲストハウス利用者の意識と価値観

本章では、自然系ゲストハウス宿泊者やイベントおよび体験プログラム参加者が、それらをとおしてどのような意識あるいは価値観を持つに至るのかという点について、宿での観察調査や利用者へのアンケート調査をもとに考察してみたい。

なお、本章7-1節は、松原（2017b）を一部省略、加筆修正し、7-2節は、松原（2020）を一部加筆修正して転載したものである。

本章でも、ゲストハウスをGHと略記することとする。

7-1 宿泊者の意識と価値観

目的と方法

本書では、自然系GHを「自然系の暮らし創出につながるようなイベントあるいは体験プログラムを実施しているGH、あるいは古民家を利用しているGH」と定義しているが、古民家を利用したGHに宿泊して、食事やくつろぎ、就寝などの生活行為をおこなうことは、日本の伝統的な住文化や生活文化の一端を体験することでもあり、また、古民家が立地する農山村の暮らしや、宿場町など町家地域の暮らしに触れることにもなるといえ、それらの再評価につながる可能性があることも推察される。

そこで本節では、古民家GHにおける宿泊者の特徴、古民家や周辺地域に関する宿泊者の意識、価値観の変化などについて観察調査やアンケート調査をもとにとらえることにより、古民家を利用した自然系GHの特質を、暮らし方の観点から考察することをねらいとしたい。なお、本書では、古民家を「日本の伝統的建築様式を有しているもので、建築基準法が定められた昭和25年以前の建物」と定義している。

古民家を住居史的観点からみると、江戸期の士農工商の身分制度をもとにした「農家」、「町家」、農家以外の「戸建」(中流住宅あるいは中廊下型住宅と称されるもの)の三つに区分することができる。「農家」は、農村地域に立地し、農作業等に使われる土間と床上空間から構成される農民の住まい、「町家」は、町場に立地し、通り土間と床上空間から構成され、隣家と壁を接する商工民の住まい、「戸建」は、都市部に立地し、士族の住まいを原型とした都市勤労者の住まいである。

松原(2016)では、全国118軒の古民家利用GHのうち、「農家」が22軒、「町家」が65軒、「戸建」が22軒であることを示しており、これらの中から調査対象を抽出することとしたが、運営面が未だ安定していないと考えられる開業後1年未満の宿や、大壁式などへの改装により古民家の特徴が薄らいでいる宿は除外した。また、今回のアンケート調査は、実際に各宿を訪問し滞在して、オーナーへの聞き取り調査や宿泊者の行動観察調査なども併せておこなうという事情から(松原〔2017a〕参照)、調査実施上の地理的条件も考慮した。

上記を踏まえ、まずは東海3県に立地する宿から候補を挙げ、調査協力を依頼し、承諾を得られた宿を抽出したが、東海3県では抽出できない場合は近隣地域の宿へと対象を広げることとした。こういった方法により、「農家」では、東海3県に立地する5軒の中から岐阜県美濃市のHが抽出できた。Hは、繁忙期以外は個室利用を前提としている点では、民宿とGHの中間的な性質を有している宿といえる。そこで、部屋利用の点でもGHの特質を有する宿を東海3県以外で求めたところ、長野県小谷村のKが抽出できた。「町家」では、東海3県に立地する4軒のうち、三重県亀山市のTが抽出できた。「戸建」は、東海3県には存在しなかったため、他県に対象を求めたところ、奈良県奈良市のJと神奈川県鎌倉市のYが抽出できた。JとYの2軒を抽出した理由は、これらの宿では、観光主体の宿泊者や外国人宿泊者が多いであろうことから、回収数が少なくなる可能性があると判断したためである。

対象とした宿の特徴

対象とした宿の特徴については、オーナー調査や宿泊者の行動観察調査にもとづき、松原(2017a)において示しているが、ここでも概説しておきたい。表7-1-1は、各宿の概要をまとめたものである。

表 7-1-1　対象としたゲストハウスの概要

	K	H	T	J	Y
立地	長野県小谷村	岐阜県美濃市	三重県亀山市	神奈川県鎌倉市	奈良県奈良市
地域種別	山村集落（限界集落の可能性大）	山村集落（都市中心部から比較的近い）	宿場町（国選定重伝建地区内）	歴史観光都市（商店街近傍）	歴史観光都市（交通至便）
建物種別	農家	農家	町家	戸建	戸建
築年数	約 150 年	65 年	120 年以上	90 年	85 年以上
開業年	2011 年	2008 年	2009 年	2011 年	2010 年
開業趣旨	村を未来につなげたい	カヤックしながら仕事したい	バイクや自転車旅の人の宿	持続可能な社会づくり	バックパッカー経験を生かす
宿泊価格	4,600 円（食材費込）	3,800 円	3,500 円	3,500 円	2,400 円

まず「農家」のKは、長野県小谷村の限界集落になりつつある地域に立地している。オーナー（調査当時）のTさんは、かつて小谷村に山村留学し、この村を自分のふるさとだと考えるようになった。そして 2008 年にIターンし、築約 150 年の農家を譲り受け、この村を残したいとの思いから、2011 年にKを開業した（写真 7-1-1）。1 階部分を宿として使い、台所や居間などの共用空間と客室（和室ドミトリー 2 室・和室個室 1 室）がある。ドミトリー価格は 1 泊 4,600 円と高めであるが、これは周囲に飲食店などがないことから、朝夕の食材費込の価格となっているためである。スタッフと宿泊者で、共同調理をおこない、寝具の準備や食事の準備なども各自でおこなう方式である。国内からの宿泊者が主で、リピーターも多い。宿での典型的な行動の流れは、チェックイン→希望者全員で温泉→夕食準備→夕食・交流→就寝→朝食準備・朝食であり、チェックアウト時間は不定で、宿で自由に過ごすことができる。

同じく「農家」のHは、美濃市中心部から車で 10 分程度であるが、集落自体の人口は極めて少ない地域に立地している。オーナーのUさんは、長良川沿いで仕事とカヤックを両立したいと考え、宿の経営を思い立ち、宿にふさわ

写真 7-1-1　Kの外観

写真 7-1-2　Hの外観

写真 7-1-3　関宿の町並み

しい建物を探していたところ、築約60年の農家と出会い、2008年にHを開業した（写真7-1-2）。宿は、板敷の居間と個室３室（和室・布団）から成り、素泊まり3,800円である。昔ながらの空間で、「のんびりとした時間を過ごす」「わくわくする自然体験」などをコンセプトにしており、古民家での暮らしと、薪風呂や釜戸炊きご飯などが体験できる。食事を選択する宿泊者がほとんどで、繁忙期以外は個室を前提としているが、個人単位の料金設定や、セルフサービスなどの点では、GHの特徴を有している。宿での典型的な行動の流れは、チェックイン→希望者全員による夕食と交流→希望者は薪風呂→就寝→希望者全員による朝食である。

「町家」のTは、東海道の宿場町である関宿に立地している（写真7-1-3）。オーナーのTさんは、伝統的な建物に住んで宿を開業したいと考え、建物を探そうと全国を旅していたところ、関宿と、この町家に出会った。よく知られた宿場町でありながら、観光地化されておらず、静かな普段の暮らしが息づく関宿の様子に魅せられ、Iターンし、バイクや自転車などで全国を旅する人びとにふさわしい「旅人の宿」を、2009年に夫婦で開業した（写真7-1-4）。建物は、江戸後期から明治初期に建てられたものと考えられ、母屋、庭、離れ、蔵２棟がある。開業にあたり、若干の改装はしてあるが、建具や箱階段、かまど等々、ほとんど当時のままである。台所や居間、離れなどの共用空間と、ドミトリー３室（和室・布団）があり、ドミトリー価格は１泊3,500円、寝袋持参であれば2,500円である。また、宿の仕事（片付け、掃除、庭手入れなど）を手伝えば、時間に応じて宿泊費が軽減もしくは無料になるシステムも設けられている。宿での典型的な行動の流れは、チェックイン→夕食内容を宿泊者が相談して決める→食材を宿泊者が買い出しに行く→宿泊者同士で協力して夕食を作る→夕食・交流→就寝である。

写真7-1-4　Tの外観

写真7-1-5　Jの外観

写真7-1-6　Yの外観

「戸建」のJは、歴史的観光都市である鎌倉市内の、かつて港町として栄えた材木座に立地している。オーナーのMさんは、大学卒業後、ネパールにてボランティア教師として活動後、世界一周をめざして旅をした。帰国後、持続可能な社会づくりに貢献したいと考え、トランジションタウン活動に加わり、そのつながりから、鎌倉市で築89年の戸建住宅と出会い、地元の人の協力も得ながら2011年にJを開業した（写真7-1-5）。カフェのあるラウンジ（共用空間）と、ドミトリー1室（和室・2段ベッド）、個室2室（和室・布団）とがあり、ドミトリー価格は1泊3,500円で、海外からの宿泊者が半数である。宿での典型的な行動の流れは、チェックイン→人によって外出→客室→シャワー→就寝→起床→希望者による朝食である。

同じくYは、奈良市の鉄道駅近く、交通至便のところに立地している。オーナーのKさんは、バックパッカーとして30か国ほど旅をした後、バックパッカー経験を生かし、静かでほっとできるリーズナブルな宿を運営したいと考え、築約85年の戸建住宅をみつけ、2010年に、夫婦で開業するに至った（写真7-1-6）。カフェのある共用空間と、ドミトリー2室（和室・2段ベッド）、個室1室（和室・布団）があり、ドミトリー価格は1泊2,400円である。古都奈良の観光に好適であることから、海外からの宿泊者が8割を占め、リピーターも多い。宿での典型的な行動の流れは、遅めのチェックイン→居間で一人ゆっくりorオーナーや同行者と会話→シャワー→就寝である。

今回対象としたGHは、農山村の振興や豊かな自然環境、持続可能な社会づくりなどに高い関心を持つオーナーが開業していることが特徴である。

調査の方法

これらのGHに調査者が宿泊して、他の宿泊者に調査への協力を依頼するとともに、オーナーやスタッフからも協力を依頼してもらい回答を得る方法でアンケート調査を実施した。回収数は、K：59票、H：71票、T：45票、J：16票、Y 14票の計205票、実施時期は、2015年7月下旬から10月末である。

なお、JとYは、回収数が少なく不十分ではあるが、開業後の年数を経ているなどの条件を満たした「戸建」形式の中で、調査の承諾が得られた希少な宿の結果であるため、分析に加えることとした。先に述べたように、両者は、歴

表 7-1-2　回答者の属性

単位：%

宿（n）	性別		年代			職業等	
	男性	女性	20 代	30 代	40 代	社会人	学生
K（59）	49.2	50.8	57.1	14.3	19.6	79.7	15.3
H（71）	46.5	53.5	17.6	42.6	26.5	85.3	5.9
T（45）	68.9	31.1	50.0	34.1	13.6	74.4	9.3
J&Y（30）	16.7	83.3	51.7	24.1	20.7	75.9	20.7

n＝サンプル数

史的観光都市に立地するという点で共通点が多いと考え、J&Yをまとめて「戸建」として分析している。

回答者の属性を示したものが表 7-1-2 である。年代と職業等の欄は、回答が多い項目のみを記載している。性別では、KとHは男性と女性が同程度である。Tは、バイクなどで旅する男性の宿泊者が多いことから、調査回答者も男性が多く、J&YのJでは日頃から女性の利用者が多いことから、調査回答者も女性が多い結果となったと考えられる。年代では、K、T、J&Yは 20 代が半数を占め、次いで 30 代や 40 代が多いなど、若い世代が中心であることがわかる。Hでは、民宿的な性質を反映して、30 代が最も多く、40 代、20 代と続く。

表には示していないが、当宿への宿泊回数では、「はじめて」がK：59.3%、H：59.2%、T：42.2% J&Y：63.3%と最も多く、残りは 2 回目以上であり、5 回目以上の人も、K：28.8%、H：21.1%、T：37.8% J&Y：10.3%であった。KとTは、松原（2017a）の結果からも、リピーターが多い宿であることがわかる。また、他の GH（古民家とは限らず）に泊まったことがある人は、K：78%、H：63.8%、T：90.9% J&Y：70%であり、5 回目以上の人も、K：55.9%、H：43.5%、T：68.2% J&Y：36.7%であるなど、GH へのリピーターも多い。

調査の項目は、各宿固有の質問も含め多岐にわたるが、今回の分析に用いた項目は、宿泊理由、古民家に関する質問、周辺環境や地域に関する質問、暮らし方や生き方に関する質問の四つに大別できる。

宿泊理由

以下では、調査の結果について述べていきたい。

当宿に泊まろうと思った理由を複数回答で尋ねた結果を示したものが図 7-1-1 である。歴史的観光都市に立地する「戸建」の J&Y では、「周辺観光に好都合」「宿泊費が手頃」が多く、簡易な宿としての側面が宿泊の主たる理由であることがわかる。これに対して、限界集落に立地する「農家」のKでは、「古民家が好き」「古民家に泊まってみたかった」「田舎暮らしに関心がある」が多く、古民家であることや農山村集落の地域特性が宿泊理由となっている。そして、宿場町に立地する「町家」のTは、J&Yに似た傾向を示し、都市中心部から比較的近い農山村集落に立地する農家形式のHは、J&YとKの中間的な傾向を示すなど、全体として、宿の立地地域の特性と古民家形式の特徴を反映した結果であるといえる。

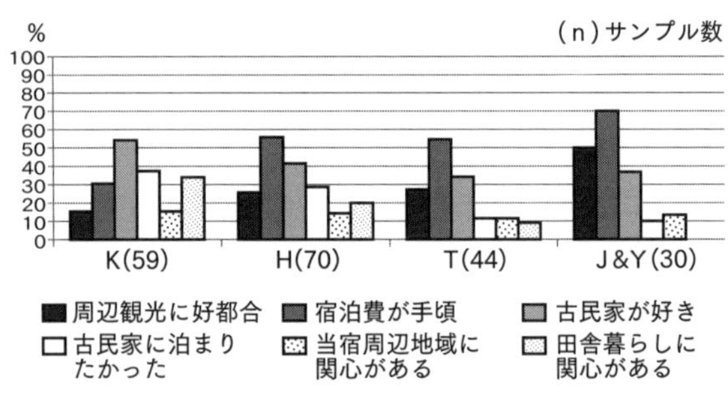

図 7-1-1　宿泊理由

古民家への意識

古民家への意識のうち、「日頃からの古民家への関心」「古民家ゲストハウスに宿泊したことによる古民家への関心の高まり」「他の古民家ゲストハウスへの宿泊希望」の結果を示したものが図 7-1-2 である。

いずれの宿でも、古民家への関心が「ある」「まあある」を合わせると7割弱～8割弱を占めるなど、古民家に関心のある人が宿泊していること、今回の宿泊によって古民家への関心が高まったと「思う」「まあ思う」が8割以上を占め、ほとんどの人が他の古民家GHへの宿泊を希望していることがわかる。

古民家の空間面に関して、「宿の建物などでよかったところ」の結果を示したものが図 7-1-3 である。なお、質問項目のうち、Hでは「土間」を、J&Yでは「釜戸やいろり」「土間」を選択肢に含めていない。前者は、宿特有の質問項目が多かったためであり、後者は、それらがないためである。

まず、各宿に共通して、「建物全体」「建物の外観」の評価が高いことがわか

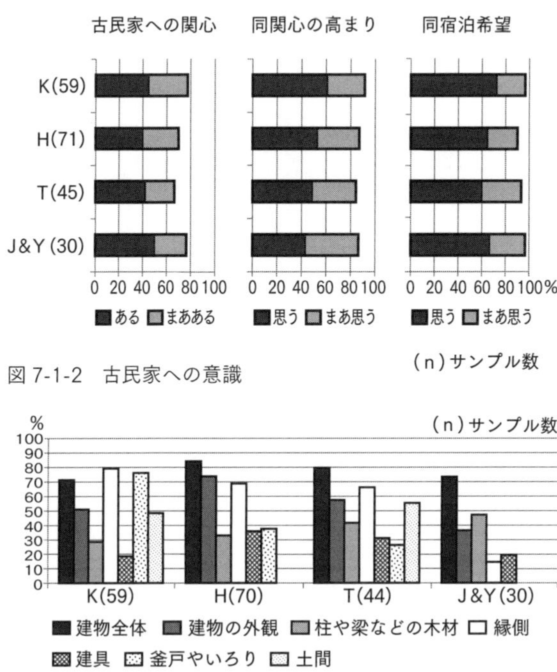

図 7-1-2　古民家への意識

図 7-1-3　宿の建物などでよかったところ

る。「縁側」については、宿の前庭や地域の自然が見渡せる位置にあるＫとＨ、町家の内庭に面するＴでは評価が高いが（写真 7-1-7 ～ 7-1-9）、道路が近いＪでは評価が低いという結果であった（写真 7-1-5 の玄関右手が縁側）。また、Ｋの「いろり」「土間」、Ｔの「土間」も評価されている（写真 7-1-10、写真 7-1-11）。J&Y では、柱や梁などの木材も評価されている（写真 7-1-12）。このように、建物全体や外観、縁側、農家や町家の土間など、古民家の特徴をあらわす要素が評価されていることがわかる。

古民家と周辺地域の両方に関連する質問である「古民家ゲストハウスに泊まって魅力を感じたところ」の結果を示したものが図 7-1-4 である。「宿泊費に比して得るものが大きい」「ともかく落着く」「リフレッシュできる」の３項目が各宿に共通して相対的に多いことがわかる。K、H、T では、「生き方や暮らし方を再考するきっかけとなる」が４割程度あることも注目される。

写真 7-1-7　K の居室と縁側

写真 7-1-8　H の居室と縁側

写真 7-1-9　T の居室と縁側

写真 7-1-10　T の土間

写真 7-1-11　K のいろり

写真 7-1-12　J の和室の木材

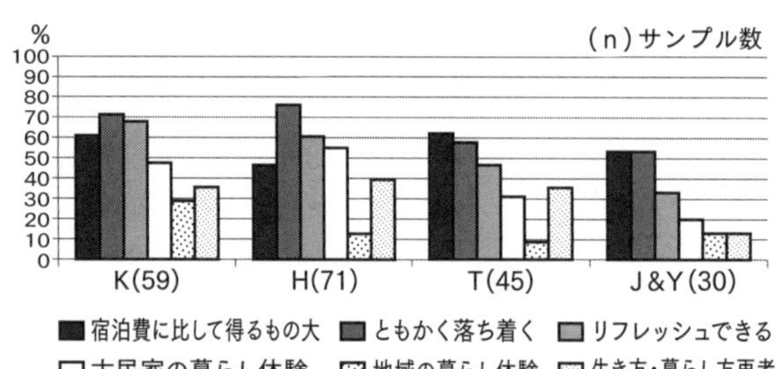

図 7-1-4　古民家ゲストハウスの魅力

暮らし方や生き方への意識・価値観

暮らし方や生き方に関する質問では、各宿のホームページやフェイスブックおよびオーナーへの聞き取り調査の結果などをもとに、各宿に関連が深く、現代的な暮らし方や生き方の見直しにつながると考えられる項目を設定した。具体的には、「日頃から関心のある暮らし方や生き方」として、「モノの豊かさより心の豊かさ」「地産地消」「スローライフ」「地域おこし」「地域自給」「ローカリズム」「グリーンツーリズム」「ミニマリズム」「自然農法」「半農半X」の10項目である。また、「宿泊による暮らし方等の価値観の変化」については、「思う」から「思わない」までの4段階で問い、具体的内容を記入する自由記述欄を設けた。

「日頃から関心のある暮らし方や生き方」の結果を示したものが図7-1-5である。全体として5割を超える項目は少ないが、各宿ともに、「モノの豊かさより心の豊かさ」「地産地消」「スローライフ」「地域おこし」の4項目が相対的に多い結果であった。

「宿泊による暮らし方等の価値観の変化」の結果を示したものが図7-1-6である。K、H、Tでは、「思う」との回答は2割強～3割強であるが、「まあ思う」を含めると6割～7.5割となる。一方、古都とはいえ、都市部に立地するJ＆Yでは、4.5割と相対的に少ない結果であった。農山村や町家地域に立地する宿での宿泊が、宿泊者の価値観に何らかの影響を与えていることがうかがえる。

価値観変化の具体的内容に関する自由記述を一覧したものが表7-1-3である。記述数は、全54件、記述内容は、「古民家関連」11件、「田舎暮らし関連」16件、「古民家＆田舎暮らし関連」1件、「現代の便利なモノ関連」9件、「暮らし方関連」9件、「その他」8件に分けることができ、「田舎暮らし関連」に関する

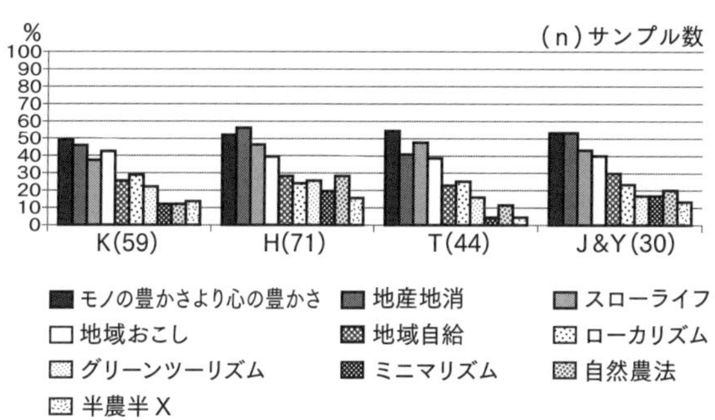

図7-1-5　日頃から関心のある暮らし方や生き方

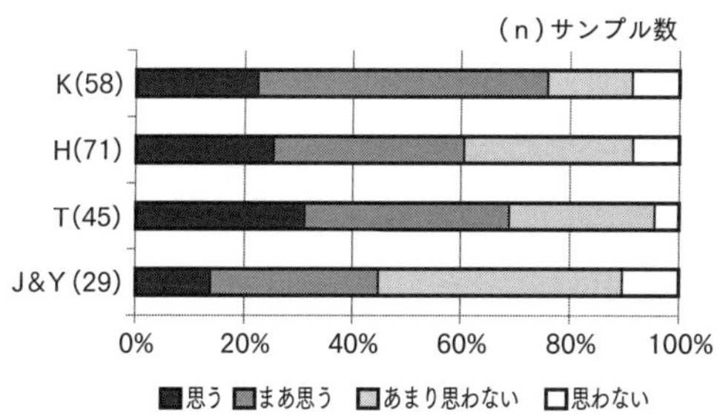

図7-1-6　宿泊による暮らし方等の価値観の変化

表 7-1-3　価値観の変化に関する自由記述

古民家関連	暮
空き家ではなく人の生活がある古民家に魅力を感じる（K）	Ⅲ
人の気配、大好きな空間の気心知れた人たちの物音は心地よいと感じるくらい（K）	Ⅲ
空き家についてニュースなど調べるようになった（K）	Ⅲ
古いものを丁寧に扱うようになった（K）	Ⅲ
モノ・道具を大切に使おうと思った（K）	Ⅲ
日本の風土に合った昔ながらの持続可能な生活様式を知るきっかけとなった（H）	Ⅰ
古民家という言葉自体知らなかったが、こういう世界もあるんだと思った（H）	Ⅳ
エアコンが必要ないほど涼しく、簀戸など昔ながらの建物の造りの快適性を知った（T）	Ⅳ
古民家利用は多くの人に日本の古き良き文化を継承していくことに繋がると思う（J）	Ⅱ
古いものでも大切にすれば愛着が湧き凄く心地いいと思うようになった（Y）	Ⅱ
古民家は現代でも使えると再認識した（Y）	Ⅲ
田舎暮らし関連	
自分の地元に誇りが持てなかったが、いいところあるのでは？帰ってみたいと思った（K）	Ⅱ
田舎は人の暮らしの本来あるべき姿に気付かせてくれる場所だと感じる（K）	Ⅱ
野菜を育て収穫して食べ助け合って暮らす等忘れがちなことを思い出させてくれる（K）	Ⅱ
田舎暮らしも悪くないと思った（K）	Ⅱ
田舎には田舎の良さがあり、暮らす人の気合、豊かさ、価値観がわかった気がする（K）	Ⅱ
田舎でも生きていける裾野が広がった（K）	Ⅲ
やっぱり田舎って最高（K）	Ⅲ
田舎暮らしは気持ち良さそうでいい（H）	Ⅰ
お風呂の薪くべや薪割り、ご飯炊きも体験してみたかった（H）	Ⅰ
美濃の人の活気は自分の地元とは違うものがあり、町おこしのイメージが違った（H）	Ⅱ
地方へ移住できるかどうかは別として田舎への憧れができた（H）	Ⅲ
田舎にも地形や利便などさまざまだというのを知れた（H）	Ⅲ
地元のことをもっと知りたいと思った（T）	Ⅰ
必ずしも東京に住む必要はないと思った（J）	Ⅰ
田舎暮らしがしたい気持ちがより高まった（J）	Ⅱ
田舎が好きということが再確認できた（J）	Ⅲ
古民家＆田舎暮らし関連	
宿泊者や地域の人、スタッフと過ごして本物の古民家や田舎暮らしの体験になった（K）	Ⅲ
現代の便利なモノ関連	
利便性が無くても暮らせる（K）	Ⅲ
便利なものがなくてよいと思えた（K）	Ⅲ
電気や水道が一層大事になった（H）	Ⅰ
携帯が使えないのもあり（H）	Ⅰ
携帯を持たない時間を作る、子どもが小さい間はリビングに TV を置かないことにした（H）	Ⅰ
必要のないネットやテレビをダラダラ見なくなった（H）	Ⅱ
空調のない暮らしの良さ（H）	Ⅲ
便利さについて考えるようになった（T）	Ⅳ
TV やネット、車なしで感性が豊かになり、時間にもゆとりが生まれると気づいた（J）	Ⅱ
暮らし方関連	
自然に囲まれた中でゆったり丁寧に過ごすことがとても素敵だと改めて感じた（K）	Ⅰ
緑に囲まれる生活は落ち着く（H）	Ⅱ
自然の中で暮らすのは幸せな事だと再確認できた（H）	Ⅱ
貸し畑で農業を始めた（H）	Ⅱ
自然をもっといかした暮らしをしたいと思った（H）	Ⅲ
自然を感じることの大切さ（H）	Ⅲ
暮らし方の多様さを改めて感じた（H）	Ⅲ
宿泊を体験すると生活の仕方が変わると思う（H）	Ⅲ
ネットがある時代、心地よく生きたい場所で暮らしたいと思うようになった（H）	Ⅳ

その他	
ほっとできることは人にとってとても大事だということに気づかせてもらい幸運（H）	Ⅰ
心の豊かさ（H）	Ⅰ
心穏やかに過ごすこと（H）	Ⅱ
働き方（H）	Ⅱ
スローライフの必要性（H）	Ⅲ
ゆっくりした時間の大切さ（H）	Ⅳ
時間に追われない（T）	Ⅲ
ゆったりと流れる生活をしたいと思った（J）	Ⅲ

暮：暮らし方等関心度

記述が最も多かった。

「古民家関連」は、すべての宿で記入があり、昔ながらの暮らし方や建物の造り、道具、文化などを評価する意見が多く、古民家への宿泊が、古民家や古いモノのよさの再認識をうながしていることが読み取れる。

「田舎暮らし関連」は、Y以外の宿で記入があり、田舎暮らしのよさを再認識したとの記入が多く、人によって程度の差はあるが、田舎暮らしへの関心が高まっていることが読み取れる。Jでも記入があり、古民家形式の宿であることが田舎を想起させたのではないか、あるいは、大都市と比べると古都鎌倉が相対的に田舎と認識されたのではないかと推察される。

「現代の便利なモノ関連」は、Y以外の宿で記入があり、携帯電話、インターネット、テレビ、車の利用や、利便性一般を見直す記述が主であった。

「暮らし方関連」の記述は、ほとんどがHであり、自然に囲まれる暮らしの大切さや心地よさ、現代の暮らし方一般を見直す記述が主であった。

「その他」は、時間に追われない、ゆっくり、ゆったり、スローなど、忙しい日常を見直す記述と、心穏やかに、ほっとできることは大事など、心理面の記述であった。

全体として、昔ながらの暮らし方等への再認識、再評価に関する記述であることがわかる。

暮らし方等関心度別にみた意識・価値観

さらに、「日頃から関心のある暮らし方や生き方」で設定した10項目への関心の度合いによって古民家への意識が異なるのではないかと考え、10項目のうち何項目に関心があるかを基準として、Ⅰ（6項目以上）、Ⅱ（5～4項目）、Ⅲ（3～2項目）、Ⅳ（1～0項目）の4段階に分けたものを、「暮らし方等への関心度」として設定した。

この4段階別に「日頃からの古民家への関心」をとらえたものが図7-1-7である。Ⅰ段階では、9割弱が古民家への関心が「ある」と回答しており、Ⅱ段階とⅢ段階では、「ある」は3割と4割強に減ずるものの、「まあある」を合わせると、6.5割と8割強である。Ⅳ段階では、「ある」は3.5割に減じ、「まあある」を合わせても5.5割である。今回取り上げた暮らし方等に関する項目への関心が高い人は古民家への関心も高いことがわかる。

同じく「古民家ゲストハウスに宿泊したことによる古民家への関心の高まり」をとらえたものが図7-1-8である。Ⅰ段階では、8割強が古民家への関心が高まったと「思う」と回答しており、Ⅱ～Ⅳ段階でも、「思う」は4割～6割弱に減ずるものの、「まあ思う」を合わせると8割強～9割が関心を高めている。自由記述においても、「昔ながらの持続可能な生活様式を知るきっかけとなった」(Ⅰの例)、「古いものでも大切にすれば愛着が湧き凄く心地いいと思うようになった」(同Ⅱ)、「空き家についてニュースなど調べるようになった」(同Ⅲ)「昔ながらの建物の造りの快適性を知った」(同Ⅳ)、といった記入がみられるなど、古民家への関心の高まりがうかがえる。

同じく「他の古民家ゲストハウスへの宿泊希望」をとらえたものが図7-1-9である。Ⅰ段階では、9割が宿泊したいと「思う」と回答している。Ⅱ段階とⅢ段階では、「思う」は、6割強と7割弱に減ずるものの、「まあ思う」を合わせると、ほぼ全員が宿泊を希望している。さらにⅣ段階では、「思う」は5.5割に減ずるが、「まあ思う」を合わせると8.5割に宿泊希望がある。

同じく「地域の暮らしへの関心の高まり」をとらえたものが図7-1-10であ

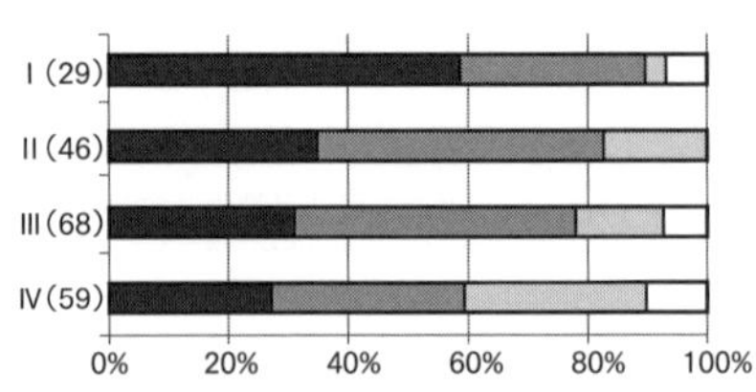

図7-1-7　暮らし方等関心度別
日頃からの古民家への関心

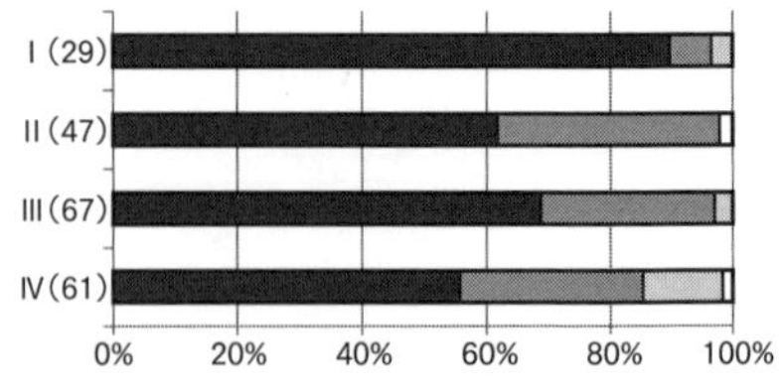

図7-1-8　暮らし方等関心度別
古民家への関心の高まり

る。Ⅰ段階では、6割弱が、暮らしへの関心が高まったと「思う」と回答している。Ⅱ段階、Ⅲ段階では、「思う」は3割と3.5割に減ずるものの、「まあ思う」を合わせると、8割程度が関心を高めており、さらにⅣ段階でも、「思う」は3割弱に減ずるが、「まあ思う」を合わせると6割が関心を高めている。自由記述においても、「田舎暮らしは気持ちよさそうでいい」（Ⅰの例）、「田舎暮らしがしたい気持ちがより高まった」（同Ⅱ）、「移住できるかどうかは別として田舎への憧れができた」（同Ⅲ）、「ネットがある時代、心地よく生きたい場所で暮らしたいと思うようになった」（同Ⅳ）といった記入がみられるなど、地域の暮らしや田舎暮らしへの関心の高まりがうかがえる。

同じく「当地域への居住希望」について、都市部に立地するJ&Yを除外し、K、H、Tの3宿でとらえてみたものが図7-1-11である。Ⅰ段階では、5割弱が「思う」と回答しており、暮らし方等への関心が高く、日頃から古民家への関心も高い人の半数は、農山村や町家地域への居住に関心を持っていることがわかる。Ⅱ段階、Ⅲ段階では、「思う」は少なく、1割強であり、「まあ思う」

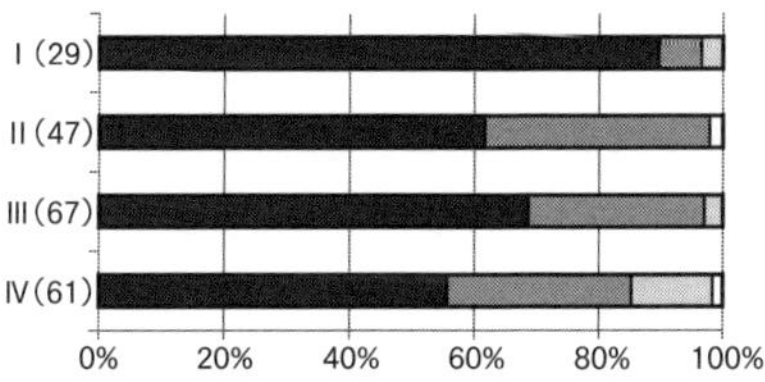

図7-1-9 暮らし方等関心度別
古民家ゲストハウスへの宿泊希望

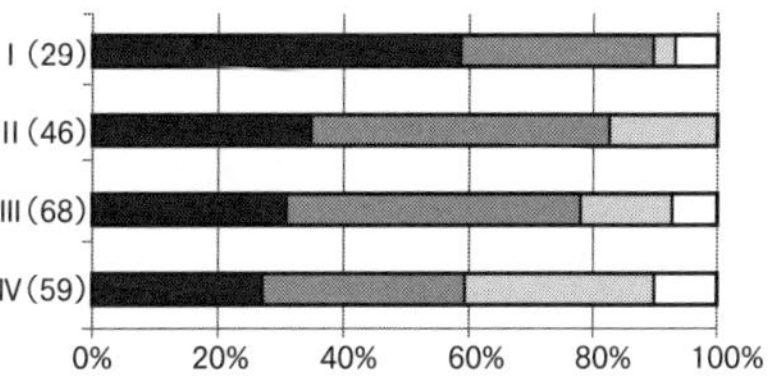

図7-1-10 暮らし方等関心度別
地域の暮らしへの関心の高まり

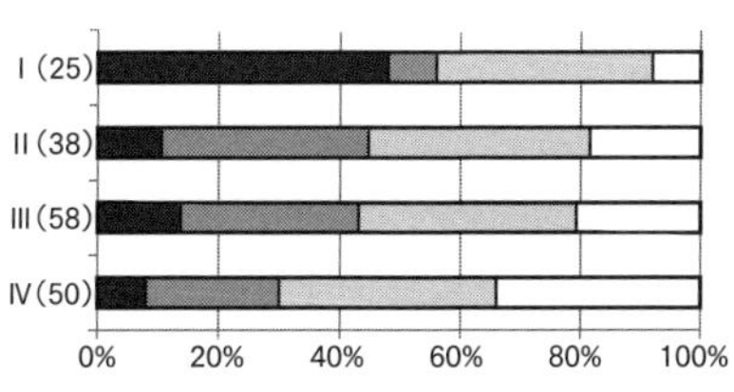

図7-1-11　暮らし方等関心度別
地域への居住希望

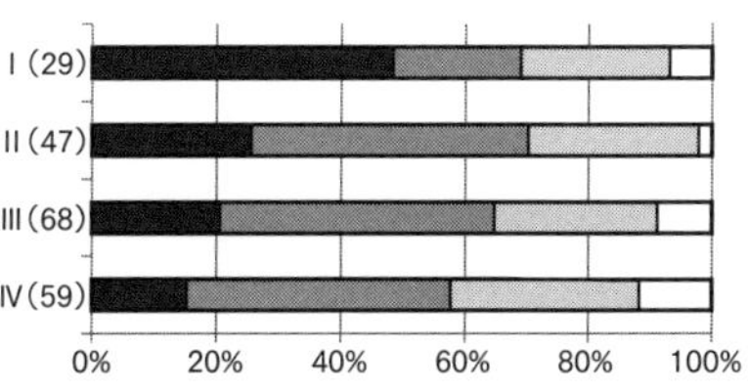

図7-1-12　暮らし方等関心度別の
価値観変化

を合わせても4.5割程度にとどまる。Ⅳ段階では、「思う」はさらに少なく、「まあ思う」を合わせても3割のみである。

同じく「宿泊による暮らし方等の価値観の変化」を示したものが図7-1-12である。Ⅰ段階では「思う」が5割弱あるが、Ⅱ段階とⅢ段階では、2割と2.5割に減じている。しかし、Ⅰ、Ⅱ、Ⅲ段階ともに、「まあ思う」を合わせると、6.5割～7割となり、今回の宿泊によって、何らかの価値観変化が生まれていることがわかる。Ⅳ段階では、「思う」はさらに1.5割に減じるが、「まあ思う」を合わせると、6割弱の人に何らかの価値観変化があったことがわかる。

これらの結果から考察できること

これまでの結果から、宿泊者の特徴、宿泊後の評価、古民家や周辺地域への意識、価値観の変化といった宿泊者の意識と価値観などについては、以下のように考察することができる。

①宿泊者の特徴

今回対象とした古民家GHは、農山村や伝統的宿場町、歴史的観光都市に立地し、豊かな自然環境や持続可能な社会づくりなどへの関心が高いオーナーが開業、運営している宿だといえる。

宿泊者は、日頃から古民家に関心がある20代～30代の若い世代で、「モノの豊かさより心の豊かさ」「地産地消」「スローライフ」「地域おこし」など、現代的な暮らし方や生き方の見直しに関心がある人が多いことが共通した特徴であった。宿泊理由においても、農山村の宿では、「古民家に泊まってみたかった」「田舎暮らしに関心がある」など、古民家での宿泊体験や農山村地域の暮らしそのものを挙げる人が多く、観光都市の宿では、「周辺観光に好都合」「宿泊費が手頃」など、簡易な宿としての側面を挙げる人が多かった。

②宿泊後の評価

農山村に立地するKとHでは、宿のホームページのトップページに、縁側でのくつろぎの様子や、縁側からの自然風景の眺めといった画像を掲載するなど、縁側が宿の特色の一つとなっているが、宿泊者の評価においても、「縁側」の評価が高かった。元来、日本家屋は、屋外と屋内の区分が曖昧で、屋外の自然環境との一体感を特色としており、この点を実感することができる「縁側」

が評価されたものと考えられる。「古民家の暮らし体験」も評価されており、自由記述でも「本物の古民家や田舎暮らしの体験になった」「宿泊を体験すると生活の仕方が変わる」など、暮らし方に関する記入が多くみられた。GH では、寝具の準備や、食事の支度、片づけなどを自らおこなう方式であることから、暮らしの疑似体験ができるためであると考えられる。また、宿がオーナー自身の住まいであることからも、人が暮らす「家」であることを実感させるためとも考えられる。

宿場町に立地するＴでは、「地域の人の温かさ」が、農山村の宿よりも多い結果であった。この理由としては、素泊まりで、浴室設備もシャワーのみといった簡易な宿であることから、宿泊者が地域の銭湯や近隣の飲食店、食料品店などに出向くことが多く、これらをとおして地域の人と接する機会があるためと考えられる。松原（2017a）の結果によれば、「地域の人との交流」はＴが最も多く、「あった」34.9％、「まあまあった」9.3％であり、交流の機会については、「近隣飲食店での飲食時」45.5％、「銭湯などでの入浴時」18.2％であった。また、Ｔが立地する関宿は、東海道で唯一、江戸期の風情を今日に伝える希少な宿場町であるが、今日でも観光化されておらず、地域の人びとの普段の暮らしが息づいているまちであり、こういった地域特性から、地域の人と宿泊者が普段の暮らしの中で触れ合うことができるためと考えられる。

歴史的観光都市のJ&Yでは、「ゆっくりした時間の流れ」が高い評価であった。Jは、持続可能な社会づくりへの貢献をねらいとして開業され、宿名も「ゆっくり」をテーマにしており、自由記述でも「ゆったり流れる生活をしたい」という記入があった。Yも、「ゆっくりくつろいでもらう」ことを宿のねらいとしている（松原〔2017a〕参照）。こういった趣旨による宿の運営が宿泊者に伝わり、評価されているものと考えられる。

このように、今回対象とした古民家 GH は、安価で簡易な宿というにとどまらず、古民家の特徴や地域の特性を反映したさまざまな側面を有する宿といえ、これらが、宿泊者に評価されているものと考えられる。

③古民家および周辺地域への意識

各宿ともに、古民家 GH にまた泊まりたいとの回答がほとんどであった。今回の回答者のうち、各宿へのリピーターが４割～６割、GH 一般へのリピーターも6割強～9割であったことからも、GHへの肯定的な意識がうかがえ、先に述べたような各宿の特徴が、再来希望を生んでいるものと推察される。

また、古民家や周辺地域への意識について、暮らし方等関心度別にみると、関心度が最も低いⅣ段階の人であっても、「古民家への関心」と「古民家GHへの宿泊希望」「地域の暮らしへの関心」がある程度高まっていることがわかった。日頃から、古民家や、現代的な暮らし方・生き方の見直しについて関心が高い人はもちろんであるが、あまり高くない人でも、「古民家は現代でも使えると再認識した」「昔ながらの建物の造りの快適性を知った」「古民家という言葉自体知らなかったが、こういう世界もあるんだと思った」といった自由記述がみられるように、古民家GHで実際に暮らすように泊まる体験や、オーナーが暮らす様子を知るなどして何らかの影響を受け、それらへの関心を高めたものと考えられる。

④宿泊による価値観の変化

「古民家GHに泊まって魅力を感じたところ」に関する項目のうち、「生き方や暮らし方を再考するきっかけとなる」の割合は、K、H、Tでは3割強から4割あった。この理由としては、農山村や町家地域であるといった地域特性に加えて、これらの宿では、宿泊者同士の交流が盛んであり、生き方・人生観などに関する会話が交わされていることも影響していると考えられる（松原〔2017a〕参照）。

「宿泊による暮らし方等の価値観の変化」を宿別にみた結果では、「思う」「まあ思う」を合わせると、K、H、Tでは6割～7.5割に変化があった。同じく、暮らし方等関心度別にみると、Ⅰ、Ⅱ、Ⅲ段階ともに、6.5割～7割、Ⅳ段階でも6割弱（ただし「思う」は少ない）であるなど、今回の宿泊によって、何らかの価値観変化が生まれていることがわかった。自由記述による具体的な内容は、「田舎暮らし関連」をはじめとする現代的な暮らし方等の見直しに関連する価値観変化であることが特徴であり、暮らし方等関心度が高くないⅢ段階やⅣ段階の人でも、「古いものを丁寧に扱うようになった」「田舎でも生きていける裾野が広がった」「便利なものがなくてよいと思えた」「自然をもっといかした暮らしをしたい」「スローライフの必要性」といった記入があり、古民家GHでの宿泊体験が価値観の変化をうながしていると考えられる。

こういった結果から、古民家での宿泊体験、農山村や伝統的宿場町での疑似的な暮らし体験、古都での滞在経験などが、宿泊者の価値観に影響を与えたものと考えられる。

全体として、今回対象とした古民家GHは、宿泊者の意識や価値観に影響を与え、現代的な暮らし方や生き方の見直し、昔ながらの暮らし方や生き方の再認識・再評価をうながすなど、安価で簡易な旅の宿というにとどまらない、「暮らし再生」につながる特質を有していると考察することができる。

7-2 イベント・体験プログラム参加者の意識と価値観

目的、対象、方法

本節では、自然系のイベントおよび体験プログラムの事例を抽出して、それらの実施状況と参加者の行動や意識、イベント等の効果などをとらえるとともに、イベントおよび体験プログラムが、「スロー」「ミニマル」「ローカル」といった昔ながらの暮らしの今日的再生につながる可能性があるかどうかについて考察することをねらいとしたい。

なお、第5章でも示したように、自然系のイベントおよび体験プログラム（以下ではイベント等と略記する）の実施内容は多岐にわたっていることから、暮らし再生への可能性を探るために、今後とも調査等を継続していきたいと考えているが、本節では、研究の端緒として、現時点でとらえることができた四つの事例の結果を示しておくこととしたい。

具体的には、第5章で分類した〈生産・収穫〉体験に該当する事例として、愛知県南知多町のゲストハウスHでおこなわれた「自然農田んぼ2016」、〈暮らし総合〉イベントに該当する事例として、同じくゲストハウスHでおこなわれた「世界130か国自転車旅」お話し会、名古屋市有松地区のゲストハウスMでおこなわれた「MADOマルシェ」、〈地域関連〉イベントに該当する事例として、岐阜県高山市のゲストハウスTでおこなわれた「ひだマンデー」、以上の4事例を対象とした。

調査の方法は、これらのイベント等に参加して、その進行状況や参加者の行動をとらえる参与観察調査および参加者へのアンケート調査である（表7-2-1）。

表 7-2-1　イベント等調査実施一覧

イベント等種類	イベント等内容	実施 GH	実施日	参加者数	回答者数
生産・収穫	自然農種おろし	H	2016.4.19	18	7
	自然農田植え	H	2016.6.26	20	10
	自然農稲刈り	H	2016.10.30	16	6
	自然農脱穀	H	2016.11.13	12	8
暮らし総合	世界 130 か国自転車旅	H	2016.7.5	9	8
	MADO マルシェ vol.3	M	2016.9.10		20
	MADO マルシェ vol.4	M	2016.11.12		17
地域関連	ひだマンデー食事会	T	2016.10.3	19	42

アンケート調査の主な項目は、回答者の属性、イベント等への参加理由と評価、イベント等参加による価値観の変化、日頃から関心のある暮らし方や生き方などである。

自然農田んぼ 2016

「自然農田んぼ2016」は、自然農を実践している川口由一氏の指導を受けて、「耕さず、肥料・農薬を用いず、草や虫を敵とせず、生命に寄り添う」方法でおこなわれた米作りの体験プログラムである（川口由一、辻信一『自然農という生き方――いのちの道を、たんたんと』〔2011〕参照）。なお、近代農業を拒絶して、福岡正信氏が提唱し実践した「不耕起、無肥料、無農薬、無除草」を四大原則とする自然農法も、世界各国に知られた農法であることを付記しておきたい（福岡正信『自然農法 わら一本の革命』〔1983〕）。

自然農田んぼでは、種おろしから収穫まで、さまざまな体験ができるが、今回の調査では、以下のような4回のプログラムに参加して調査をおこなった。①種おろし（2016年4月19日）── 自然農指導者および宿オーナーの指示のもと、最初の作業である「種おろし」を実施、②田植え（2016年6月26日）── 宿オーナーの先導のもと、手作業による田植えを実施、③稲刈り（2016年10月30日）── 宿オーナーが手作業による方法を参加者に伝え、それを参加者から参加者へと伝えるなどして実施、④脱穀（2016年11月13日）── 大型機械は使用せず、足ふみ脱穀機と唐箕などを使い、ほとんど手作業により実施。なお、「自然農田んぼ2016」の総まとめとして、2016年12月3日には、ゲストハウスHにおいて、収穫を祝い参加者の交流をうながす「収穫祭」もおこなわれたことを付記しておきたい。

次に、参加者の意識や価値観について、アンケート調査や観察調査の結果からみていきたい。

アンケート調査では31人から回答を得た。回答者の属性をみると、性別は、男性17人（54.8%）、女性14人（45.2%）、年代は、20代11人（35.5%）、30代8人（25.8%）、40代10人（32.3%）、職業は、社会人19人（63.3%）が最も多く、居住地は、愛知県が23人（74.2%）であった。

まず、自然農の体験プログラムへの参加理由を複数回答で尋ねたところ、図7-2-1のような結果となった。「自然の中で農業体験がしたかった」（68.8%）、「米作りに関心があった」（37.5%）など農業への関心や、「自然農に関心があった」（43.8%）、「自分も自然農で米を作りたい」（28.1%）「自然農の方法を学びたかった」（21.9%）など自然農への関心が高いことがわかる。これに加えて、「参加者と交流したいから」（53.1%）、「オーナーさんと交流したいから」（50.0%）といった交流面が参加の理由となっていることも特徴である。

そして、今回のプログラムに参加してよかったかどうかを尋ねたところ、「よかった」が90.6%、「まあよかった」が9.4%と満足度は大変高い結果であった。その理由を「よかった点」への複数回答からとらえてみると、図7-2-2に示すように、まずは「楽しかった」が最も多く78.1%であることに加え、「自然農への関心が高まった」（65.6%）、「米作りへの関心が高まった」

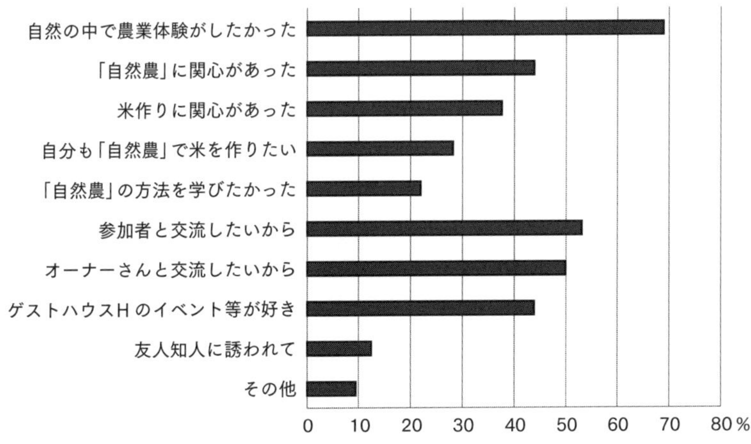

図7-2-1　「自然農田んぼ2016」への参加理由

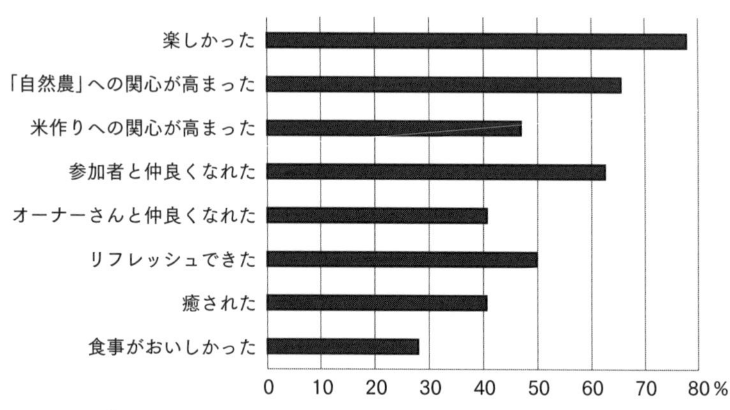

図 7-2-2 「自然農田んぼ 2016」に参加してよかったこと

（46.9%）なども多く、参加後に米作りや自然農への関心が高まり、また、「参加者と仲良くなれた」（62.5%）、「オーナーさんと仲良くなれた」（40.6%）などの交流希望も満たされており、これらが満足感につながっている様子がうかがえた。

観察調査からも参加者の交流の様子をとらえることができた。最初のプログラムである「種おろし」では、まずは自己紹介などからはじまり、作業をしながら会話がすすみ、これまでの人生についてや最近の悩みなども話題にのぼるようになった。その後の「田植え」「稲刈り」「脱穀」でも、はじめての人は自己紹介して会話に加わり、複数回参加している人は一層会話がすすむなどして交流が深まり、人と人とのつながりが生まれている様子であった。GH の特徴の一つが「交流面」にあることはすでに述べてきたが、イベント等をとおしても交流がうながされていることがわかった。

次に、今回のプログラムに参加してみて、暮らし方や生き方の価値観に何らかの変化があったかどうかを尋ねたところ、「思う」が 43.8%、「まあ思う」が 37.5% というように、何らかの変化があった人が 8 割を占める結果であった。

価値観変化の内容を自由記述で記載してもらったところ、「食（米、野菜）を丁寧に（大切に、ありがたく）いただくようになった」（4 人）、「農家の人の（あるいは米作りの）大変さがわかった」（2 人）など、感謝の気持ちが増している様子がうかがえた。一方、「農業の楽しさが分かった」（2 人）、「自分でお米を育てる生活をしたい」「大規模でなければ手動の農機具で作業ができることを学び、むやみな自動化は不要と考えをあらためた」など、農業の楽しさや、手作業による米作りを肯定するような価値観変化もあった。その他、「自然の素晴らしさをみつめなおせた」「身の回りの自然に感謝の気持ちを強く感じられるようになった」など、自然への見直しや感謝についての意見や、「生きることの豊かさを感じた」といった意見もあった。

さらに、日頃から関心のある暮らし方や生き方について複数回答で尋ねたところ、図7-2-3のような結果となった。今回のプログラムの性質上、「自然農」(59.4%）への関心が高いことはもちろんとして、「モノの豊かさより心の豊かさ」(59.4%)、「スローライフ」(50.0%）への指向や、「地域おこし」(65.6%)、「地産地消」(59.4%)、「地域自給」(46.9%)、「ローカリズム」(40.6%）といった地域重視、地域振興への関心も高いことがわかった。

先の7-1節でも示したが、これら10項目のうち何項目に関心があるかを基準として、Ⅰ（6項目以上)、Ⅱ（5～4項目)、Ⅲ（3～2項目)、Ⅳ（1～0項目）の4段階に分けたものを「暮らし方等への関心度」として設定したところ、Ⅰ段階が最も多く13人であった。この関心度別に価値観変化の有無をみてみると、図7-2-4に示すように、これらの暮らし方に日頃から関心の高いⅠ段階では、価値観変化があった人が多く、「思う」が61.5%あり、「まあ思う」の

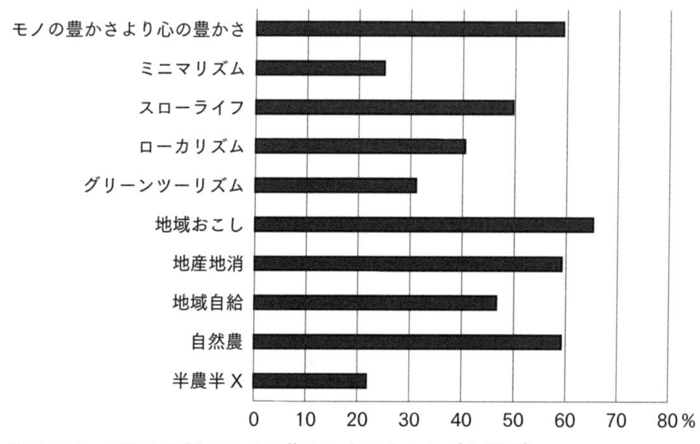

図7-2-3　日頃から関心のある暮らし方や生き方（自然農）

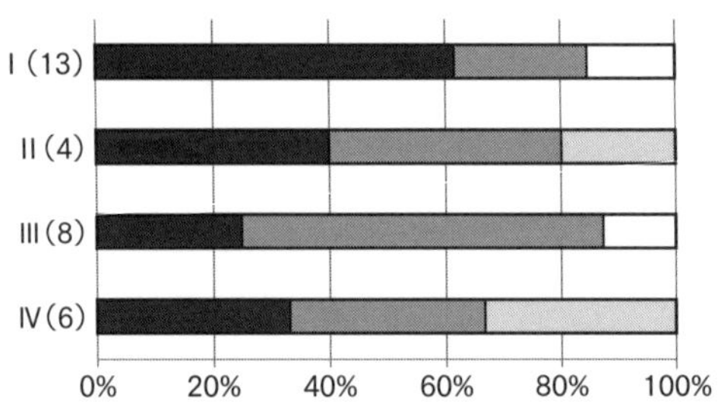

図 7-2-4　暮らし方等関心度別の価値観変化（自然農）

23.1%を合わせると84.6%にのぼる。Ⅱ～Ⅳ段階では、「思う」は3割～4割に減ずるものの、「まあ思う」を合わせると7割弱～9割強に何らかの変化があったことがわかり、今回のプログラムへの参加が価値観の変化に寄与している様子がうかがえた。

世界130か国自転車旅

「世界130か国自転車旅」は、日本国内をはじめ、世界各国を自転車で旅している松本英揮さんを講師に招いて、2016年7月5日の夜におこなわれたお話会である。平日の夜だったこともあり、参加者は9人と少なかった。中国の南京の旅、ヨーロッパ各国のエコな暮らしなどについての説明があり、お話会終了後には、懇親会もおこなわれた。

アンケート調査では、8人（男性6人、女性2人）から回答を得た。年代は、20代、30代、50代、60代が2人ずつと幅広く、職業等は社会人が7人、居住地は愛知県内が7人であった。

まず、お話会への参加理由を複数回答で尋ねたところ、図7-2-5のような結果となった。「世界の旅に関心がある」（50.0%）、「自分も世界を旅したい」（25.0%）、「自転車の旅に関心がある」（50.0%）など、世界旅や自転車旅に関心を持つ人が参加していることがわかる。これに加えて、「松本さんと交流したい」（37.5%）、「松本さんの生き方に関心がある」（25.0%）など、講師である松本さんへの関心も参加理由であった。

そして、今回のプログラムに参加してよかったかどうかを尋ねたところ、8

人全員が「よかった」との回答であり、満足度は非常に高かった。その理由を複数回答からとらえた結果では、図7-2-6に示すように、まずは「楽しかった」と「エコへの関心が高まった」が87.5%と大変多く、加えて、「自転車旅への関心が高まった」(62.5%)、「世界旅の関心が高まった」(37.5%) など、自転車旅や世界旅について知ることができたことに加え、「松本さんと交流できた」(37.5%)、「松本さんの生き方に触れることができた」(37.5%) など、講師の松本さんと交流できたことも満足感を生んでいる様子であった。今回は参

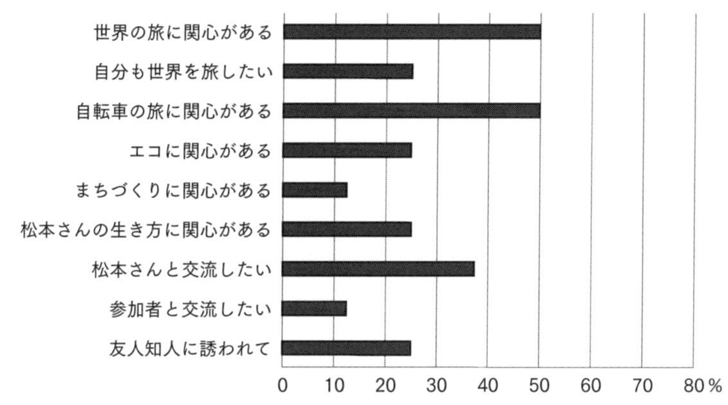

図7-2-5 「世界130か国自転車旅」への参加理由

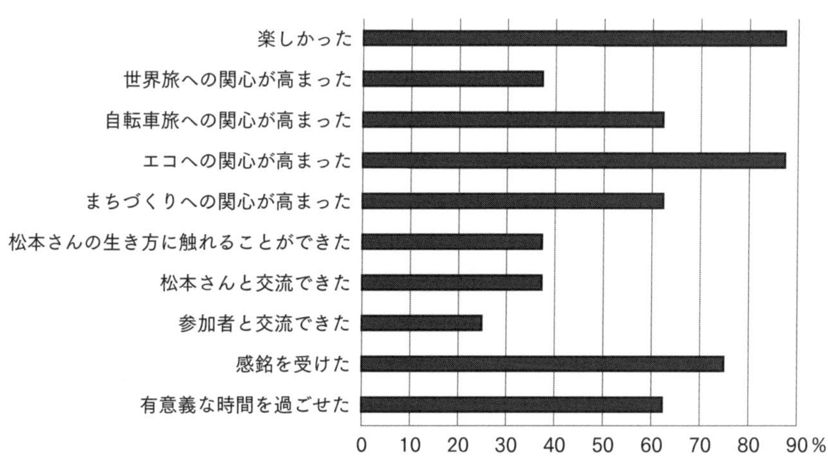

図7-2-6 「世界130か国自転車旅」に参加してよかったこと

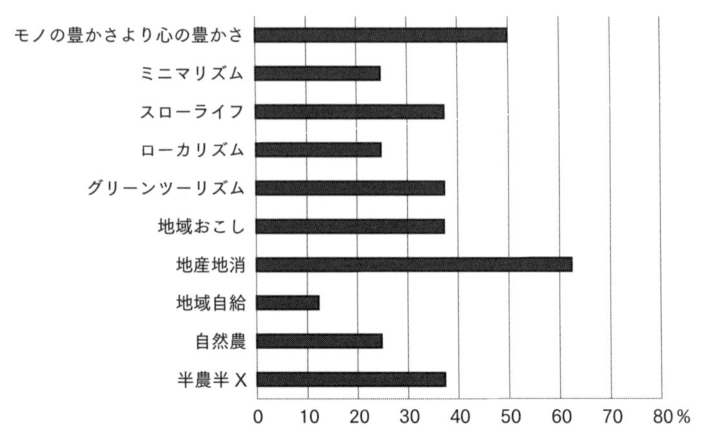

図 7-2-7　日頃から関心のある暮らし方や生き方（自転車旅）

加者が少人数だったこともあって、話の途中で質問が出るなど和気あいあいの雰囲気で進行したことや、お話会後の懇親会でも交流できたことも満足感につながっていると考えられる。

次に、今回のプログラムに参加してみて、暮らし方や生き方の価値観に何らかの変化があったかどうかを尋ねたところ、8人全員が「思う」と回答した。価値観変化に関する自由記述では、「エコなまちづくり、暮らしを選択することの意義を感じた」「ビニール袋を使わないとか、少しでも車に乗る時間を減らしていけたらと思う」「エコなことをしようと思った」などエコへの関心の高まりがうかがえた。「街づくりへの関心ができた」との回答もあった。

日頃から関心のある暮らし方や生き方については、図 7-2-7 のような結果となった。「地産地消」(62.5%)、「地域おこし」(37.5%)、「グリーンツーリズム」(37.5%) など、地域重視、地域振興への関心や、「モノの豊かさより心の豊かさ」(50.0%)、「スローライフ」(37.5%) への関心があることがわかった。

また、先に述べた「暮らし方等への関心度」をとらえたところ、Ⅰ段階が1人、Ⅱ段階が2人、Ⅲ段階が3人、Ⅳ段階が2人であったので、「暮らし方等への関心度」の低い人も含め、全員に価値観の変化があったことがわかった。

MADO マルシェ

「MADOマルシェ」は、ゲストハウスMで定期的に開かれる小さな市場である。毎回、こだわりある生産者の品が出展されている。ここでは、2016年9月10日と11月12日のマルシェで実施した観察調査とアンケート調査の結果をもとに報告したい。主な出展者は以下のとおりである。

［つむぎて］自然循環栽培農法で作物を作るなどの活動をしている合同会社。

［政七屋］1828年創業のはんぺん店。新鮮な青魚をさばき、石臼で練り上げた特製すり身を手作りで蒸し上げている。

［内藤養鶏］魚介類の餌を与えない臭みのない卵を特徴としている。

［ann de ally］植物油を主原料とし、昔ながらのコールドプロセス製法で作った石鹸を販売。

［IST］伝統工芸である有松絞りを新しいカタチで発展させることを目的に結成された若手作家たちによる集団。有松技法で染色した折り紙、ぽち袋などの販売とともに、雪花絞りによる蓋つき「紙の貼箱」作りワークショップも開催。

［RIRION］布を使った赤ちゃんに優しいベビー用クラフトを販売。

［町家カフェMADO］無肥料・無農薬野菜を使ったスープ、新鮮卵を使用したカステラ、天然酵母の自家製パンなどを販売。

次に、参加者の意識や価値観について、アンケート調査や観察調査の結果からみていきたい。アンケート調査では37人から回答を得た。回答者の性別は、女性31人（83.8%）、男性6人（16.2%）と女性が多く、年代は、20代14人（38.9%）、30代6人（16.7%）、40代10人（27.8%）、50代以上6人（16.7%）と幅広く、職業等は、学生14人（41.2%）、社会人9人（26.5%）、専業主婦10人（29.4%）などで、居住地は、愛知県30人（88.2%）であった。

まず、「MADOマルシェ」への参加理由を複数回答で尋ねた結果が図7-2-8である。「友人知人に誘われて」が38.7%、「出展者に誘われて」が9.7%など、主体的参加というよりは誘われての参加が多いことが特徴である。また、有松地区を観光などで訪れていた人がたまたまマルシェに出会い、立ち寄って出展をみたり食事をしたりというケースが多いことも観察調査からうかがえたが、それを反映してか、出展内容への関心や交流希望などは少ない結果であった。

今回のプログラムに参加してよかったかどうかでは、「よかった」が74.3%、「まあよかった」が22.9%であり、たまたま立ち寄った人や誘われて参加した

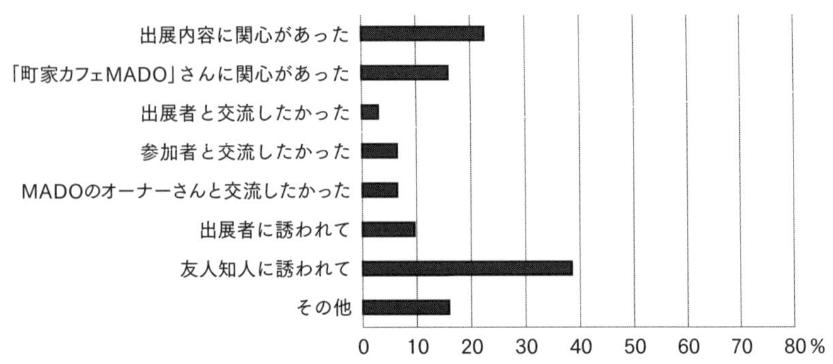

図 7-2-8 「MADO マルシェ」への参加理由

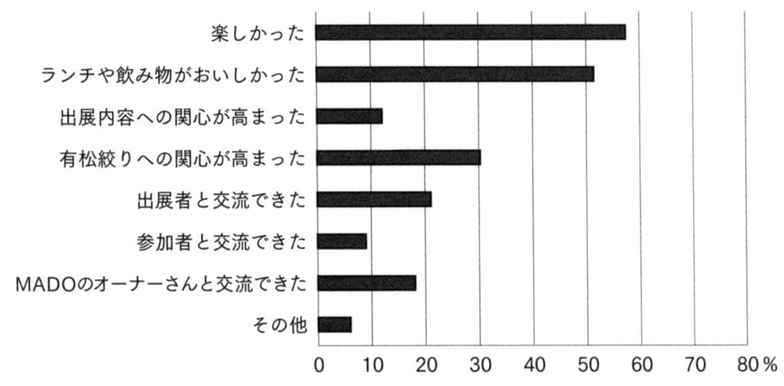

図 7-2-9 「MADO マルシェ」に参加してよかったこと

人たちが結果として満足していることがわかった。その理由としては、図7-2-9に示すように、「楽しかった」(57.6%)、「ランチや飲み物がおいしかった」(51.5%) であるなど、自然系のさまざまな出展や、自然栽培の食材を使った食事を評価している様子がうかがえる。なお、ワークショップもおこなわれた有松絞りについては「有松絞りへの関心が高まった」との回答が30.3%あり、出展者や参加者、宿のオーナーとの交流ができたとの回答も、合わせると48%あった。

次に、今回のプログラムに参加してみて、暮らし方や生き方の価値観に何らかの変化があったかどうかを尋ねたところ、「思う」が15.2%、「まあ思う」が42.4%、「あまり思わない」が39.4% であり、他のイベント等と比べると「思う」が少なく、「あまり思わない」が多い結果であるが、出展をみたり食事を

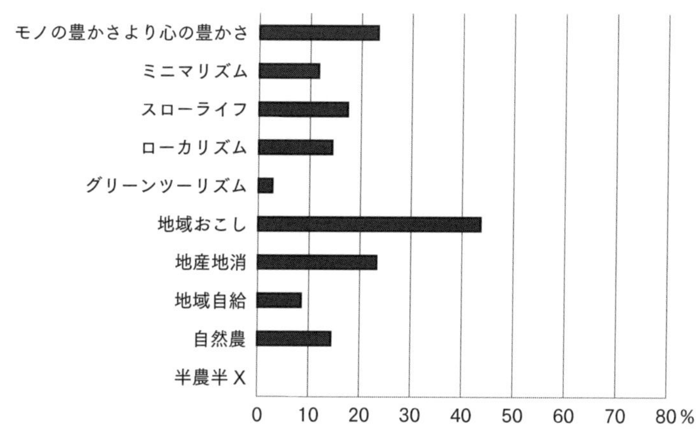

図 7-2-10　日ごろから関心のある暮らし方や生き方（マルシェ）

したりという今回のマルシェの性質から考えると、「思う」「まあ思う」を合わせた何らかの価値観変化があった人が57.6％にのぼることは注目に値するといえるのではないだろうか。価値観変化に関する自由記述も少なかったが、「自然農に取り組みたい」「元々関心があったが、いまの生活の中でなかなか実行できておらず、こういったイベントをみる中で自分の意識を再確認している」との記述があった。

日頃から関心のある暮らし方や生き方については、図 7-2-10 のように、「地域おこし」が最も多く 44.1％ あり、「地産地消」（23.5％）、「ローカリズム」（14.7％）、「地域自給」（8.8％）など、地域重視、地域振興への関心を持つ人が相対的に多いことがわかった。

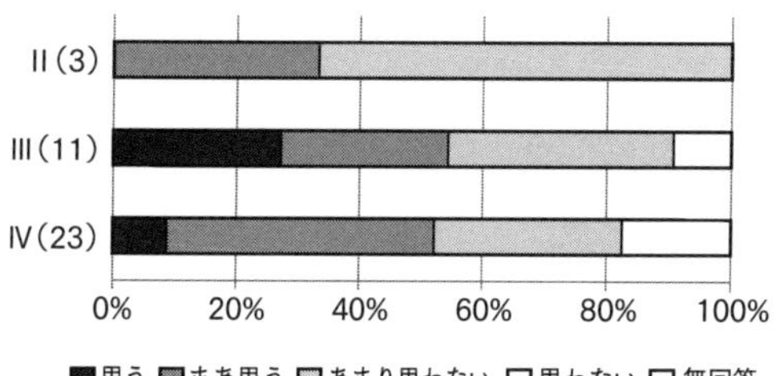

図 7-2-11　暮らし方等関心度別の価値観変化（マルシェ）

また、先に述べた「暮らし方等への関心度」では、Ⅰ段階はなく、Ⅱ段階3人、Ⅲ段階11人、Ⅳ段階23人となり、これらの暮らしに関心の低い人が多いことがわかった。しかし、図7-2-11に示すように、Ⅲ段階やⅣ段階の人の半数程度は、価値観に変化があったと「思う」「まあ思う」と回答していることから、今回のマルシェへの参加が何らかの価値観変化をうながしている様子がうかがえた。

ひだマンデー

「ひだマンデー」は、ゲストハウスTで概ね毎月1回開催されている交流食事会である。宿泊者、地域の人、そしてオーナー家族が、一品持ち寄りあるいはBBQなどで食事をしながら地域への理解を深め交流することをねらいとしている。今回は、2016年10月3日におこなわれた交流会にて観察調査とアンケート調査をおこなった。アンケート調査については、オーナーの協力を得て、これまでの「ひだマンデー」参加者に声をかけてもらう方式も加えて、計42人から回答を得た。

まず、10月3日の食事会の様子であるが、参加者は23人（男性9人、女性14人）で、内訳は、宿泊者6人、地域の人10人、イベント参加者2人、オーナー家族3人、スタッフ2人であった。BBQ準備の後、自己紹介からはじまり、5～6人くらいの単位で食事しながら交流がすすんでいった。地域の人は、遠方からの移住者が多く、友人づくりや互いの情報交換といった交流を求めて参加している様子であった。これまでの「ひだマンデー」で知り合ったリピーターの人同士の交流もあった。

次に、参加者の意識や価値観について、アンケート調査や観察調査の結果からみていきたい。回答者42人の属性をみると、性別は、男性23人（54.8%）、女性19人（45.2%）、年代は、20代17人（42.5%）、30代19人（47.5%）と若い世代が多く、職業等は、社会人が36人（90%）を占め、居住地は、岐阜県が24人（60%）の他、埼玉県、三重県、兵庫県が各2人（各5%）、10都府県から各1人（各2.5%）であった。

「ひだマンデー」への参加理由を複数回答で尋ねたところ、図7-2-12に示すように、「参加者と交流したかった」が59.5%、「オーナーさんと交流したかっ

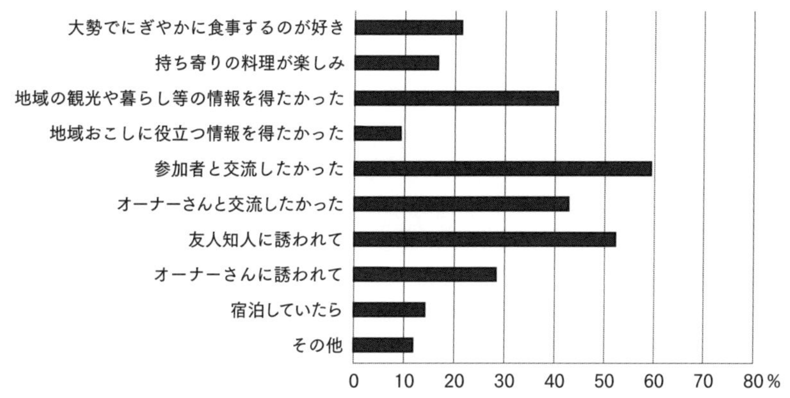

図 7-2-12「ひだマンデー」への参加理由

た」が 42.9% と多く、交流面を求めて参加している人が多いことや、「友人知人に誘われて」が 52.4%、「オーナーさんに誘われて」が 28.6% あるなど、人と人とのつながりが主な参加理由となっており、まさに交流食事会であることがわかる。加えて、「地域の観光や暮らし等の情報を得たかった」が 40.5%、「地域おこしに役立つ情報を得たかった」が 9.5% あり、地域情報の取得や交換も参加理由となっていることがわかる。

「ひだマンデー」に参加してよかったかどうかを尋ねたところ、「よかった」が 85.7%、「まあよかった」が 11.9% と満足度は大変高く、その理由を「よかった点」への複数回答からとらえてみると、図 7-2-13 に示すように、まずは全員が「楽しかった」と回答しており、「食べ物や飲み物がおいしかった」

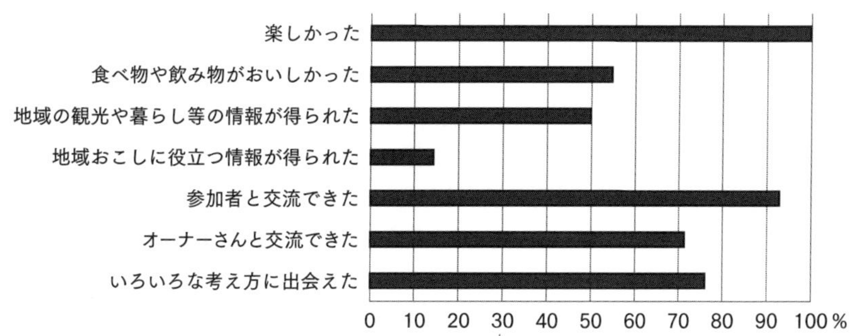

図 7-2-13「ひだマンデー」に参加してよかったこと

も54.8%あって、食事会として成功している様子がうかがえる。そして、参加理由として多かった交流面についても、「参加者と交流できた」が92.9%、「オーナーさんと交流できた」が71.4%にのぼるなど、期待に応える内容であったことがわかる。地域情報の取得についても「地域の観光や暮らし等の情報が得られた」が50%あった。

「ひだマンデー」に参加してみて、暮らし方や生き方の価値観に何らかの変化があったかどうかを尋ねたところ、「思う」が40.5%、「まあ思う」が31.0%と、何らかの変化があった人が7割であることがわかった。価値観変化の内容を自由記述で記載してもらったところ、多数の記載があった。内容は、多様な価値観との出会い、生き方や暮らし方についての考え方の変化、人とのつながりや地域の人とのつながりの大切さへの気づき、高山や飛騨地域の魅力への気づき、旅人や地元の人との情報交換の魅力などに分けることができ、具体的記述は以下のとおりである。なお、文面は簡略化しているものもある。

①多様な価値観との出会い：「色々な人生の生き方があるのだと感じた」「幅広い価値観の人がいるという気づき」「世界観が広がった」「都会で窮屈なルールに縛られた生活しか知らなかったが、飛騨の人や旅人との交流で「こんな考え方もあるのだ！」と思えた」

②仕事、生き方、暮らし方などについての考え方の変化：「休みの取り方、仕事への考え方、将来ビジョンなどについてさまざまな年齢、職業の方と話をして、自身の将来を考え、独立するきっかけになった」「「働く」ことへのイメージが変わった」「暮らし方に変化？」「たくさんの方と出会い、さまざまな考え方、暮らし方、生き方を知ることで、もっとやりたいことをやっていいんだと思うようになった」「移住して自分のしたい仕事を楽しんでいる人びとと出会い、今後転職することがあれば彼らの働き方を参考にしたいと思った」

③人とのつながり、地域の人とのつながり：「人とのご縁がとても大切だということが再確認できた」「人とふれあう生活を考えるようになった」「何かしら交流の場に足を運ぶのもいいかなあと思うようになった」「高山という小さな地域だからこそ人との繋がり・助け合いの大切さを実感」「地域の方との交流がより密になった」「ここにくれば、宿泊者のみならず、飛騨に住んでいる人とも知り合いや友達になれるんだと嬉しく思った」

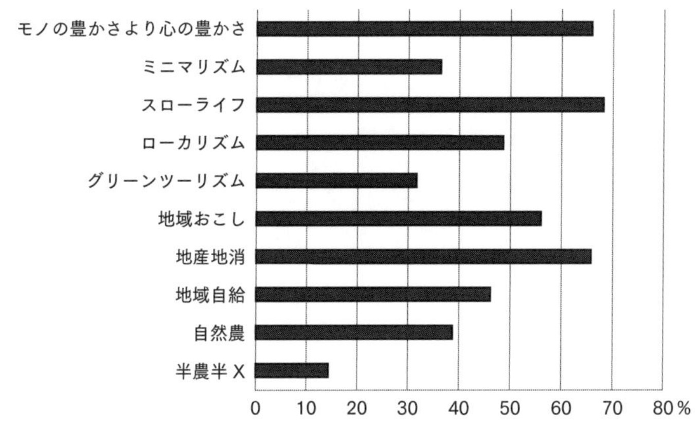

図7-2-14　日頃から関心のある暮らし方や生き方（ひだマンデー）

④高山や飛騨地域の魅力：「地域の人と触れ合う中で、高山での生活の楽しみ方を知ることができた」「飛騨の魅力をあらためて知ることができた」「その季節にあった食材と料理の体験もでき地域の文化を知るきっかけになった」「憧れの地で生活してみたいという思いから、思い切って移住することになった」

⑤旅人や地元の人との情報交換：「旅人と地元の人が合流でき、情報交換ができる場はとても素晴らしい」「人の温かさ、旅の魅力をあらためて教わった」「情報網・行動範囲が広がった」「海外ゲストさんとの触れ合いで英語の楽しさを知った」「海外ゲストとの会話で海外の文化を知れた」

日頃から関心のある暮らし方や生き方について複数回答で尋ねたところ、図7-2-14に示すように、「ひだマンデー」のプログラムのねらいを反映して、「地産地消」(65.9%)、「地域おこし」(56.1%)、「ローカリズム」(48.8%)、「地域自給」(46.3%) など、地域重視、地域振興への関心を持つ人が多い結果であった。「スローライフ」(68.3%)、「モノの豊かさより心の豊かさ」(65.9%) などへの関心も高かった。

また、先に述べた「暮らし方等への関心度」では、Ⅰ段階が16人と最も多く、Ⅱ段階が10人、Ⅲ段階が12人、Ⅳ段階が4人となり、これらの暮らし方等に関心の高い人が多い結果であった。この関心度別に価値観変化の有無をみてみると、図7-2-15に示すように、Ⅰ段階では43.8%、Ⅱ段階では、70.0%

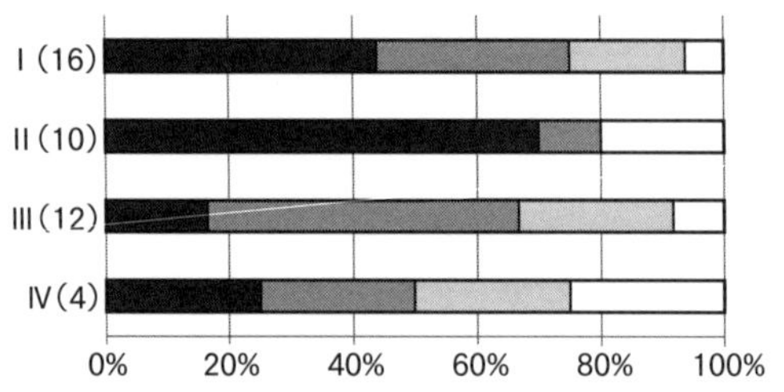

図 7-2-15　暮らし方等関心度別の価値観変化（ひだマンデー）

が「思う」と回答しており、変化した人が多いことがわかる。また、Ⅲ段階でも、「思う」「まあ思う」を合わせて、何らかの変化があった人が66.7％、Ⅳ段階でも同じく50.0％あり、「ひだマンデー」への参加が価値観の変化に寄与している様子がうかがえた。

四つの事例から考察できること

「スロー」「ミニマル」「ローカル」につながる自然系のイベントや体験プログラムの事例として、「自然農田んぼ2016」「世界130か国自転車旅」「MADOマルシェ」「ひだマンデー」の四つを取り上げ、それらの実施状況、参加者の意識や価値観変化などをとらえてきたが、最後に、これまでの結果をまとめたうえで、これらのイベント等が、暮らし再生につながる可能性かあるかどうかについて考察したいと思う。

①イベント等への参加理由

イベント等への参加理由では、イベント内容（自然農、自転車による世界旅、自然系生産者による出展、飛騨地域の情報など）に関心があるからという理由が多いことはもちろんであるが、加えて、参加者や講演者、オーナーとの交流がしたいからという交流面も理由の一つであった。

②参加後の評価とその理由

参加後の評価は全般に高かった。その理由としては、いずれのプログラムでも「楽しかった」との回答が最も多く、イベント等として成功している様子がうかがえた。また、イベント等の内容についての関心の高まり（自然農や米作りへの関心、自転車旅やエコロジーへの関心、地域情報等の収集）に加えて、参加者等との交流ができたことも、高い評価を生む理由であった。ゲストハウスでは、宿泊時にさまざまな交流が生まれることが大きな特徴であるが、イベント等においても、まずは自己紹介をおこなうなどして会話のきっかけをつくったり、イベント等の後に食事会をおこなうなどして交流をうながすような工夫がなされていたが、これによって、関心を同じくする人同士が会話を交わし、イベント等への理解が一層深まったのではないかと考えられる。

③暮らし方や生き方の価値観変化

イベント等参加後、価値観に何らかの変化があった人は、「自然農田んぼ2016」では8割、「世界130か国自転車旅」では全員、「ひだマンデー」では7割と高く、これらのイベント等が、暮らし方や生き方の価値観変化に寄与していることがとらえられた。価値観変化に関する自由記述では、「自然農田んぼ2016」：食べ物への感謝の気持ちが増した、農業の楽しさや手作業による米作りが可能であることに気づいた、自然の素晴らしさを再認識した、自然への感謝の気持ちが増した、「世界130か国自転車旅」：エコな暮らしの意義を感じた、エコな暮らしを実践しようと思った、「ひだマンデー」：多様な考え方や生き方と出会えた、仕事・生き方・暮らし方についての考え方が変わった、人とのつながりの大切さを再認識した、高山や飛騨地域の魅力を知れた、などのように、自然系の暮らしの大切さや魅力、人とのつながりや地域の魅力への気づきあるいは再認識に関する記述が多いことが特徴であった。

なお、「MADOマルシェ」では、何らかの変化があった人は6割弱にとどまり、自由記述も、「自然農に取り組みたい」「関心がありつつ実行できていないが、イベントを見て自分の意識を再確認している」の2件のみであったが、これは、市場という性質上、じっくりと取り組む他のプログラムに比べると価値観変化は生まれにくいためと考えられる。しかし逆に、マルシェでありながら6割弱の人に影響を与えたと考えることもできるのではないだろうか。

④日頃から関心のある暮らし方や生き方

参加者が日頃から関心を持っている暮らし方や生き方については、いずれのプログラムにおいても、「地域おこし」「地産地消」が相対的に多く、「地域自給」「ローカリズム」なども含め、地域重視、地域振興への関心が高いことが特徴であった。また、「MADOマルシェ」以外のプログラムでは、「モノの豊かさより心の豊かさ」「スローライフ」への関心も高い結果であった。

⑤「暮らし方等への関心度」別にみた価値観変化

「暮らし方等への関心度」別に価値観変化の有無をみたところ、Ⅰ段階やⅡ段階の関心度の高い人では、変化があったと「思う」が多い結果であるとともに、Ⅲ段階やⅣ段階の人でも、「思う」「まあ思う」を合わせて何らかの変化があった人が半数以上にのぼったことから、これらのイベント等の参加が価値観変化に寄与している様子がうかがえた。

⑥暮らし再生の可能性

自然系のイベントや体験プログラムの実施状況、参加者の意識・価値観などをとらえたところ、上記でまとめたように、少なくとも今回のイベント等に関しては、「スロー」「ミニマル」「ローカル」といった昔ながらの暮らし（循環型の暮らし、持続可能な暮らし）の今日的再生につながるような意識や価値観の変化を生み出していることがわかった。

最後に、第７章全体の結果から考察すると、古民家での宿泊体験や、自然系のイベントや体験プログラムへの参加などが、宿泊者あるいは参加者の意識や価値観に影響を与え、現代的な暮らし方や生き方の見直し、「スロー」「ミニマル」「ローカル」な昔ながらの暮らし方や生き方の再認識・再評価をうながす可能性があることが示唆されたといえる。今回の結果の範囲内ではあるが、GH は、安価で簡易な旅の宿というにとどまらない、持続可能な暮らしの再生につながる特質を有していると考察することができる。

文献

書物

川口由一 , 辻信一『自然農という生き方――いのちの道をたんたんと』大月書店 , 2011.

福岡正信『自然農法 わら一本の革命』春秋社 , 1983.

論文

松原小夜子 2016：都道府県別にみた宿泊型ゲストハウスの開業実態 , 椙山女学園大学研究論集 自然科学篇（47）, 95-107.

松原小夜子 2017a：古民家ゲストハウスにおける宿泊者の行動と会話内容——人々の交流状況に着目して，椙山女学園大学研究論集 自然科学篇（48），159-180.

松原小夜子 2017b：暮らし方に着目した古民家ゲストハウス宿泊者の意識と価値観，人間と生活環境 24（2），47-59.

松原小夜子 2020：宿泊型ゲストハウスにおける暮らし方関連イベントおよび体験プログラム参加者の意識と価値観，椙山女学園大学研究論集 自然科学篇（51），65-78．

終章　暮らしのパラダイム転換を求めて

今日のわたしたちの暮らしは、大量に生産されたさまざまなモノ（衣食住等にかかわる「生活財」一般を指す）を商品として購入し、消費することによって成り立っているが、地球環境の悪化や人の心の疲弊といったさまざまな問題が生起するなかで、暮らしの方向を転換すべき時が来ているといわざるを得ない。こういった考えのもとに、第Ⅰ部では、脱消費の自然系の暮らしへのパラダイム転換および昔の日本の暮らしの再評価と今日的再生の必要性について、関連する主要な文献を紹介しつつ考察してきた。そして、第Ⅱ部では、近年、全国各地で生み出されている「自然系ゲストハウス」が、これらに寄与する存在ではないかという視点から、そこで展開される多彩な暮らし方関連イベントや体験プログラムの実施状況を俯瞰し、さらに各種調査により、宿泊者やイベント等参加者の意識や価値観をとらえるなどして、自然系ゲストハウスの今日的存在意義を考察してきた。終章では、これらの各章をとおして得られた知見を再度列記して、結びとしたいと思う。

第Ⅰ部　「自然系の暮らし」をめぐる動きと言説――消費から脱消費へ

消費社会の形成・限界・ゆくえ

自給自足的な暮らしから、大量に生産されたモノを購入し消費する暮らしへの移行は、20 世紀初頭のアメリカで本格化した。まずは、同じようなモノを人びとがこぞって消費する「大衆消費社会」が生み出され、モノが一通りいきわたると、モノの価値の重点は、実態的な物的価値（使用価値）から、デザインや広告・宣伝を駆使して付与された記号的価値（イメージの価値）へと移り、記号的価値によって際限なくモノが消費される「高度消費社会」へと移り変わっていった。アメリカでは、1920 年代に高度消費社会への移行がはじまり、第二次世界大戦後の 1950 年代には、今日のような高度な消費社会が一般化した。消費社会は、西欧、日本、そして世界へと拡大し、今日に至っている。しかし、消費社会とその暮らしは、1970年代のオイルショックの頃から限界がみえはじめ、1990年代半ば以降、先進国の経済成長と消費の拡大は、ついに限界に達したとの見方がある。先進国だけでなく、やがては新興国も限界に至ることも指摘されている。

消費社会は、かつて人類が経験したことがないような便利で快適で物質的に豊かな暮らしをもたらしてくれる一方で、人の孤立化・孤独化・心の疲弊、地域の自然の荒廃と文化の喪失、世界規模での格差、地球環境の破壊等々、多くの限界と問題点を有していることも明らかになっている。そして、人びとはいま、モノの消費が幸福あるいは生きる歓びをもたらさないことに気づきはじめ、モノを消費することよりも、人とモノと自然とのかかわり、人と人とのつながり、文化や文化的価値、簡素でありながら深い満足を得る暮らし、人の技を生かす暮らし、ゆっくりとした時間と、生きていること自体の歓びの享受などを重視する方向へと変わりつつあるといえる。

脱消費の「自然系の暮らし」をめぐる動きと言説

消費社会化が進行するアメリカで、早くも1960年代には、消費社会から脱しようとする「カウンターカルチャー」と呼ばれるさまざまな動きが生み出された。カウンターカルチャーの主な担い手はヒッピーと呼ばれる若者たちであったが、ヒッピーたちはコミューンと呼ばれる共同体を形成するなどして、消費化の過程で失われていった自給自足による暮らしを新たな形で創出しようとしていた。また、インドなどアジア地域を旅する、東洋的思想を取り入れる、先住民アメリカ・インディアンの文化を再評価するなどして、暮らしのあり方を探り、静かで平和な方法による社会と文化の転換を指向した。こういった暮らし方に大きく寄与した雑誌が「ホール・アース・カタログ」であり、すでに当時の誌面には、ナチュラル、オーガニック、無添加無農薬、自然エネルギー、低炭素社会、リサイクル、シンプルライフといったコンセプトが出現していた。また、カウンターカルチャーには、禅の思想やインド文化の影響も大きく、これらは「ニューエイジ」と呼ばれる多彩な思想と実践活動へと受け継がれていくことになる。

一方、1970年代には、急激な経済成長や物質的豊かさの限界と問題点などを論じた古典的代表的文献である『成長の限界』『スモール・イズ・ビューティフル』が刊行され、「ディープ・エコロジー」の思想も発表されている。それらの要点を簡潔にまとめると以下のようになる。

化石燃料によって生み出された動力による工業化によって、大量生産・大量消費を推しすすめ、急激な経済成長と物質的豊かさが生み出されてきたが、この基底には、工業化と経済成長を推しすすめれば、すべての人びとが豊かで幸せになれるという考え方があったといえる。しかし、地球は有限であり、この考えは幻想である。また、大量にモノを生み出す工場での単純労働によって人びとは機械の奴隷と化し、貪欲や利己心、嫉妬心で動かされ、過剰な消費に追い立てられ、ますます挫折感や疎外感、不安感に襲われるなど、人間性が蝕まれている。こういった危機を乗り越える方向として、物質的豊かさと経済成長はこのままにしながら、より高度な技術を生み出すことによって解決しようという考えが主流であるが、これは誤りである。なぜなら、高度な技術は、破局を先延ばしにしてはくれるだろうが、根本的な解決にはつながらないからである。

いま必要なことは、永続性（持続可能性）の追求という根本的な価値観の転換、パラダイムの転換である。子々孫々にわたって、人間を含む地球上のあらゆる存在が、永続的に存在し続けられるような文明、文化の追求であり、わたしたち一人ひとりが、問題の本質を見極め、新しい生産方式と消費生活による新しい生活様式を模索し、行動することである。転換の方向は、原子論的な世界観からホリスティックな世界観へ、人間中心主義から生命圏平等主義へ、グローバルからローカルへ、一極集中・集権から地域分散・分権へ、物質的生活水準による豊かさから生き方の質による豊かさへ、モノにあふれた暮らしから必要十分な簡素な暮らしへなどであり、さらに簡潔にいえば、「スロー」「ミニマル」「ローカル」およびこれらに通底する「脱消費」への転換であるといえる。

日本における「自然系の暮らし」をめぐる動きと言説

1990年代以降には、日本においても、脱消費を基底とした「スロー」「ミニマル」「ローカル」な暮らしのあり方が論じられるようになる。その要点は、以下のようにまとめることができる。

「スロー」な暮らしの方向は、かつての慎ましやかな経済、生業、生活の技術、伝統的な知恵、食生活、人と人との結びつき、人と自然とのつながりなどを見直し、命の営みを感じることができるようにゆっくりと過ごす、旧来の道具を使いこなし、大量のエネルギーや材料を消費しない、あらゆる生命と地球のそれぞれにふさわしい時間の流れを尊重する、自然な栽培、自然の摂理にもとづく食生活などである。「ミニマル」な暮らしの方向は、できるだけ少ないモノと少ないエネルギーで最大の幸福を得る、モノをつくる時、使う時、捨てる時など、それが地球のためにプラスになるのか、地球の秩序や調和を乱さないのかということを必ず考える、昔の日本のミニマリズム文化を知り、見直し、世界に示すなどである。「ローカル」な暮らしの方向は、天の意に沿う持続可能な小さな暮らし（農的生活）をベースとする、この土地を生きてきた先人たちの知恵と工夫を見つめ直す、都市と比べた「ないものねだり」ではなく「あるもの探し」によって地域の真の豊かさを探る、家庭菜園、井戸、雑木林、石油缶ストーブ、そして人とのつながりで、生きていくのに必要な水と食料と燃料を確保し安心して暮らす、21 世紀の尺度で測り直すと驚くほど高い生活の質を有している里山で暮らすなどである。

このように、自然系の暮らしの大きなヒントは、近代化以前の日本にあったといえる。江戸時代の日本は、太陽エネルギーだけで廻っていた完全な循環型社会であり、徹底した植物利用による「植物国家」であった。太陽エネルギーを原動力として、すべてが土と大気と植物の間を絶えず循環するという自然の「大きなリサイクル」が生活の基本であり、作り出した品物も、回収して再生するなどして使い抜く「小さなリサイクル」も徹底しており、何も増えず減らず、産業廃棄物はもちろん、大気や水の汚染もほとんど発生しなかった。明治以降も、昭和 30 年代頃までは、井戸水、薪や雑木等の燃料、木、竹、草、土、紙などの自然素材だけでつくられた土に還る家に住み、衣食住等のすべての面において物を大切に最後まで使い切る暮らしなどが残っていた。こういった、かつての日本で培われてきた、モノの消費に依存しない「スロー」「ミニマル」「ローカル」な暮らしを知り、見直し、今日的な形で再生することが求められているといえる。

第II部　自然系ゲストハウスの特徴と存在意義――「暮らし方」への着目

ゲストハウスの定義、開業実態、関連文献

本書の定義による「ゲストハウス」（自然系ゲストハウスを含む）は、2019年11月末時点で854軒把握できた。次に、ゲストハウスに関する、既往論文や雑誌記事、書物などの各種文献を可能な限り抽出すると、「開業実態や概要」「宿泊者等の交流面」「地域おこし等の地域面」「宿泊室等の空間面」に着目した文献の四つに大別できた。交流面、地域面、空間面について、各文献に示された知見の概要をまとめると以下のようになる。

交流面では、宿泊者などのゲストハウス利用者は交流を望んでいる人が多く、交流を評価していること、共用空間や併設の飲食スペースなどで、宿泊者や地域の人など、さまざまな人びとが交流し、つながりが生まれていること、宿主やスタッフが、交流をうながすような何らかの働きかけをしていること、地域面では、ゲストハウスは、地域振興に関心のある人が開業している場合が多く、素泊まり・シャワーといった簡易な宿の形式が、飲食や銭湯利用などで周辺店舗とのかかわりを生み、宿もそういった地域との連携をうながすしくみをつくっていること（地域マップなど）、また、宿が地域の人びとの集いの場ともなっており、宿泊者が地域の人と接し、地域の魅力に気づき、二拠点居住や移住につながる場合があるなど、地域活性化に寄与していること、「空間面」では、既存建物を利用する宿が多く、環境負荷の低減や住文化の継承につながること、宿主や地域の人びとが協力して改修をおこなうことによって交流が生まれることなどが読み取れた。これらから、ゲストハウスは、交流面、地域面、空間面からみて、簡易な宿を超えた意義深い存在であるということができる。

これらに加えて、ゲストハウスは、既往文献ではほとんど言及されてこなかった「暮らし」あるいは「暮らし方」という面でも、パラダイム転換に寄与する存在ではないかという視点から、本書第II部では、「暮らし方」に着目してゲストハウスの特質を論じている。ゲストハウスが暮らし方にかかわるパラダイムの転換に寄与すると考えられる理由は、暮らすように泊まる簡易な宿であること、古民家での暮らしを体験できること、暮らし方に関する多彩なイベントあるいは体験プログラムが実施されていることの三つである。

自然系ゲストハウスにおける多彩な暮らし方関連イベント等の展開

本書では、「自然系ゲストハウス」を、「自然系の暮らし創出につながるようなイベントあるいは体験プログラム（以下ではイベント等と略記する）を実施しているあるいは古民家を利用しているゲストハウス」と定義しており、2019年11月末時点で、イベント等を実施している宿は207軒、イベント等をおこなっていない古民家の宿は98軒抽出できた。

「暮らし方」関連のイベント等では、各種体験、講習会、トーク、映画上映会などが実施されており、それらは、「衣生活」「食生活」「住生活」「モノ作り」「生産・収穫」「暮らし総合」「地域おこし」「健康・癒し」の八つに分類することができる。主なイベント等の内容をまとめると以下のようになる。

「衣生活」では、日本の伝統あるいは地域特性を生かした糸紡ぎ、布や衣服作り、草履などの履物作り、茜・藍・ベンガラといった天然染料を使った染物、ファスト・ファッションを生む現場の深刻な問題を描出した映画上映会など、「食生活」では、餅や蕎麦、味噌などの伝統食品作り、秋田県「きりたんぽ鍋」や岐阜県「ねずし」などの郷土料理、精進料理やマクロビオティック料理、ローフード作りといった自然の摂理を生かした健康に寄与する料理、アメリカのトウモロコシ栽培の問題点を描いた映画上映会など、「住生活」では、日本の伝統的な住まいの改修、門松作りやしめ縄作り、薪割、オフグリッドソーラー、ロケットストーブなどの自然エネルギー利用関連、空き家見学会、身の丈に合った巣のような家づくりを追った映画上映会など、「モノ作り」では、木、竹、草、和紙といった自然素材を使ったさまざまなモノ作り、伝統的な水引や手毬作り、岡山県早島町のい草の手織りコースターや奥会津のブドウ皮小物など地域特性を生かしたモノ作りなど、「生産・収穫」では、機械を使わない米作りや野菜等の収穫体験、自然志向の農業体験（合鴨農法、不耕起・無肥料無農薬・草や虫を敵としない自然農など）、遺伝子組み換え食品の実態を描いた映画や、「在来作物」を今日によみがえらせ継承しようとする人びとを描いた映画の上映会など、「暮らし総合」では、モノを大切に使い続けることをねらいとしたフリーマーケット、自給自足生活、里山生活、田舎暮らしといった地域特性を生かした自然と一体化した暮らし体験プログラム、シンプルライフ、ミニマルライフ、スローライフ、21世紀が求める豊かさといった持続可能な暮らしをめぐるさまざまなテーマのトークや映画上映会など、「地域おこし」では、地方での仕事と暮らし、成果を上げている地域から講師を招いて学びともに考える、自分たちで地域のあり方を考える、まちを巡るあるいは活動する、移住体験や移住相談、移住者交流会など、「健康・癒し」では、ヨガ、各種エクササイズ、瞑想、ヒーリング、断食、五穀塩絶ち、お灸、整体、指圧、足つぼマッサージなどによって現代生活で疲れ切った心身をリラックスさせ、自然とともに生きる人間本来の姿を取り戻そうとするプログラムなどが実施されている。

このように、自然系ゲストハウスで実施されているイベント等は、第Ⅰ部でみてきたような、1960年代からのカウンターカルチャーや1970年代の言説、そして1990年以降の日本の言説などを底流として、「永続性（持続可能性）の追求という根本的な価値観の転換、パラダイム転換」の希求を基底とした「スロー、ミニマル、ローカルな脱消費の暮らし」を模索しようとする動きであり、また、太陽エネルギーと植物の恵みを最大限利用した日本の伝統的な循環型の暮らしを見直し、再評価し、今日的な形で再生しようとする動きであるということができるだろう。

特徴的なゲストハウス50事例抽出

暮らし方関連のイベント等を活発に実施している宿あるいはイベント等の実施において特徴的な宿を50事例取り上げ、特徴的であると思われるイベント等に着目して、「衣生活」「食生活」「生産・収穫、田舎暮らし」「持続可能な暮らし」「地域おこし」「住生活、健康・癒し」に区分し、この区分ごとに宿のコンセプトや主なイベント等の特徴をまとめると、以下のようになる。

「衣生活」では、暮らしの中のお裁縫、着物や帯の現代的活用法、和装撮影会、アンティーク着物の醍醐味を楽しむといったイベント等をとおして、手作りの豊かさや着物の魅力を伝えようとしている。「食生活」では、命をいただき生きているということに感謝してさらにおいしく食べる、発酵食品作り、地域の特産品や郷土料理、自然栽培米による新酒づくり、無農薬・無化学肥料の食材を使ったビーガン料理、ローフード作りなどによって、日本の伝統食や地域食、自然食のおいしさと魅力を伝えようとしている。「生産・収穫、田舎暮らし」

では、四季折々の自然の恵みを収穫していただく、農業や林業を体験する、衣食住にかかわるさまざまな田舎暮らしを体験する、のんびりと田舎の時間を過ごすなどによって、田舎の仕事と暮らしの魅力を伝えようとしている。「持続可能な暮らし」では、使い捨てしない暮らしとモノ作り、環境に負荷をかけない小さな暮らし、自然体の暮らし、本当の豊かさを探すポタリング、ゆっくりと過ごす時間、人工林の皮むき間伐、水資源を守るお話会、気候変動に関する映画上映会などをとおして、持続可能な暮らしのあり方を伝えようとしている。「地域おこし」では、地域の特色や特産物などによって地域の魅力を伝える、まちと旅人をつなぐ、移住や二拠点居住をうながす、地域資源を活かしたビジネスの創造による地域創生、ゲストハウスの開業促進などをとおして、地域おこしに寄与しようとしている。「住生活、」では、空き家再生とまちづくりに取り組み、「健康・癒し」では、ヨガや各種ヒーリングをおこなっている。

50 事例の自然系ゲストハウスのコンセプトや、そこで実施されている暮らし方関連のイベント等からは、これらの宿が、先の第 5 章の説明で述べたような暮らしのパラダイム転換等を指向する存在であることが一層明瞭に読み取れてくるといえる。

自然系ゲストハウス利用者の意識と価値観

まず、古民家を利用した「農家」、「町家」、農家以外の「戸建」の自然系ゲストハウス宿泊者については、古民家での宿泊によって何らかの価値観変化があった人は、「農家」と「町家」では 6 割〜 7.5 割あり、都市部に立地する戸建でも 4.5 割あった。

価値観変化の具体的記述は、「田舎暮らし関連」「古民家関連」「暮らし方関連」「現代の便利なモノ関連」「その他」に分けることができ、「田舎暮らし関連」に関する記述が最も多かった。具体的には、「田舎暮らし関連」では、田舎暮らしのよさを再認識したとの記述、「古民家関連」では、昔ながらの暮らし方や建物の造り、道具、文化などを評価する記述、「現代の便利なモノ関連」では、携帯電話、インターネット、テレビ、車の利用や、利便性一般を見直す記述、「暮らし方関連」では、自然に囲まれる暮らしの大切さや心地よさ、現代の暮らし方一般を見直す記述、「その他」では、時間に追われない、ゆっくり、ゆったり、スローなど、忙しい暮らしを見直す記述と、心穏やかに、ほっとできることは大事といった心理面の記述などが多い結果であった。これら全体として、田舎暮らしや古民家での暮らし、自然の中の暮らしの再認識や再評価、現代的なモノに囲まれた暮らしや忙しい暮らしの見直しに関する内容であることが読み取れた。

次に、「自然農体験」「世界自転車旅トーク」「交流食事会」「マルシェ」の4種類のイベント等参加者については、イベント等への参加によって何らかの価値観変化があった人は、前の三つのイベントでは、8割、全員、7割と極めて高く、イベントの性質上、価値観変化が起こりにくいと考えられる四つ目の「マルシェ」でも6割弱であった。

価値観変化の具体的記述は、「自然農体験」では、食べ物への感謝の気持ちが増した、農業の楽しさや手作業による米作りが可能であることに気づいた、自然の素晴らしさを再認識した、自然への感謝の気持ちが増したなど、「世界自転車旅トーク」では、エコな暮らしの意義を感じた、エコな暮らしを実践しようと思ったなど、「交流食事会」では、多様な考え方や生き方と出会えた、仕事・生き方・暮らし方についての考え方が変わった、人とのつながりの大切さを再認識した、地域の魅力を知れたなど、「マルシェ」では、自然農に取り組みたい、関心がありつつ実行できていないがイベントを見て自分の意識を再確認しているなどであった。これら全体として、自然系の暮らしの大切さや魅力、人とのつながりや地域の魅力への気づきあるいは再認識に関する記述が多いことが読み取れた。

このように、古民家での宿泊体験や、自然系のイベント等への参加などが、宿泊者あるいは参加者の意識や価値観に影響を与え、現代的な暮らし方や生き方の見直し、「スロー」「ミニマル」「ローカル」な昔ながらの暮らし方や生き方の再認識・再評価をうながす可能性があることが示唆された。今回の調査結果の範囲内ではあるが、自然系ゲストハウスは、安価で簡易な旅の宿というにとどまらない、持続可能な暮らしの再生につながる特質を有しており、こういった「暮らし」あるいは「暮らし方」という点でも、今日的な存在意義を有していると考察できる。

いま、わたしたちは、スロー、ミニマル、ローカルな脱消費の暮らしへの転換を求められているが、全国各地で生み出されている「自然系ゲストハウス」で展開される「衣生活」から「健康・癒し」に至るまでの多彩なプログラムは、その具体的な方向を指し示してくれていることを述べてきた。

多くの方々が、自然系ゲストハウスに集い、暮らしのあり方をともに考えることで、昔の日本の暮らしを基底とした持続可能な暮らしが今日的な形で再生されていくことを願いたいと思う。

あとがき

「ゲストハウス」という簡易な宿の存在をはじめて知ったのは、2014年6月であった。この年、研究室では、愛知県知多郡南知多町のまちおこし活動に取り組んでいたのだが、南知多町は空き家バンク制度が充実しているまちであることから、この制度を利用した好事例として、「南知多ゲストハウスほどほど」さんを役場から紹介してもらい、お話を聞きに訪問することになった。門ののれんをくぐって中に入ると、玄関口でオーナーさんがにこやかに出迎えてくださり、築45年の空き家を借りて簡易な宿を開設した経緯などをお聞きし、建物の中も案内してもらった。民家を使った宿といえば、民宿を思い浮かべたのであるが（当時、民泊は、まだあまり普及していなかった）、民宿とは違い、台所を使って調理ができ、居間でくつろぐこともできる。寝具の片づけなども半ばセルフサービスということで、普通の家で暮らすように泊まる宿であることが驚きだった。こんな宿があるのか！と大きな関心を抱いた。家と宿の中間に位置するもう一つの暮らしの場、「暮らすように泊まる」宿があるという発見であった。

2時間くらいお話を聞かせてもらったのだが、テレビなし、パソコンあり、暮らしに必要なモノが最小限きちんと整えられていて、過剰なモノにわずらわされず、ゆっくりとした時間が流れ、窓を開け放った家の中を自然な風が通り抜け……等々、癒しの感覚というか、エコロジカルな感覚というか、何ともいえない心地よさを感じたのである。これはいったい何だろう！？オーナーさんの人柄？ゲストハウスってどういう存在？と不思議に思い、ゲストハウスを知りたい！探究してみたい！という気持ちがわき起こった。そして後日、ほどほどさんのホームページやフェイスブック、ブログなどを読み込んでみたところ、オーナー夫妻は、自然農や非電化工房にかかわるなど、自然とともにある暮らしを志向しておられることが読み取れてきた。あの心地よさは、自然志向の心地よさだったのだ！と納得した。

ところで、筆者の専門分野は、「住居学」(空間にかかわる「暮らし方」の学問)である。住居学的視点から、これまでに、消費社会と住まいや暮らしとの関係、省資源・省エネルギーな住まいと暮らし、現代若者のもったいない意識といった持続可能な暮らしに関する研究をおこなってきていたが、ゲストハウスは、こういった持続可能な(自然系の)暮らしにかかわる意義深い存在なのではないかと直感したのだと思う。

そこでさっそく、2014年の秋に研究室に配属された3年生に話をしてみたところ、ゲストハウスの存在を知る人はいなかったが、「調べてみたい」と関心を示してくれた。しかし、調べるといっても、はじめはまったくの手さぐり状態であった。既往研究や既存出版物調べ、関連サイト調べからはじめたのだが、そもそも国内に何軒のゲストハウスが存在するのかといった統計もなく、はっきりとはわからない状況であったので、学生のみなさんの協力を得て、関連サイトをもとに一軒一軒リストアップして、宿の立地、開業年、ドミトリーの有無と価格、共用空間の有無、建物種類、古民家か否かといった基礎的データを収集することとした。

こういった基礎的データをもとに、2015年には、古民家を利用したゲストハウスを対象として、宿の開業経緯や趣旨、宿泊者の行動や意識に関する調査を企画した。古民家の建物形式をもとに、典型事例を抽出し、第7章で述べた住まいの三形式の事例として「古民家ゲストハウス梢乃雪(当時の宿名)」「陽がほら」「旅人宿 石垣屋」「亀時間」「遊山ゲストハウス」さん、三形式以外の事例として「マスヤゲストハウス」「カンデラゲストハウス」「ゲストハウスiori」さんに調査の依頼をしたところ、心よくお引き受けくださり、ヒアリング調査への回答や、宿泊者の方々への声かけなど、お忙しい中、ご協力いただいた。当時は、いまだ十分には焦点が定まり切っておらず、質問項目は多岐にわたってしまったのだが、宿のオーナー様やスタッフの方々、宿泊者の方々、学生のみなさん(浅田こづえ・石田奈々美・河合江梨奈・杉田百合加・西村詩歩・細井彩水・武藤萌子さん)の多大なご協力のおかげで、無事調査を実施することができた。これらの方々に、あらためて感謝申し上げたい。

また、ゲストハウスに関する基礎的データを収集する中で、自然系の暮らしに関する多彩なイベントや体験プログラムを実施しているという点でも注目に値する宿が少なからず存在することもわかってきた。そこで、2016年には、新たなゼミ学生のみなさんの協力を得て、全国のゲストハウスで実施されているイベント等の把握をおこなうとともに、イベント等の実施状況と参加者の意識をとらえる調査を企画し、東海地域に立地する「南知多ゲストハウスほどほど」「ゲストハウスMADO」「飛騨高山ゲストハウスとまる」さんに協力の依頼をしたところ、快諾を得た。各宿のオーナー様には、イベント等の準備や実施などで多忙な中、調査が円滑におこなえるようにご配慮いただき、おかげさまで無事調査を終えることができた。宿のオーナー様、イベント等参加者の方々、学生のみなさん（鈴木理紗乃・田口舞衣子・塚本明香里・平野里香・山田真里さん）に、感謝申し上げたいと思う。

さらに、2016年以降、研究室では、自然系と呼び得るゲストハウスの存在を広く知ってもらおうと、ゲストハウスに関する各種媒体等の企画、制作、提案をおこなってきている。例を挙げると、「東海3県ゲストハウスすごろく」（東海3県のゲストハウスをめぐる旅をテーマにしたすごろくで、旅をはじめる前には「機械に依存した暮らし」だった人が〔start〕、旅を終えた後には「自然とともにある暮らし」に変わる〔goal〕というもの）、「東海3県ゲストハウストランプ」（ゲストハウスの「外観」「交流の様子」「イベント・体験プログラム」「地域の特徴」を取り上げたもの）、古民家を利用したゲストハウスの提案（名古屋市熱田区、名古屋市南区、愛知県豊田市足助町、三重県鈴鹿市三宅町、三重県三重郡菰野町〔湯の山温泉〕、静岡県浜松市、富山県富山市八尾町、長野県塩尻市奈良井宿）などである。

一方、筆者はといえば、2015年と2016年の調査結果を分析し、考察し、論文としてまとめるとともに、2017年以降も、ゲストハウスの新規開業やイベント等の実施状況を可能な限り把握して、こちらも論文にまとめてきた。これらのうち、椙山女学園大学研究論集掲載論文は、ネット上で公開されており、ダウンロード数を知ることができるのだが、現時点で、その数は、ゲストハウスの開業実態に関する論文9,968件、イベント等の実施状況に関する論文2,191件など、合わせて13,182件にのぼっている。まことにありがたいことである。論文をお読みくださった多くの方々に、感謝申し上げたいと思う。

これらの論文をまとめつつ、持続可能な暮らしへのパラダイム転換の必要性と自然系ゲストハウスの今日的存在意義を広く伝えること、一人でも多くの人が自然系ゲストハウスに集い、これからの暮らしのあり方をともに考え実践していくことの重要性を痛感した。そして、いまだ研究途上ではあるが、現時点でとらえることができた知見を書物としてまとめておくことは、住居学を専門とする筆者の使命ではないかと考えるようになった。また、この書物を、大学で担当している「消費生活論（暮らし再生）」という授業の教科書としても使い、これからの時代を担う若い人たちに、消費社会の現状と問題点、これからのゆくえ、自然系ゲストハウスで展開される暮らし再生の実践などを知ってもらいたいとも思い、本書を構想するに至った。

構想した後、ほんとうに本にできるのかしらという不安を抱きつつも、ゲストハウスに関する各種データをひたすら集め、更新し、分析するとともに、自然系の暮らしをめぐる国内外の主要な言説や実践活動を整理するなどして、執筆をすすめていたのであるが、2019年の夏に、いよいよ意を決して、地元名古屋市の風媒社さんに出版の依頼をしてみたところ、引き受けていただけることになった。ほっと胸をなでおろしつつ何とか全体を書き上げたものの、原稿の校正にもすっかり手間取ってしまったのだが、編集部の林桂吾さんのご尽力のおかげで、まことにありがたいことに、このたびの上梓にこぎつけることができたという次第である。

本書は、現時点で得られた知見をまとめたものではあるが、暮らしのパラダイムの転換に少しでもお役に立つことができれば、著者としてうれしい限りである。

最後にもう一度、お世話になったみなさまに感謝申し上げるとともに、いま、この本を読んでくださっている読者のみなさまにも、ありがとう！の言葉を述べさせていただきたいと思う。

そしてもう一言……、あなたも自然系ゲストハウスに集いませんか？

2020年3月

松原小夜子

［著者紹介］
松原小夜子（まつばら・さよこ）
京都府立大学家政学部住居学科卒業
大阪市立大学大学院生活科学研究科後期博士課程修了（学術博士）
現在、椙山女学園大学生活科学部教授
主な著書に、『住生活と文化――文化の伝承と創造をめざして』（共著、開隆堂出版、1989 年）、『地域と住宅』（共著、勁草書房、1994 年）、『京の町家考』（共著、京都新聞社、1995 年）、『現代住まい論のフロンティア――新しい住居学の視角』（共著、ミネルヴァ書房、1996 年）、『現代住居のパラダイム――現代化と伝統のはざまで』（共著、ドメス出版、1997 年）、『住まいとステータス――住宅近代化の日本的逆説』（海青社、2001 年）、『住まいの管理』（共著、彰国社、2003 年）、『住居学事典』（共著、朝倉書店、2004 年）、『私たちの住居学――サスティナブル社会の住まいと暮らし』（共著、理工学社、2006 年）など。

装幀／三矢千穂

持続可能な暮らし×自然系ゲストハウス
―脱消費、スロー、ミニマル、ローカル―

2020 年 5 月 15 日　第 1 刷発行　（定価はカバーに表示してあります）

著　者　　松原 小夜子
発行者　　山口 章

発行所　名古屋市中区大須 1 丁目 16 番 29 号
電話 052-218-7808　FAX052-218-7709
http://www.fubaisha.com/
風媒社

乱丁・落丁本はお取り替えいたします。　＊印刷・製本／シナノパブリッシングプレス
ISBN978-4-8331-4146-8